MÉMORIAL

DE SIR

HUDSON LOWE.

IMPRIMERIE ET FONDERIE DE G. DOYEN.
Paris.—Rue Saint-Jacques, n. 58.

MÉMORIAL

DE SIR

HUDSON LOWE,

RELATIF A LA CAPTIVITÉ

DE

NAPOLÉON A SAINTE-HÉLÈNE.

AVEC LE PORTRAIT DE L'AUTEUR ET UNE VUE DE LONG-WOOD.

.... Cernis custodia qualis
Vestibulo sedeat ! facies quæ limina servet.
Virg. Æneid. Liv. vi.

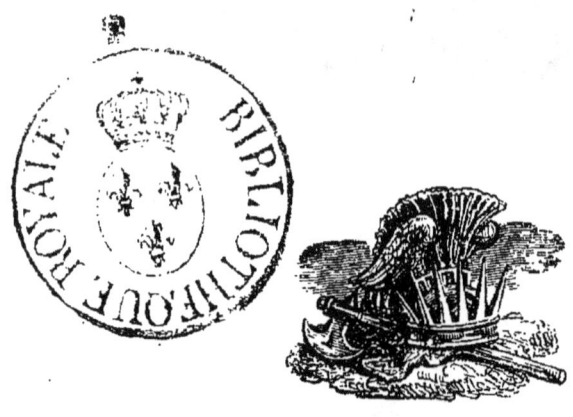

PARIS.

LÉON DUREUIL, PLACE DE LA BOURSE.

1830.

L'ÉDITEUR.

Nous donnons ce livre avec la confiance pleine et entière de ce qu'il vaut. Ces notes que le gouverneur de Sainte-Hélène a tracées à la hâte et qui sont rédigées sans ordre et sans plan, nous les transmettons au lecteur, telles que sir Hudson Lowe les a écrites.

Si ces notes ne sont point exactes, si plus d'une fois les faits y sont tronqués, tourmentés, dénaturés au bénéfice d'Hudson Lowe, du moins elles sont curieuses en ce sens qu'elles nous révèlent une foule de faits inconnus jusqu'alors, ou qu'elles nous rappellent des faits connus que l'auteur y présente sous une face nouvelle.

On n'a pas prétendu, nous l'espérons, d'après le titre de l'ouvrage, que nous, éditeurs de ces fragmens échappés à la mauvaise humeur et à la fougueuse misantropie d'un homme en butte depuis près de dix ans à des attaques si énergiques mais si justement méritées, nous prissions la charge de défendre et de justifier ces actes que la plus grande partie du peuple anglais a flétris elle-même. Comme tout ce qui porte un cœur généreux en France et partout où le nom de Napoléon a été prononcé, nous avons gémi des lâches rigueurs et des cruautés exercées sur un homme qui n'avait d'autres torts peut-être aux yeux de ses bourreaux étrangers, que d'avoir humilié trop souvent presque toutes les aristocraties du monde.

Que l'esprit de parti ne pense donc pas pouvoir se servir de ce livre, comme d'un document précieux en sa faveur. Si quelque chose pouvait plaider pour le *captif du monde*, qui n'était par le fait que le captif infortuné des Anglais, la défense maladroite d'Hudson Lowe, ses réticences continuelles et son embarras évident pour donner à la plupart de ses actions une *tournure un peu plus humaine*, s'il est permis d'employer cette expression; cette espèce de nevralgie furieuse avec laquelle il se jette sur son prisonnier, tout contribuerait à rendre plus odieux, plus horrible encore, le rôle qu'il a joué dans ce drame dont le dénoûment affreux lui fut confié.

Le voyez-vous comme Caliban de *la tempête*, calculant froidement le mal et l'exécutant plus froidement encore, parce qu'il est sûr que cela fera souffrir sa victime et qu'elle souffrira long-temps! quelle ignominie dans ce stupide ministère de tortures, dans l'obstination cruelle de cet exécuteur des hautes œuvres de la justice de la Sainte Alliance, supputant avec complaisance les mois qui restent à sa victime et s'irritant par fois des méticuleux scrupules d'un pouvoir, qui ne veut assassiner que *partiellement*, qui veut faire mourir l'âme avant de tuer le corps.

Nous sommes de l'avis des docteurs Héreau et Antomarchi, plus de doute aujourd'hui que le gouverneur de Sainte-Hélène n'ait reçu et exécuté l'ordre de faire périr Napoléon à petit feu..... Prendre une massue, frapper l'Empereur et l'abattre, eût été chose trop simple, trop impolitique; c'eût été en finir d'une manière trop ordinaire avec un homme extraordinaire. On voulait bien que le lion mourût, mais non pas sans que son noble front reçût une lâche atteinte, non pas sans qu'il eût à subir l'ignominie. Soldat Roi par la grâce du peuple et plus encore par la grâce de son epée, il avait forcé les rois par la grâce de Dieu, à courber devant lui leurs fronts dans la poussière. Dès-lors la souveraineté légitime avait tout intérêt à l'humiliation, à la dégradation morale d'un homme qui lui avait porté des coups si funestes. Il fallait le montrer le visage stigmatisé par les cicatrices de la muselière que lui avait décrété le congrès de Vienne. Il fallait enfin dire à tout soldat qui pourrait concevoir l'espérance de parcourir un jour l'espace immense qui se trouve entre la place de bataille d'un lieutenant d'artillerie et le trône « Voici le sort qui t'attend !

Hudson Lowe ne fut donc, à proprement parler, que le metteur en scène des idées politiques des Metternich, des Nesselrode, des Talleyrand et des Castelreagh. Bathurst, fut le greffier qui signifia le jugement, Hudson fut le bourreau !... On sait s'il remplit fidèlement son ignoble et affreuse mission !

C'est ce que l'ex-gouverneur de Sainte-Hélène veut prouver?... et il peut se flatter d'y parvenir facilement... Oui, il avoue le but de sa mission, avec une naïveté, une bonhommie dont cet absurde fanatisme de nationalité, qui est cent fois plus puissant et inhèrent aux esprits en Angleterre que partout ailleurs, est à peine capable de donner une juste idée. Et quelle justification, grand Dieu ! que celle de ce tortionnaire diplomatique, poussant l'exagération d'esprit national, jusqu'à chercher péniblement en son imagination de nouveaux rafinemens au mode de supplice qui lui a été prescrit. La captivité de Napoléon est pour lui un thême sur lequel il peut exécuter toutes les variations possibles. Pourvu qu'il ne tue pas trop vite, il croit que tous les genres de supplices lui sont permis.

Mais le but a été manqué... la victime a pu subir toutes les horreurs de la question extraordinaire; on a pu l'abreuver de dégoûts et d'opprobres; on a pu jouir de la vue de ses tourmens, mais on n'a pu l'avilir; elle est morte, morte trop tôt peut-être au gré des hommes du congrès de Vienne, et d'Hudson Lowe son guichetier; mais elle est morte, sans demander une seule fois pardon pour son passé de gloire; jusqu'à ses derniers momens, ses bourreaux n'ont obtenu d'elle que des regards de pitié et de mépris!

Si nous eussions pensé un seul instant que les documens et les notes que nous publions, pussent faire trouver grâce à sir Hudson Lowe, devant un seul de nos compatriotes; s'il nous eût été possible de supposer que sa conduite envers son noble prisonnier parût un peu moins déshonorante, un peu moins hideuse, nous nous serions bien gardés de jeter dans la nation une publication aussi immorale. Mais le gouverneur de Sainte-Hélène est bien et définitivement jugé. L'opinion publique a prononcé en dernier ressort; et certes, ni les matériaux ni le temps ne lui ont manqué pour motiver et justifier son arrêt. Ce ne sont donc pas des réfutations faibles ou passionnées de quelques faits pris isolément qui relèveront cet homme de la condamnation infamante dont l'opprobre le poursuit de Sainte-Hélène à Passy, de Londres à l'île Maurice et à Ceylan.

Nous avons cru toutefois qu'il était intéressant de faire connaître ces pensées d'un grand coupable, ces élancemens d'une âme bourrelée et tourmentée par le retentissement d'une malédiction universelle. En lisant ces notes jetées dans le désordre d'une conscience effarée, on sentira que sir Lowe concevait toute l'horreur de sa renommée, on verra qu'il se débattait sous l'anathème. C'était d'ailleurs un bien grand et attrayant spectacle à offrir au monde que celui de la glorieuse lutte soutenue pendant six ans à Sainte-Hélène, par le plus grand homme du siècle contre la destinée et contre les bourreaux.

MÉMORIAL

DE

SIR HUDSON LOWE,

RELATIF A LA CAPTIVITÉ DE NAPOLÉON

A SAINTE-HÉLÈNE.

CHAPITRE I.

Fatalité. — Accusations et anathème.— Ordres et instructions du cabinet anglais.

Chose facile que de crier et déclamer contre un homme, d'arranger des épithètes bien sonores sur son caractère et sur sa conduite, de lui jeter au visage de belles amplifications de réthorique, et puis de dire, voilà son portrait au naturel, voyez comme il est hideux, comme il est cruel, comme il est atroce: et là-dessus la foule s'ameute et court sus; il n'est personne qui ne crie après lui, c'est un hourra universel, une charge générale de l'espèce humaine contre un malheureux que les destinées ont jeté dans telle ou telle position. Qu'il coure les mers ou les terres, qu'il aille chercher dans des lointains pays un asile contre la malédiction populaire, la malédiction et l'anathème le suivent partout. Le cri des nations se mêle au bruit des vagues de l'Océan, aux murmures des vents dans les déserts, au tumulte dans les grandes villes, au lourd silence des grandes routes; c'est écrit sur son front, partout on le reconnaît, partout on se dit le voilà, et chacun recule d'horreur.

Ainsi il en est de moi; qu'ai-je fait? j'ai été trop fidèle et minutieux observateur des instructions et des ordres qu'un ministère odieux me donna. De tous côtés des voix se sont élevées, qui m'ont accusé d'avoir été le geôlier, le bourreau de Napoléon Bonaparte. Une accusation européenne a pesé sur moi: elle m'a suivi jusqu'au-de là de l'Océan; elle s'unit à mon nom pour le suivre dans les siècles à venir; je suis comme un de ces malheureux qu'on attachait à un cadavre : toujours le cadavre de Napoléon est là, garotté et lié à mon existence, et, si mon nom est prononcé, je vois frissonner autour de moi, je vois les visages se rembrunir, l'indignation contracte les muscles. Et que puis-je faire? me justifier, je ne m'en sens pas la force, car il est de ces accusations qui écrasent, surtout quand on sait que la justification est inutile, que les juges ont prononcé leur arrêt, et qu'ils ne veulent plus rien entendre de la défense de l'accusé. Cependant j'éprouve un poignant et invincible besoin de parler un peu de moi au monde ; oui au monde ; car, je l'ai dit, mon nom est allé partout, partout où la grande renommée de Napoléon est arrivée et quel est, entre les deux pôles, la déserte et barbare contrée qui n'ait eu un écho pour cette retentissante renommée.

Je vais donc dire des faits, les dire sans prétention, sans aigreur, sans colère. Je n'entonne pas ici une apologie, car je ne me repens pas, et je ne le puis ; ce que j'ai fait est peut-être mal, peut-être blâmable. Aux yeux des partisans de Napoléon Bonaparte, ce sont d'horribles forfaits, des actes d'une affreuse scélératesse: ceux-là ont raison aussi ; ils jugent comme ils aiment et comme ils regrettent. Mais, moi, je ne puis, en toute cette déplorable mission, voir qu'un de ces terribles jeux de la destinée et de la fatalité qui m'avaient marqué de leur main de fer pour être en anathème parmi les nations du monde.

Ce que j'ai fait à Ste.-Hélène, tout autre sujet anglais l'eût fait à ma place. Oui, tout autre ; et que personne dans les trois royaumes ne se récrie ici, en mettant la main sur son cœur ; une fois la mission acceptée, tout était dit ; je devais me conduire comme je l'ai fait. Les coupables sont ceux qui ont ordonné ; mais voilà la justice des hommes : la main qui tient le glaive et la chaîne est épargnée, et on maudit la chaîne et le glaive. Instrument aveugle de la politique de mon pays, j'ai mis en pratique ce que d'autres méditaient et commandaient du fond de leurs cabinets, et c'est sur moi qu'est tombé l'opprobre. Je ne veux pas qu'il pèse tout entier sur mon nom ; que du moins il en tombe quelques éclaboussures sur le pouvoir qui a commandé les tortures ; dites-moi, si j'ai été bourreau, n'est-ce pas juste? Et pourquoi seraient-ils eux bien calmes et paisibles, se reposant doucement les uns dans la tombe, les autres dans le palais des rois, et moi seul je serais pour leurs machinations le bouc émissaire livré aux nations, et courant au milieu des malédictions de l'univers! S'ils peuvent justifier leurs mesures et leurs ordres, ils le feront, moi je ne m'en charge pas. Mon fardeau est assez lourd.

J'étais envoyé à Sainte-Hélène pour surveiller Napoléon prisonnier de guerre, et prisonnier de l'Europe; j'étais chargé de mettre à exécution des réglemens sévères et cruels, je le sais; mais qui m'étaient imposés par mon gouvernement. Une effrayante responsabilité pesait sur moi. Si Napoléon s'était évadé, comme il aurait pu le faire sans violer sa parole, puisqu'il n'en avait pas donné (1), et qu'il ne reconnaissait

---

(1) Napoléon ne cessait de revenir et d'insister sur ce point. Il s'exprimait en cela avec vivacité et franchise :

« Quand il me donnerait toute l'île à condition d'engager ma parole de ne pas essayer de m'échapper, disait-il souvent, je ne l'accepterais pas, parce que ce serait en quelque façon me reconnaître prisonnier, quoique cependant je n'aurais pas envie de le tenter. Je suis ici de force et non de droit.

pas le droit de l'Angleterre à le tenir en captivité (1); ma tête était là pour répondre de lui. Et d'ailleurs qu'était Napoléon pour moi, le prisonnier du monde qui l'avoit mis hors de la loi commune; le droit des gens, le droit ordinaire n'étaient plus pour lui; c'était un être en dehors de la société, jugé trop grand et trop colossal pour y rester au niveau des autres hommes. Le congrès de Vienne avait déclaré qu'il

---

(1) *Protestation de l'empereur Napoléon.* Je proteste solennellement, à la face du ciel et des hommes, contre la violation de mes droits les plus sacrés, en disposant par la force, de ma personne et de ma liberté. Je suis venu librement à bord du *Bellerophon*; je ne suis pas prisonnier, je suis l'hôte de l'Angleterre.

Aussitôt assis à bord du *Bellerophon*, je fus sur le foyer du peuple britannique. Si le gouvernement, en donnant des ordres au capitaine du *Bellerophon*, de me recevoir ainsi que ma suite, n'a voulu que tendre une embûche, il a forfait à l'honneur, et flétri son pavillon.

Si cet acte se consommait, ce serait en vain que les Anglais voudraient parler à l'Europe de leur loyauté, de leurs lois, de leur liberté. La foi britannique se trouvera perdue dans l'hospitalité du *Bellerophon*.

J'en appelle à l'histoire. Elle dira qu'un ennemi qui fit vingt ans la guerre au peuple anglais, vint librement, dans son infortune, chercher un asyle sous ses lois. Quelle plus éclatante preuve pouvait-il donner de son estime et de sa confiance? Mais comment répondit-on en Angleterre à tant de magnanimité? On feignit de tendre une main hospitalière à cet ennemi; et quand il se fut livré de bonne foi, on l'immola.

NAPOLÉON.

4 Août 1815.

était mis par les nations, hors des relations civiles et sociales, et qu'il était, comme ennemi et perturbateur du monde, livré à la vengeance publique (1).

Si les nations n'avaient pas volontairement et en tout point sanctionné ce décret, était-ce ma faute; celui qui exécute la loi est-il fait pour la discuter ?

---

(1) *Extrait de la déclaration signée par les ministres des puissances alliées, le 13 mars 1815, à Vienne.* Les puissances qui ont signé le traité de Paris s'étant réunies en congrès à Vienne, et étant informées de l'évasion de Napoléon Bonaparte, et de son entrée à main armée en France, doivent à leur propre dignité ainsi qu'à l'ordre social, de déclarer les sentimens que cet événement leur a fait éprouver.

En violant ainsi la convention qui l'avait établi à l'île d'Elbe, Bonaparte a détruit le seul titre légal auquel son existence était attachée. En paraissant de nouveau en France avec des projets de trouble er de subversion, il s'est privé de la protection des lois, et a prouvé, à la face du monde, qu'il ne peut y avoir ni paix ni trève avec lui.

Les puissances déclarent en conséquence, que *Napoléon Bonaparte est mis hors des relations civiles et sociales, et qu'il est, comme ennemi et perturbateur du monde, livré à la vengeance publique!* Suivent les signatures : AUTRICHE. Le prince de Metternich, le baron de Wessemberg. — ESPAGNE. P. Gomez Labrador. — FRANCE. Le prince de Talleyrand, le duc d'Alberg, Latour Dupin, le comte Alexis de Noailles. — RUSSIE. Le comte de Razoumowski, le comte de Stalkelberg, le comte de Nesselrode. — GRANDE BRETAGNE. Wellington, Clancarty, Cathcart, Stewart. — PORTUGAL. Le comte Palmela, Saldanha, Lobo. — PRUSSE. Le prince d'Hardenberg, le baron de Humboldt.. — SUÈDE. Lowenhielm.

Les puissances de l'Europe, après la bataille de Waterloo, avaient confié la garde de Napoléon leur prisonnier, au gouvernement britannique (1). Si les puissances ont violé le droit des gens, si le gouvernement britannique, en mettant Napoléon à la merci des rois, a forfait aux lois de l'hospitalité, que pouvais-je y faire?

---

(1) « Napoléon étant au pouvoir des souverains alliés, Leurs Majestés, le roi du royaume uni de la Grande-Bretagne et d'Irlande, l'empereur d'Autriche, l'empereur de Russie et le roi de Prusse, ont agréé, en vertu des stipulations du traité du 25 mars 1815, sur les mesures les plus propres à rendre impossible toute entreprise de sa part contre le repos de l'Europe.

Art. 1er. Napoléon Bonaparte est considéré par les puissances qui ont signé le traité du 20 mars dernier, comme leur prisonnier.

2. Sa garde est spécialement confiée au gouvernement britannique. Le choix de la place et des mesures qui peuvent le mieux assurer l'objet de la présente stipulation, sont réservés à S. M. britannique.

3. Les cours impériales d'Autriche et de Russie, et la cour royale de Prusse nommeront des commissaires pour se rendre et habiter dans la place que le gouvernement de S. M. Britannique aura assignée pour la résidence de Napoléon Bonaparte, et qui, sans être responsables de sa garde, s'assureront de sa présence.

4. S. M. T. C. est invitée au nom des quatre cours ci-dessus mentionnées, d'envoyer pareillement un commissaire français au lieu de la détention de Napoléon Bonaparte.

5. S. M. le Roi du royaume uni de la Grande-Bretagne et de l'Irlande, s'oblige à remplir les engagemens qui lui sont assignés par la présente convention.

En tout cas c'était moi qui devais veiller à ce que ce verdict funeste de mort et de séquestration ne fut pas violé. Mon gouvernement avait prononcé la peine capitale contre quiconque aiderait Napoléon à s'échapper, il m'avait imposé la grande et terrible obligation de mettre en pratique les réglemens qui devaient régir la captivité de Napoléon ; il me fallait donc remplir ces obligations (1). Quel est l'officier qui ne l'eût fait comme moi ?

D'ailleurs ces ordres qui me venaient de Londres, il était une chose qui les motivait et les justifiait aux yeux de plusieurs. C'était la paix et la tranquillité de l'Europe, si long-temps tourmentée par l'ambition et les armées de Bonaparte. La clef de Longwood était entre les mains des ministres anglais, la clef de l'antre des tempêtes ; ils pouvaient à leur gré en laisser échapper un orage qui eût encore bouleversé le monde. Du moins c'était là les idées des gouvernemens du continent ; ils avaient tant et si fortement tremblé de peur devant l'épée de Bonaparte que son nom seul leur faisait peur encore, son ombre appa-

---

(1) Au reste, les mesures que je prenais étaient toutes approuvées, formellement et explicitement approuvées par le gouvernement anglais. La plupart des lettres que je recevais de Londres commençaient par déclarer que le prince régent approuvait ou avait commandé l'adoption de ces mesures Ainsi, encore une fois, je n'étais qu'agent, d'autres étaien l'âme de ce complot de mort ; j'étais l'acteur, et eux étaient les souffleurs du drame.

raissait à tout moment effrayante à Berlin, à Petersbourg et à Vienne ; et devant ce terrible fantôme, les rois si long-temps esclaves, se mouraient de frayeur et d'épouvante. Aussi ne cessaient-ils de presser le gouvernement anglais d'aggraver la captivité du malheureux vaincu, de la lui rendre dure et cruelle. Oui, j'ose le dire ; ils lui recommandaient de le tuer en détail et de l'assassiner peu à peu, et en ceci Castelreagh et Bathurst étaient ses fidèles et scrupuleux agens.

Certes, moi qui connais les ordres qu'on me donnait, moi qui mieux que personne sais leur portée, leur teneur et leur étendue ; si j'avais voulu les mettre en exécution dans toute leur rigueur, j'aurais pu tout faire pour tourmenter l'ancien empereur, j'aurais pu même enchaîner Napoléon, oui l'enchaîner dans sa chambre ou dans un cachot, et on m'aurait approuvé. Mais je répugnais à tant de sévérité et de barbarie; je savais bien, il est vrai, qu'outre sa détention à surveiller, j'avais encore un objet important à remplir, je l'ai fait dire plusieurs fois à Bonaparte lui-même. Car si les intentions du ministère anglais, exécuteur en ce point des volontés du continent, eussent été seulement de prévenir l'évasion du prisonnier, un simple gouverneur de la compagnie des Indes eût été aussi bon pour cela que tout autre personne. Mais il existait d'autres vues, des vues importantes dont j'étais le dépositaire, dont il m'aurait fallu être l'exécuteur. Certes, tout homme, le premier sous-lieutenant venu, au service de l'honorable compagnie, s'il ne s'était agi que de placer des sentinelles autour d'une maison et de donner tous les soirs un mot d'ordre, aurait pu faire ce métier. Mais encore une fois, il y avait au-dessous de ces apparences de captivité et de gardiennage beaucoup plus à faire. Oui beaucoup plus, et voilà ce qui était affreux, c'était cette mission qui tourmentait et bourrelait mon cœur. Un autre l'eût remplie peut-être, peut-être eût-il prévenu le climat et la maladie..... Mais moi j'ai taché de ne pas comprendre entièrement les instructions qui me venaient d'Europe. Ayant une épouvantable mission à remplir, je n'en ai accepté et exécuté qu'une partie. Que n'était-il en mon pouvoir d'adoucir le sort du prisonnier? mais le pouvais-je? j'étais militaire, chargé d'un service; accablé sous une terrible responsabilité, il me fallait obéir. D'ailleurs il faut le dire encore, ce préjugé de haine contre Bonaparte, préjugé alors national en Angleterre, me dominait et m'aveuglait, je ne voyais en lui que l'ennemi de ma patrie; je le sais, c'était un ennemi tombé et qui par cela même méritait la pitié et les égards, mais alors la colère et l'esprit national raisonnaient en moi et qui de nous peut vaincre et surmonter l'invincible puissance des préjugés nationaux. En vérité, j'aurais voulu voir Wellington prisonnier en France, si les Français eussent été victorieux à Waterloo.

CHAPITRE II.

Première vie. — Avancement. — Plaisanteries de Napoléon.

Il faut bien que le lecteur sache à qui il a affaire, car on m'a fait si noir, si affreux, mon nom excite un tel soulèvement de haine, d'aversion et d'horreur, qu'on me croirait à peine issu de sang humain et né d'homme et de femme. Aux yeux de la foule j'apparais comme un être monstrueux et satanique, jeté en ce monde pour faire souffrir les tourmens de l'enfer à un grand homme malheureux. Comme cet homme est au-dessus du vulgaire par ses actions, par son génie et par sa renommée, de même on lui a fait un bourreau de nature étrange, et sous-humaine.

Cependant rien n'est plus simple et plus naturel que mon origine. Je ne sors pas même de cette aristocratie tant intéressée à tourmenter, à punir, à supplicier Napoléon. Je ne suis ni noble, ni seigneur; je suis fils de pauvre bourgeois comme celui qui du trône tomba sous ma garde, et par conséquent je n'avais en ma conduite aucun intérêt ni préjugé de caste pour guides et pour inspirateurs. Je n'avais à venger ni moi, ni mes égaux, et je travaillais pour des gens qui me considèrent sans doute bien au-dessous de leur noble et dédaigneuse grandeur.

Je suis né à Londres en 1770; mon père était un bon et honnête marchand de quincailleries, tenant boutique dans Lombard-Street, et vivant modestement, comme un vrai boutiquier de la Cité.

Ce pauvre père ne se doutait pas de cette impérissable renommée qui attendait son fils, il ne pensait pas que le petit Lowe, héritier présomptif d'une boutique de quincailleries, deviendrait un jour le compagnon d'immortalité d'un héros. Si un homme était venu devant son comptoir, qui lui eût prédit ma destinée future, qui lui eût conté les détails de ma vie maudite, qui lui eût fait entendre le long cri de haine et d'opprobre qui devait m'accompagner à travers les siècles, le malheureux, il en eût été frappé à mort; il serait tombé sous ce coup de foudre, et je crois qu'il m'eût étouffé au berceau, plutôt que de voir son nom passer à la postérité, accompagné de l'affreux et indélébile cachet de l'anathême.

Car mon père était un honnête homme, craignant Dieu et le prochain, allant tous les dimanches à l'office divin, chantant pieusement des pseaumes et admirant les discours du ministre; ce qui ne l'empêchait pas de vendre au plus haut prix possible et de juiver les pauvres diables qui tombaient d'aventure en sa boutique. Mais il payait religieusement ses billets, disant que rien n'était plus sacré au monde que la religion de l'échéance, et il me faisait de fort beaux et très-pathétiques sermons sur la probité austère du négociant. Bref, il était honnête homme comme le sont tant d'autres qui trafiquent dans les boutiques du Strand ou dans les comptoirs de Thames-Street.

Dès que j'eus appris à lire et à écrire, et que je sus faire le mieux possible les quatre règles de l'arithmétique, mon père me planta à côté de lui en son magasin, disant qu'on ne saurait prendre trop jeune l'habitude du travail et le goût du négoce. Mon écriture était déjà fort belle; et même c'est à ce talent que j'ai dû plus tard ma fortune militaire; on me disait que j'écrivais et moulais aussi bien que le premier copiste et teneur de comptes de la Cité, et mon père qui me faisait tenir ses livres, ne pouvait se lasser et contenter de les montrer à tout venant, disant qu'il avait en moi un précieux trésor. Le digne homme attendait avec impatience le moment où il pourrait me mettre à la tête de sa maison et me déclarer son légitime successeur dans le trafic de la quincaillerie.

Mais il devait en être autrement. C'est une si triste et ennuyeuse chose pour un jeune homme de plier et déplier des paquets, de se tenir tout le jour autour d'un comptoir ou d'un bureau, de répéter la même leçon à tous les acheteurs et chalands, de vivre enfin de cette misérable vie d'esclave et de boutiquier, que mon parti fut bientôt pris. J'envoyai à la malheure les ballots, les livres, les parties doubles et simples, le comptoir, le bureau et le négoce, et un beau jour je désertai la maison paternelle pour aller m'engager dans un régiment d'infanterie.

L'habit rouge galonné de blanc, l'oisiveté de la vie militaire, la fausse idée d'indépendance que l'on se fait de ce malheureux état m'avaient séduit. Je me fis soldat, et un mois après mon engagement si j'avais pu choisir encore et revenir en arrière, j'aurais laissé là bien volontiers le mousquet et l'habit rouge pour revenir aux bourgeoises et paisibles habitudes de la boutique. Mais c'en était fait, il n'y avait plus de retour possible à la liberté. D'ailleurs mon père, furieux de ma désertion, m'avait déshérité; je restai donc sous les drapeaux, faute de mieux.

Cependant mon écriture, qui était belle, comme je l'ai dit, convint à l'adjudant de mon régiment; les gens de plume, et de belle plume surtout, sont assez rares dans la milice; il fallait un secrétaire à l'adjudant, il me choisit pour ces fonctions, et bientôt mes services bureaucratiques furent récompensés par le grade de sergent-major.

Je ne me possédais pas de joie en me sentant une épée pendue au côté gauche, et les flots de ma ceinture de laine battant contre mes jarrets; je voyais déjà dans le lointain avenir, une brillante carrière se dérouler devant moi. Une circonstance favorable vint encore augmenter mes espérances. Le colonel de mon régiment était ce qu'on appelle un paperassier, aimant les écritures, les minutieux rapports, les détails scrupuleux par-dessus tout, et ne pouvant diriger et commander son régiment qu'en tenant une plume à la main. Il me vit et me jugea. Il comprit la conformité de nos goûts et de nos habitudes, et pour m'attacher plus invariablement à lui, il trouva le moyen de forcer l'adjudant à demander sa retraite, et ce fut à moi qu'il fit donner son grade et ses fonctions. Le colonel ne s'en tint pas là; comme j'entrais toujours plus avant dans ses bonnes grâces, il me fit obtenir par sa protection le grade de major, et peu de temps après celui de lieutenant-colonel.

Me voilà donc arrivé au but de mes souhaits, et vraiment je ne croyais pas aller plus loin; qui m'eût dit à cette époque que je serais un jour lieutenant-général, chevalier commandeur de l'ordre du Bain, et gouverneur d'une colonie, je lui eusse ri au visage, et je me serais moqué de ses prédictions.

Et j'avais d'autant plus de raison de croire ma fortune militaire définitivement arrêtée au point où elle en était, que vers cette époque je perdis mon protecteur, le colonel du régiment qui passa à un grade supérieur.

Je tournai donc mes regards d'un autre côté; je pensai que je pourrais retrouver dans l'Inde des chances de fortune plus sûres et surtout plus rapides qu'en Europe, et je passai à Calcutta, où je servis dans mon grade. Au bout de quelques années, le régiment dans lequel j'étais repassa en Angleterre, et je me trouvai mis à la demi-solde; mais de nouvelles faveurs de la fortune m'attendaient encore.

Bientôt en effet, je fus choisi par mon gouvernement pour diverses missions importantes dont je parlerai dans les chapitres suivans.

Cet avancement militaire et la manière dont je l'avais obtenu, furent pour moi à Sainte-Hélène une source de désagrémens, c'était le sujet favori des railleries et des moqueries de Bonaparte. Cet homme, disait-il sans cesse, en parlant de moi, cet homme n'est qu'un ignoble *scribe d'état-major*, il n'a jamais entendu un coup de canon de près, il a fait ses campagnes entre une plume et une bouteille d'encre; cet homme n'a jamais reçu le baptême de feu dans les batailles. Qu'il me cite un combat auquel il a assisté, qu'il me montre une cicatrice sur son corps. Mais non, s'il eût connu les nobles et brûlantes émotions du danger, l'énivrement de la gloire, les palpitations de l'enthousiasme, il ne fût pas venu accepter ici les fonctions de vil et lâche geôlier. En vérité, je vous le dis encore, le général Lowe n'est autre chose qu'un misérable scribe d'état-major, il a toutes les petitesses d'un commis à douze cents francs.

CHAPITRE III.

Le quatrain anglais et le distique latin. — Mon expédition sur les frontières de la Navarre et du Roussillon.

Les plus petites causes produisent, on le sait, les plus grands effets, et cet extrait de l'immense catalogue de la sagesse des nations est vrai de tout point, quant à ma position envers Bonaparte. La haine implacable qu'il me portait, et qu'il souffla avec tant d'ardeur à tous ceux qui l'entouraient avait pour principaux motifs un niais quatrain anglais et un misérable distique latin qu'on eut la sottise de lui donner comme étant de moi. Ces deux pauvretés, selon les officiers qui cherchaient à persuader Bonaparte de la réalité de cette odieuse espièglerie, auraient été affichées, placardées par mon ordre en Italie, tandis que le général était en Égypte. Comme on le voit, la rancune daterait de loin. Voici la traduction du quatrain anglais :

> Bonaparte a succombé à Alexandrie
> Où il a perdu sa fatale vie.
> Français, tremblez,
> Vous serez tous guillotinés.

il faut avouer que c'était peu flatteur et surtout peu rassurant pour les Français. Voici le distique latin dont la malice et l'esprit sont de force avec ce qui précède :

> Anglorum Rursus virtutem sentit; fur, cave!
> Jam enim furum! Dux *Bona* pars cecidit.

Ainsi c'était en m'attribuant de mauvaises pointes, de plats calembourgs qu'au reste j'ai connus seulement lorsque je sus que Bonaparte m'en croyait l'auteur, c'est à l'aide d'aussi sots et puérils moyens, qu'on parvint à exaspérer Bonaparte à tel point, que les outrages les plus sanglans, les invectives les plus dégradantes, les titres les plus odieux m'étaient prodigués dans son intérieur. Trop heureux quand ces imputations injurieuses ne m'étaient pas transmises directement par ses officiers ou par ceux des gens de sa maison qu'il avait chargés plus spécialement de ses rapports avec moi.

Il existait cependant une autre raison, un fait important qui pouvait servir de motif, au moins plausible, au ressentiment et à la haine du général. A l'époque où Bonaparte préludait à son vaste, mais inexécutable projet du blocus continental, après avoir pris Malte, Alexandrie et Rosette, menaçant tout l'orient de ses armes, l'Angleterre alarmée comprit que son salut dépendait d'une mesure énergique. Cette mesure n'était rien moins qu'une insurrection générale de l'Europe contre la France. On voulait forcer le gouvernement français à disséminer ses forces pour les anéantir partiellement. Le plan était hardi; il eut quelque succès. La Ligurie, la province cisalpine, Lucques, Gênes, Piombino, Bologne, Florence, les états sardes, surtout, furent mis en combustion, grâce aux agens nombreux et actifs du cabinet britannique. Contre un ennemi fort, puissant et tyrannique, comme était alors la France, tout était de bonne guerre, j'acceptai donc une mission politique qui me fut offerte pour aller insurrectionner le midi. Je réussis à organiser des bandes de partisans qui inquiétèrent beaucoup l'armée française, et qui entravèrent considérablement ses opérations en Navarre et dans le Roussillon, où je restai jusqu'à ce qu'un ordre de mon gouvernement m'appelât sur un autre point.

Bien que cette tactique n'ait pas changé la face de l'Europe, aussi promptement qu'on l'espérait d'abord, elle ne laissa pas de sourire à la politique anglaise. Depuis elle exploita toujours avec avantage cette branche de sa diplomatie, et ces manœuvres vinrent, plus d'une fois dans la suite, contrarier les projets de Napoléon, qui les maudit ouvertement et avec son énergie ordinaire. J'aurais désiré, je l'avoue, que ce fût là la véritable cause de la haine implacable qu'il avait conçue contre moi. Je me serais trouvé heureux, tout en déplorant d'être en butte à une prévention au moins exagérée, d'avoir encouru le ressentiment de cet homme extraordinaire, pour un motif aussi honorable. Mais, non, Bonaparte ne pouvait me haïr pour avoir servi mon pays au détriment de son ambition. Il y avait dans son caractère trop d'exaltation, trop de tendance à l'enthousiasme guerrier pour s'irriter de ce que j'avais nui à ses projets, de ce que j'avais bravé ses généraux les armes à la main. Il préférait me haïr comme son persécuteur, comme son tyran, comme son bourreau, enfin! cela rentrait mieux dans le dernier grand rôle qu'il se sentait appelé à jouer, celui de martyr et d'illustre victime.

CHAPITRE IV.

Affaire de Capri. — Espion. — Je suis joué par un Corse. — Nouvelles plaisanteries de Napoléon.

J'étais lieutenant-colonel en 1806, et il paraît que j'inspirais quelque confiance à mon gouvernement, puisqu'il me chargea à cette époque d'une mission fort importante (1). Je fus nommé au commandement de l'île de Capri, située dans la baie de Naples. Cette ville était alors au pouvoir des Français, qui avaient placé sur le trône du faible et imbécille Ferdinand, un prince de la famille de Napoléon. J'étais chargé du

---

(1) Voici ce que dit un auteur bien instruit, au sujet d'une mission antérieure à l'affaire de Capri, et dont sir Lowe ne parle pas :

« Il s'agissait d'appeler le midi de l'Italie au meurtre, à la révolte ; l'Angleterre dépêcha Lowe. Il se glissa comme un malfaiteur dans les montagnes qu'occupaient les troupes françaises il y organisa quelques attentats obscurs, puis il s'échappa à la hâte dès qu'il apprit leurs succès. »

service secret du continent, c'est-à-dire d'observer ce qui se ferait dans la Méditerranée, et d'en rendre compte au gouvernement anglais. C'était de Naples surtout que je recevais mes renseignemens et mes avis. Cette ville n'étant éloignée que de quelques milles de ma résidence, m'offrait le point le plus facile de correspondance, et d'ailleurs, divisée par les partis politiques, elle me présentait les moyens d'intriguer et d'agir dans l'intérêt de l'Angleterre contre les Français.

J'avais pour agent un Corse nommé Antonio Suzzarrelli, homme aussi méchant qu'adroit et spirituel, ancien compagnon d'études de Pozzo di Borgo et de Salicetti, et peu de temps auparavant officier au service de l'Angleterre. Il me servit assez fidèlement pendant un mois à peu près, mais bientôt l'or de la police napolitaine le tenta, et il jugea convenable de l'associer aux guinées anglaises. Comme Salicetti lui donnait le double de ce que je lui allouais, il me trahit complètement.

Toutes les fois que Suzzarelli recevait une dépêche de moi, il la portait au ministre qui, après en avoir pris lecture, faisait faire la réponse qu'il pensait utile à ses intérêts. Quelquefois on me disait la vérité, et l'on pense bien que c'était lorsqu'elle ne pouvait présenter aucune utilité pour mon gouvernement et aucun danger pour les Français.

Souvent j'envoyais à Suzzarelli des commissions de la nature la plus difficile; c'étaient des marchandises françaises, des montres, des livres rares, des ouvrages curieux et nouveaux, que je lui demandais tant pour moi que pour la reine Caroline, qui se servait de mon intermédiaire pour faire venir de Naples ce qu'elle désirait ; une fois je me fis envoyer l'Atlas historique de Lesage, que j'avais grande envie de lire, et toujours Suzzarelli remplissait fidèlement mes commissions ; mais le rusé mandataire profitait de l'occasion pour me rançonner car, bien que Salicetti lui eût défendu, comme je l'ai appris depuis, de me faire payer les objets demandés au-dessus de leur valeur, il ne manquait jamais de prendre cinquante et même cent pour cent de plus sous divers prétextes. Puis il s'enrichissait au moyen de la contrebande des marchandises anglaises ou des denrées coloniales, que je lui donnais souvent en paiement, et qu'il vendait à Naples avec un grand bénéfice.

J'avais adopté un moyen bizarre de faire passer à Suzzarelli ses appointemens et ceux de ses agens subalternes. Je les payais en monnaie d'or que je leur envoyais dans des pains que je faisais cuire moi-même dans mon propre four, et dans lesquels je plaçais aussi moi-même les espèces, de peur que quelque espion de la police napolitaine ne découvrît le manége. Ces pains paraissaient destinés à l'usage des bateliers, quand ils pêchaient la nuit, et ceux-ci les remettaient à Suzzarelli, qui ne prenait les guinées qu'après avoir soumis les pains à l'examen du ministre Salicetti.

Il n'était sorte de tours que ces maudits espions ne

me jouassent. Une fois ils se mirent en tête de me brouiller avec la reine Caroline, et de jeter la discorde et la méfiance entre elle et le gouvernement anglais, et voici comment ils s'y prirent pour y parvenir. Un Napolitain nommé don Antonio, fut chargé de fabriquer des lettres que la reine était supposée écrire à un nommé Casseti, espion de la bande Suzzarelli, et un maître d'école anglais qui demeurait à Naples forgea d'autres lettres attribuées à sir Hudson Lowe. Dans ces dernières, on disait confidentiellement que le but des Anglais était de faire sortir de Sicile la famille royale, et de l'envoyer en Angleterre où on lui donnerait une pension, afin de pouvoir ensuite s'emparer de l'île. Les autres contenaient des plaintes de la reine contre moi et des invectives contre ma conduite, mes projets et les vues de ma nation.

Un autre jour ils excitèrent une querelle entre le prince de Canosa qui commandait à Ponza, et moi; et cela encore au moyen de lettres supposées. Puis ils s'amusaient à mes dépens, riaient, buvaient et s'enivraient en mon honneur et avec mes souverains. Plus d'une fois Salicetti se donna le plaisir d'assister à ces comédies, dont j'étais le héros et la dupe.

Les sommes qui m'étaient soutirées par ces espions étaient énormes : une fois il fallait payer la police pour les tirer de la potence; une autre fois il fallait sauver la vie aux bateliers qu'on mettait en prison pour la forme; tantôt c'était une mission qu'il fallait remplir à grands frais; enfin il n'est pas jusqu'à un voyage à Vienne fait dans les intérêts de la police de Napoléon, que Suzzarelli ne trouvât le moyen de me faire payer.

Il lui prit fantaisie une fois de me faire venir à Naples, et de m'aboucher avec le ministre Salicetti, qui consentait à me voir déguisé, et à ne pas me faire arrêter. *Vorrei vedere questo colonello tuo*, dit-il à Suzzarelli; *fa me lo vedere; un nomo puo lasciarsi ingannare per qualchi mesi, ma di lasciarsi coglionare à questo segno per tanti anni, bisogna essere ben bestia.* — *Oh!* lui répliqua Suzzarelli gravement et sérieusement, *non é tanto bestia, e talento mio.* Cependant la farce n'alla pas jusqu'au dénouement, et je ne vins pas à Naples.

On m'accusa à cette époque (1808) d'avoir pris une part active à un projet conçu par la reine Caroline pour faire assassiner Joseph, frère de Napoléon, alors roi de Naples, par un capitaine napolitain nommé Mosca. Pour l'exciter à cet acte, cette princesse lui donna une boucle de ses cheveux, une lettre écrite de sa main, une promesse de le faire colonel aussitôt après l'exécution du projet, et il fut des gens qui assurèrent que le capitaine avait reçu encore de bien plus puissans et enivrans motifs d'encouragement. Et au fait, de la part de cette vindicative et passionnée princesse, rien ne doit surprendre. Il devait, disait la lettre, délivrer la patrie de l'usurpateur, et se tenir pour assuré de l'exécution des promesses de la reine. En allant à Naples, il passa par Capri, puis il alla débarquer près d'une maison de plaisance du roi; mais l'amour le perdit. Une jeune fille, à laquelle il fit part de ses projets et de son brillant avenir, dans l'espoir de la séduire, dévoila tout à la police, et le libérateur de la patrie fut pris et fusillé sur-le-champ. La complicité dans un autre projet d'assassinat me fut encore imputée. Cette fois il s'agissait de tuer Salicetti; un apothicaire et ses deux fils allèrent placer une machine infernale dans le palais même du ministre qui n'échappa que par miracle à son explosion.

Ce qui fit croire à Naples que j'étais mêlé dans ces complots de meurtre, c'est que tous les assassins passaient par Capri, expédiés qu'ils étaient par la reine Caroline. Toutefois je dois déclarer que je n'y pris aucune part, et que j'écrivis à Salicetti pour l'assurer que je n'avais nulle connaissance de ces projets, et que j'abhorrais de pareils attentats.

Mais le tour le plus perfide, celui qui eut pour les Anglais le résultat le plus funeste, fut celui que me joua Suzzarelli à l'occasion de l'attaque projetée par le gouvernement de Naples contre l'île de Capri vers la fin d'octobre 1808. Il parvint à me persuader que les grands préparatifs que l'on faisait pour l'attaque étaient destinés contre l'île de Ponza, et nullement contre celle que je commandais. Il me tint ainsi dans la plus complète sécurité pendant tout le temps qui lui convint; puis au moment où l'expédition mettait à la voile, il me fit prévenir de sa vraie destination. C'était dans la nuit, l'île allait être attaquée le matin, et l'escadre anglaise, croyant que Ponza était menacée, s'était portée vers ce point.

L'expédition arriva donc sous les murs de Capri sans avoir été le moins du monde inquiétée. J'avais sous mes ordres, pour la défense de l'île, deux régimens, le royal-corse et le royal-malte, et quelque artillerie. Les soldats, ramassis d'échappés des bagnes, de rénégats et de bandits de toutes nations, refusèrent de se battre. Ils posèrent les armes, et le bouillant courage des Français qui surmontèrent tous les obstacles naturels, et traînèrent de l'artillerie en grimpant à des hauteurs qu'on croyait inaccessibles, fit le reste. Capri, le Gibraltar de Naples, fut pris moitié par la ruse et moitié par la force.

Plus tard, lorsqu'une expédition anglaise, forte de dix-huit mille hommes sous les ordres de sir John Stuart, quitta la Sicile pour aller attaquer Naples, Suzzarelli chercha encore à me tromper, et à me faire donner dans un piége qu'il tendait à l'armée anglaise, mais j'étais instruit par l'expérience, et je me défiais de sa perfidie.

Cependant l'affaire de Capri est restée comme une tache d'ignominie attachée à mon nom, et plus d'une fois Napoléon s'est ri à Sainte-Hélène de ma défaite. Il se moquait de moi en m'appelant le héros de Capri, comme si j'avais pu lutter avec succès contre la lâcheté de mes soldats, contre la trahison qui travaillait au dehors et la trahison qui s'ourdissait au dedans; enfin comme si j'avais pu seul tenir tête à la terrible audace des soldats français qui, alors, ne connaissaient ni résistance ni obstacles.

CHAPITRE V.

1814. — Blucher. — 1815. — Ma nomination au gouvernement de Sainte-Hélène.

Vous avez signé tous les bulletins anglais de la campagne de 1814, me dit un jour Napoléon, et je lui répondis affirmativement. Et bien ils étaient faux, horriblement et scandaleusement faux, ils étaient de tout point dignes du général auprès duquel vous étiez; oui, la rédaction des bulletins valait bien les savantes combinaisons militaires du feld-maréchal Blucher. Et comme je lui répliquai que chacun avait sa manière de voir et d'expliquer les faits et qu'au surplus je pensais que ce n'était pas aux Français à reprocher à d'autres la rédaction emphatique et peu véridique des bulletins militaires, Napoléon haussa les épaules et ne répondit rien.

Effectivement, en 1813 je fus envoyé par mon gouvernement auprès du général Blucher, avec le titre de commissaire de ma nation, et c'était en cette qualité que j'avais signé tous les bulletins de la campagne de 1814.

A l'époque des cent jours, lorsque l'Europe entière se mit de nouveau en armes contre l'illustre échappé de l'île d'Elbe, je me trouvais en Italie; et au mois de juin, lorsque l'insurrection royaliste éclata dans le midi de la France, ce fût moi qui fus chargé de commander la division composée d'Anglais et de Siciliens qui, sur la demande des habitans de Marseille, débarqua dans cette ville et se dirigea sur Toulon où était le général Brune. Il parait que les Marseillais se trouvèrent contens et satisfaits de mon gouvernement, car ils m'offrirent une épée d'honneur. (1)

Me voici arrivé au moment décisif de ma vie, c'est d'ici que partent tous mes maux, je suis arrivé à l'époque de ma nomination au gouvernement de Sainte-Hélène.

Il n'est sorte de bruits qu'on n'ait répandus dans le monde à propos de cette nomination. On disait que le ministre anglais, chargé par les puissances alliées de la garde de Napoléon Bonaparte, avait d'abord nommé lord Tréavour au poste de gouverneur, mais que peu sûr des dispositions du noble lord et n'osant pas compter sur une vigilante sévérité de sa part, il se hâta de revenir sur cette nomination.

---

(1) Ce trait manquait à la gloire des hommes de 1815, on doit savoir gré à sir Hudson Lowe de l'avoir fait connaître.

(*l'Éditeur*)

Alors, dit-on toujours, on fut à White-hall dans une grande peine et perplexité pour trouver un homme conforme aux vues ministérielles, et voici au dire des conteurs, comment on s'y prit pour arriver à cette fin.

Lord Castleréagh écrivit un jour au duc d'Yorck, commandant en chef de l'armée anglaise pour lui demander s'il n'aurait pas parmi les officiers quelqu'un dont le caractère fut exactement calculé pour faire un geolier titré. Le duc convoqua ses secrétaires et leur donna communication de la missive leur disant de chercher dans les cadres de l'armée un sujet qui convint aux exigences ministérielles. Après bien des recherches et des renseignemens demandés et compulsés, tous s'accordèrent à dire que le seul homme dans l'armée à qui cet emploi convint entièrement était sans contredit Hudson-Lowe.

La dessus on me manda, on m'endoctrina, on me donna ma commission de gouverneur de Sainte-Hélène et de commandant de toutes les forces militaires dans cet île, on me conféra le grade de général-major et je partis.

Or, comme on le pense bien, dans tout cet assemblage de faits, il n'y a de vrai que ma nomination; tout le reste est de l'invention de la malignité publique qui cherche aux événemens une cause toujours analogue à ses opinions, à ses préjugés et à ses antipathies.

La cause de tous ces bruits venait surtout de Napoléon qui disait souvent : oui, il n'y avait dans l'armée anglaise qu'un homme capable d'accepter de pareilles fonctions. Le ministère l'a cherché et il l'a trouvé à grande peine, le héros de Capri pouvait seul être le gouverneur de sainte Hélène.

CHAPITRE VI.

L'Empereur et l'homme.

Pour ses admirateurs, Napoléon a toujours été un demi-dieu; pour ses ennemis, une puissance infernale : la part de l'homme n'a jamais été faite. Epris du commandement, obligé de se grandir, pour en imposer, naturellement porté à la domination, il ne s'est jamais laissé voir en entier. C'est à peine si l'on a supposé qu'il était soumis aux mêmes besoins que l'humanité impose à tous. Frappé à un coin de force et de stoïcisme incroyable, tant que la fortune le servit, on ne l'entendit jamais se plaindre de ces mille contrariétés qui torturent l'existence. Dans les marches pénibles de la campagne d'Italie, sous le soleil vertical de l'Egypte, emprisonné dans les glaces de la Russie, brûlé par la chaleur, coupé par le vent ou sillonné par la pluie, jamais un mot d'impatience, un signe d'importunité, ne sortit de sa bouche. L'ambition ne lui laissait pas le temps de se plaindre.

Il supportait les peines morales dans le même silence que les peines physiques, et pourtant jamais homme n'eut un intérieur de famille plus agité ; il lui semblait avec justice qu'il était solidaire des actes émanés des trônes qu'il avait élevés. Partout où il avait mis un roi, il étendait une portion de son existence. C'était lui qui régnait en Espagne, en Italie, en Hollande et en Suède. Vulnérable sur tous les points, on peut penser quelle charge immense de soucis il avait amassée. Cependant il ne confiait qu'à lui-même ses chagrins domestiques ; trop au-dessus de ceux qui l'entouraient pour se plaire aux épanchemens de l'amitié, il rapportait tout à lui-même ; le cercle de sa vie commençait et finissait en lui. Duroc, l'homme qui approchait le plus de son oreille, qu'il avait admis dans une prétendue familiarité, n'en sut jamais plus que les autres. Il devinait mieux l'homme, et c'est là tout.

Ce caractère d'isolement que s'était imposé Napoléon ne varia pas tant qu'il eut un bras pour faire la guerre et une voix pour commander ; mais au jour où la puissance lui coupa le trône sous les pieds, ce caractère si long-temps comprimé éclata. L'empereur fit alors place à l'homme, Napoléon à Bonaparte, le Français au Corse.

C'est ainsi qu'il me fut remis. J'eus peine à croire, la première fois que je le vis, que j'avais devant moi cet homme qu'on m'avait peint si dédaigneux des besoins de la vie, si indifférent dans ses relations sociales. Au lieu de chercher à me gagner, non par des paroles affectueuses (nos positions respectives ne le permettant guère), mais par une déférence au moins simulée à mes volontés, il me traita de geôlier, de bourreau, d'homme infâme. Il aurait voulu qu'oubliant les ordres de ma nation, je lui laissasse une liberté indéfinie, que je coupasse une chaîne dont ma tête était le dernier nœud. Si le vent l'empêchait de sortir; si, au retour d'une course à cheval, le soleil avait échauffé sa tête; si le brouillard lui causait des ressentimens de goutte, c'était le gouverneur qui recevait en malédictions les torts de la température atmosphérique de Sainte-Hélène, comme s'il eût dépendu de moi d'avancer ou de reculer de quelques degrés la latitude de l'île.

Au bout de quelques jours passés auprès de Napoléon, je ne tardai pas à me pénétrer d'une vérité que le temps n'a que trop confirmée: le malheur avait dégradé mon prisonnier, ou, pour mieux dire, il l'avait fait descendre aux premiers échelons de son existence. C'était Bonaparte avec toutes ses faiblesses d'homme, avec toute l'intempérance de son caractère, avec tous ses préjugés d'Italien.

Insensiblement ramené à ce point de vie primitive, on ne trouvait plus en lui cette force morale qui l'avait mis au-dessus de l'humanité. Sans philosophie dans le malheur, il s'usait en malédictions contre la fortune, contre cette fortune qui l'avait si largement favorisé dans les plus belles années de son existence de géant.

Rien n'égalait sa haine contre ceux qui étaient les témoins de sa grande infortune. Moi surtout j'étais le but où venaient frapper les paroles acérées qui s'échappaient de son sein. Par ce retour vers lui-même dont j'ai déjà parlé, il n'employait jamais dans ses récriminations que les expressions de sa langue natale. Il épuisait contre moi tous les termes injurieux du vocabulaire italien. Il mettait dans ces méprisantes satires un luxe et une énergie de mots dont un Corse ou un Napolitain seul est capable. Nourri des pratiques mystiques de son pays, il ne parlait jamais de la religion romaine qu'avec un respect profond et en termes les plus mesurés. Deux cents ans plus tôt, le même zèle qui lui fit embrasser la cause de la révolution française, l'aurait jeté au milieu des querelles religieuses ; deux cents ans plus tôt, au lieu de périr dans une île, il serait mort dans un cloître. Plusieurs fois je le surpris lisant avec onction l'Ancien Testament et les pères de l'Eglise. L'homme chez lui, je le répète, était essentiellement porté aux croyances catholiques : je ne le blâme point ; je l'explique.

On conçoit que, ramené ainsi à ce point de faiblesse et de désorganisation morale, il n'y avait plus d'équilibre entre ses malheurs et la force qu'il lui fallait pour les supporter. Il souffrait comme un autre homme ; il devait se plaindre et mourir.

CHAPITRE VII

Arrivée à Sainte Hélène. — Premier désappointement. — Présentation à Napoléon.

Ce fut le 14 avril 1816, jour à jamais cruellement mémorable dans ma vie, que j'arrivai à Sainte-Hélène sur la frégate *le Phaéton,* capitaine Stanfell. Plût au ciel qu'elle eût été engloutie avec moi dans les gouffres de l'Océan. Plût au ciel qu'elle eût été brisée par les ouragans du Cap des tempêtes, mais il fallait que mon sort s'accomplît; il l'a été.

Le lendemain de mon arrivée, d'après l'instigation et les conseils de l'amiral Cockburn, j'envoyai à Longwood un message pour y annoncer que j'irais visiter Napoléon le lendemain matin à neuf heures. Il faisait ce jour-là dès le matin une bourrasque affreuse de vent et de pluie; cependant, comme j'avais annoncé ma visite, je ne jugeai pas que cet orage pût être une excuse suffisante aux yeux d'un ancien soldat, et je partis. Comprenez quel fut mon étonnement, lorsqu'en arrivant à Longwood, suivi de tout mon état-major, de l'amiral et de plusieurs autorités et autres personnages notables de l'île, j'appris que Napoléon ne voulait pas me recevoir. C'était trop tôt, me dit-on en ricanant; Napoléon ne recevait jamais d'aussi bonne heure : d'ailleurs il était indisposé, et ce jour là il ne pouvait recevoir de visites.

Un tel accueil me déconcerta, et il y avait réellement de quoi être piqué de ce procédé. Je passai et repassai vingt fois devant les fenêtres de Bonaparte, espérant toujours qu'il prendrait en considération notre course au milieu d'un orage, et qu'il se départirait par égard pour nous des rigides lois de son étiquette impériale. Il n'en fut rien. Napoléon fut inexorable, comme il l'était en ce point lorsqu'il portait sceptre et couronne. Alors force fut à nous de repartir après avoir obtenu d'être reçus le lendemain à deux heures.

Pour ceux qui ont étudié le cœur de l'homme, et qui savent que de la moindre cause naissent souvent de grands et terribles résultats, il ne sera pas difficile de comprendre l'influence que dut avoir sur moi ce premier désappointement dans mes rapports avec le général Bonaparte. Combien de fois, en effet, pour une légère et inaperçue impolitesse, pour une bagatelle d'étiquette et de cérémonie, sont nées des aversions insurmontables, d'implacables haines et d'affreuses catastrophes. Pour moi, je me sentis piqué au vif par cette rigidité de Bonaparte dans ses principes d'étiquette de cour. Je le croyais prévenu de ma visite, et d'ailleurs si j'avais été aux Tuileries lui demander aussi brusquement et matinalement audience, j'eusse compris certainement son refus; mais à Sainte-Hélène, mais pour une première et si importante entrevue, mais après avoir bravé un orage de vent et de pluie pour venir à Longwood, neuf heures du matin ne me semblaient pas une heure indue et inconvenante, surtout entre vieux soldats.

Le lendemain, accompagné des mêmes personnes, je retournai à l'habitation de Napoléon. Ce jour-là, nous fûmes reçus. M. Bertrand, qu'on appelait le grand-maréchal, nous annonça que l'empereur était à sa toilette, et qu'il ne tarderait pas à nous recevoir. On nous introduisit tout d'abord dans une salle à manger, derrière laquelle était le salon qui devait être le lieu de la réception. L'amiral me proposa comme étant la meilleure et plus simple manière de présentation, de me faire entrer avec lui dans le salon; j'acceptai. Mais il devait en être autrement, et comme je l'expliquerai dans le chapitre suivant, une bagatelle de présentation et de forme devait ajouter une nouvelle énergie à nos antipathies et aversions mutuelles.

Comme un des valets de Napoléon, qui se tenait à l'entrée du salon pour annoncer, ouvrit la porte, et prononça hautement mon nom, je m'élançai, impatient que j'étais de voir l'homme célèbre dont les vicissitudes de la fortune m'avaient confié la garde. Dans mon rapide et vif mouvement, je ne m'aperçus pas que l'amiral n'était pas à mes côtés, et que la porte s'était refermée sur moi, sans qu'il pût entrer. De cet oubli naquirent des conjectures, des propos et des haines dont je parlerai tout à l'heure.

Napoléon me reçut avec une politesse triste, sèche et froide. Il était un peu pâle; mais quoiqu'il m'eût fait dire la veille qu'il était indisposé, sa santé ne me parut pas encore avoir souffert une sensible altération. Il était vêtu d'un habit vert foncé, d'une culotte de drap blanc, de bas de soie blancs, et portait le grand cordon de la légion d'honneur. Quand il m'aperçut, son sourcil se fronça, et ses yeux se fixèrent opiniâtrement sur moi, sans qu'il les en détachât, pendant deux ou trois minutes. Je soutins, sans être déconcerté, cet examen préalable qui parut, s'il faut parler franchement, ne m'être nullement favorable. Je suportai donc avec assez de force et de fermeté le coup d'œil de l'aigle qui cherchait à sonder mon âme, et j'attendis que Napoléon me parlât le premier, il m'adressa la parole en italien, et la conversation se fit pendant un quart d'heure entre nous dans cette langue. Il me parla de sa position, de l'injustice de l'Angleterre, de la violation du droit des gens dont le gouvernement de cette nation s'était rendu coupable en le retenant prisonnier, tandis qu'il s'était jeté entre ses bras, et qu'il était venu confiant s'asseoir au foyer de l'hospitalité britannique. Puis nous parlâmes de l'île, de Longwood, de nos prochaines relations, des restrictions mises à la liberté de lui Napoléon, et des personnes de sa suite; enfin après lui avoir présenté les officiers de mon état-major, nous nous séparâmes.

Combien cette première entrevue devait faire naître de la part de Napoléon de préventions contre moi. Je ne sais ce qui l'impressionna si fort en me voyant, mais j'appris bientôt avec une accablante surprise qu'il avait dit à ceux qui l'entouraient après que je fus sorti : « Cet homme là a le crime empreint sur la figure. »

Toujours est-il que cette animosité et cette antipathie qui, depuis, éclata si fort et si cruellement entre moi et Bonaparte, ne dut peut-être son origine et sa naissance qu'au désappointement que j'éprouvai lors de ma première visite à Longwood, et à la trop grande impatience et vivacité qui m'emportèrent au moment de ma présentation auprès de l'illustre prisonnier.

CHAPITRE VIII.

L'amiral Cockburn. — Principes de division.

Ce fut, il n'en faut pas douter, à l'obligeante interposition de l'amiral Cockburn que je dus le commencement de cette haine si violente que j'inspirai malheureusement toujours à Bonaparte et à tous ses officiers, haine qui, avec le temps, ne fit qu'accroître et se corroborer dans toutes les querelles qui se succédaient contre moi.

L'amiral Cockburn, qui commandait le *Northumberland*, et qui par conséquent avait fait le voyage de Ste.-Hélène avec Bonaparte, avait d'abord conquis son affection par ses égards et une espèce de dévouement et de respect pour sa personne, qui alla même pendant un certain temps jusqu'à l'affectation. Lors de l'installation de Bonaparte à Ste.-Hélène, il poussa la condescendance jusqu'à permettre au prisonnier de parcourir seul toute l'île, et il lui envoya même quelques uns de ses fusils, afin qu'il pût se livrer au plaisir de la chasse. Tout cela était fort beau, fort noble, sans doute ; mais cette conduite était au moins imprudente, car on avait confié la personne de Napoléon à sir Cockburn, non pour qu'il se confondit e politesses envers son captif, pour lequel cependant i ne lui était pas défendu d'avoir des égards, mais pou qu'il veillât strictement à sa garde ; et certes une sem blable manière d'agir n'était pas faite pour fair perdre aux amis du général l'espoir d'une évasio que l'excessive confiance de l'amiral pouvait faire p raître comme très-prochaine. Peu de mois après, si Cockburn fut forcé de changer de système, le sie ne convenant nullement au gouvernement, et ce fu alors que sa trop grande facilité, que cette folle inso ciance, dont Napoléon s'était d'abord tant loué tourna contre lui-même. Forcé qu'il fut d'employe les mesures sévères, dont l'exécution lui avait été i périeusement prescrite, il vit l'affection qu'on ava conçue pour lui se changer tout-à-coup en une hai qui était, à peu de chose près, égale à celle qu'o me porta plus tard à moi-même, et, certes, ce n'e pas peu dire! Ainsi on doit penser quel orage de m lédictions fondit sur la tête du pauvre amiral, quan il se vit obligé de déclarer à Longwood qu'il ne r cevrait aucune lettre du général, adressée au prin régent, sans qu'elle fut ouverte, et quand, au lie de laisser son prisonnier courir seul dans l'île, il f forcé de placer des sentinelles sous les fenêtres mê de Napoléon. Lorsque j'arrivai, l'irritation était son comble.

Le 14 avril je débarquai, et le 16 l'amiral Coc

burn, qui prétendait que c'était l'heure convenable, me fit partir dès le grand matin pour Longwood, où, comme je l'ai dit dans le chapitre précédent, nous arrivâmes à dix heures par un temps abominable. L'amiral m'avait assuré avoir fait annoncer notre visite, et désirait, disait-il, me présenter le plus promptement possible. Quel fut cependant mon étonnement quand on nous apprit que le général était surpris de notre prompte apparition, qu'il ne pouvait nous recevoir, et que d'ailleurs il était malade. J'aurais regardé la conduite de Napoléon comme fort étrange, si, jetant par hasard les yeux sur l'amiral, auquel je semblais demander compte d'une semblable conduite, je n'eusse surpris dans ses regards un petit air de triomphe qui plus tard, quand j'y réfléchis mûrement, ne me laissa aucun doute sur ses intentions. Effrayé du retentissement présumable des plaintes acerbes de son prisonnier, il voulait me léguer à moi la portion de mauvaise humeur et de ressentiment qu'il avait causé à Longwood, il pensait à se créer une excuse auprès du cabinet anglais, en me mettant dans le cas de n'être pas mieux placé que lui dans les bonnes grâces du général, afin qu'un jour il put présenter ma gestion comme n'ayant pas été beaucoup plus heureuse que la sienne. En effet, ma présence à Longwood, sans que le général en eût été prévenu, était au fond un oubli total des convenances, et cette violation des formes de la plus simple bienséance devait nécessairement influer sur l'opinion que Bonaparte allait concevoir du nouveau

4.

gouverneur. Aussi je compris toute la fausseté de ma position; et je me retirai non sans me plaindre vivement à l'amiral. Sir Georges me répondit vaguement, et se tira d'affaire en me parlant d'oubli, d'erreurs, d'omission involontaire. Cependant, comme je l'ai dit, je fus reçus le lendemain à Longwood, et ce fut une triste et fâcheuse journée pour sir Cockburn. Dans le cours de l'audience, Napoléon, qui avait longuement exhalé ses plaintes contre l'Angleterre, entama le chapitre de ses griefs contre l'amiral.

« Je n'ai pas lieu d'être content de votre prédécesseur, me dit-il, cet homme avait bien commencé; il a voulu absolument mal finir. Il en use envers moi avec une familiarité qui tient de bien près à l'impertinence; il se permet, par exemple, de m'envoyer des billets d'invitation pour des bals, des dîners auxquels il sait fort bien que je n'assisterai pas, en affectant de ne m'appeler que *général*, comme s'il ignorait que Napoléon eût immortalisé le titre d'empereur. A mon arrivée dans cette île, il m'a fai jeter dans un grenier ouvert à tout vent, et m'y fait séjourner plus de soixante jours, tandis qu'il s'é tait réservé à lui-même un logement très-conforta ble. Il m'a forcé de suspendre mes promenades cheval, et n'a pas craint d'abreuver les officiers d ma maison de dégoûts et d'humiliations. Il me fai garder comme une bête fauve, en plaçant des senti nelles jusque sous les fenêtres de ma chambee à cou cher, tout en colorant cette ridicule mesure de l'ir nique et absurde prétexte de veiller à ma sûreté personnelle. Pour que mes lettres puissent parvenir à leur destination, il faut que préalablement il les décachète, et, si je m'y oppose, il me les rend sans vouloir se charger de leur expédition. L'autre jour, après qu'il m'eût fait assurer, à la suite d'une espèce de raccommodement, que je pouvais parcourir toute l'île sans être forcé de supporter la présence d'un Anglais, je montais à cheval pour aller déjeûner à un mille de notre habitation, quand l'obstination d'un officier, qui prétendit devoir m'accompagner en tous lieux, me força de renvoyer mon cheval à l'écurie et de rentrer moi-même.... Cette inquisition est vraiment révoltante. Sans doute sir Georges n'est point un méchant homme, mais il est devenu en peu de temps capricieux, violent, emporté. Comme *geôlier*, je puis le trouver doux, humain, compâtissant, à cela près de ces contrastes d'humeur qu'il fait peser sur nous de tout leur poids. Mais comme mon *hôte*, car c'est ainsi que j'aurais voulu le considérer, il est réellement insoutenable, et nous n'avons lieu que d'être fort mécontens de lui. Il ne daigne pas d'ailleurs observer les formes de la bienséance la plus ordinaire, et ne manque jamais de choisir pour ses visites des heures indues ou inaccoutumées, affectant le mépris le plus grand pour une étiquette à laquelle ma dignité d'homme, et surtout de prince malheureux plutôt qu'un amour-propre déraisonnable, me force de tenir encore. Je ne suis pas fâché qu'il ne soit pas présent, ainsi que son état-major, à notre entretien.

Je me serais vu forcé de l'humilier devant ses subalternes ; je lui aurais vivement reproché sa conduite, et l'aurais accusé de ternir l'habit militaire que nous portons tous deux depuis près de quarante ans, en manquant sans nécessité au respect qu'il devait au plus ancien soldat de l'Europe, en me traitant, lors de mon débarquement, comme un galérien de Botany Bay, et je lui aurais fait observer qu'aux yeux d'un honnête homme, Napoléon sur un rocher, devait paraître plus vénérable qne sur son trône et à la tête de ses six cents mille soldats.

» Croyez-vous, Monsieur, qu'il prétend exiger des personnes de ma suite une déclaration, un engagement individuel d'unir leur destinée à la mienne, en acceptant le cahier des charges qu'il a rédigé à cette occasion, et en les forçant de se soumettre euxmêmes à toutes les humiliations qu'on me réserve? ou bien, il les menace, en cas de refus de leur part, de les faire sortir de l'île. Quelle est l'intention perfide que cache ce procédé inoui ?... voudrait-on m'isoler? Sans nul doute mes officiers, mes gens, se sont décidés à subir, en partant de Plimouth avec moi, une partie des vexations que l'on paraissait me préparer; mais quelle est donc la loi qui les force à se lier irrévocablement à un homme qui n'est plus véritablement maintenant qu'un cadavre politique?

» La conduite de sir Georges m'afflige d'autant plus que j'eus pendant long-temps occasion de me louer de ses manières. Pendant notre traversée, il me témoigna tant d'affection, tant d'intérêt, qu'il gagna promptement ma confiance, et se mit fort avant dans mon intimité. Il venait presque toujours me rendre visite au sortir du dîner.... Alors je prenais souvent son bras, et nous faisions un tour sur le pont. Sa conversation m'intéressait.. Nous parlions de son état... Il m'écoutait avec cette avidité de l'homme qui ne veut pas perdre un seul mot, ce qui flattait mon amour-propre. On m'a assuré qu'il écrivait avec soin jusqu'aux moindres détails de nos entretiens. S'il en est ainsi, ce que j'ai dit sur les marines de France et d'Angleterre, sur les ressources de la première de ces puissances dans le midi, et sur celles que j'ai moi-même créées et que je voulais créer encore; ce que j'ai dit sur les ports et les mouillages de la Méditerranée, tout cela composera, pour un marin, un livre vraiment précieux. De plus, quand nous passâmes la ligne, il trouva le moyen de soustraire mes officiers et mes gens aux ridicules cérémonies de ce qu'on nomme le baptême du bonhomme Tropique, ce qui n'était pas une légère faveur et une faible preuve d'autorité sur les matelots de son équipage. »

J'écoutai Napoléon avec le plus scrupuleux recueillement, et je voyais avec complaisance qu'il remarquait mon calme et mon attention soutenus. Malgré la triste plaisanterie de l'amiral, je ne pouvais lui jouer le mauvais tour d'entrer dans la manière de voir de Bonaparte, en convenant de ses torts. Je venais pour continuer sa mission, pour lui imprimer peut-être encore plus de sévérité; il m'était donc impossible de ne pas approuver sir Georges. Faire de l'hypocrisie eût été alors une chose aussi absurde qu'inutile, car, plus tard, il eut toujours fallu lever le masque. Je résolus donc de prendre un parti violent en faisant comprendre, dès le premier abord, à Napoléon, quelle pouvait être la règle de conduite que j'adopterais. Je répondis avec calme et sang-froid aux plaintes du général; et, sans me constituer précisément le champion de l'amiral, je cherchai à le justifier en m'appuyant sur la direction qu'une autorité supérieure avait probablement communiquée à sa conduite, et en déplorant la fatalité qui souvent force un fonctionnaire à des mesures rigoureuses qu'il réprouve quelquefois comme particulier. Il y eut alors un moment de silence : Napoléon dirigea une seconde fois sur ma personne ses regards perçans, pour chercher à démêler ce qui se passait dans mon âme, et j'allais lui donner satisfaction complète, en ne lui laissant aucun doute sur la nature de ma mission, quand il interrompit brusquement la conversation.

Je trouvai dans l'antichambre l'amiral maugréant et contre l'insolence du valet de chambre qui avait obstinément refusé de l'introduire, et contre ce qu'il appelait l'impolitesse de Napoléon. Le désappointement de sir Georges parut amuser beaucoup toute la maison de Longwood. Le pauvre Cockburn, victime de sa propre perfidie, s'approcha de moi furieux, en me reprochant l'abandon cruel dans lequel je l'avais laissé; mais je l'entraînai dehors, afin qu'il ne se compromît pas davantage devant les domestiques de

Napoléon, et je parvins à l'appaiser et à lui faire entendre raison.

Je sus depuis que Napoléon avait beaucoup ri de la mésaventure de Cockburn, et que MM. Bertrand et Montholon l'avaient singulièrement diverti en lui dépeignant la mine piteusement comique de l'amiral, qui avait l'air d'être en pénitence dans l'antichambre. « Ce bon Noverraz, s'écria-t-il, il m'a presque rendu là un service en fermant la porte au nez de l'amiral...; c'est fort drôle!... Il ne faudrait pourtant pas plaisanter avec cet ours helvétique; car, si je lui disais que le gouverneur me déplait, il serait homme à l'assommer sur-le-champ. Au fait, bien que je ne sois pas positivement mécontent de l'algarade de Noverraz, je n'avais pas l'intention d'humilier autant ce malheureux Cockburn..... Mais pourquoi aussi, le gouverneur qui le savait là en faction, ne l'a-t-il pas fait demander quand il a vu entrer les officiers? C'est tout-à-fait sa faute. »

Ainsi, l'inconvenante espiéglerie de sir Cockburn avait produit son effet. J'étais déjà, grâce à elle, casé dans l'esprit de Bonaparte à la place que je devais y occuper pendant près de cinq années. Ma mission avait commencé sous de malheureux auspices, j'avais débuté à Longwood par deux jours de bataille. Napoléon, que ses amis eux-mêmes ont avoué être superstitieux, regarda peut-être ces dispositions préliminaires comme étant de funeste présage et le prélude d'une lutte longue et fatigante que, dans le principe, je m'étais proposé d'éviter autant que possible. Les événemens qui se passèrent pendant les deux jours de présentation ne me furent pas favorables, comme on l'a vu, et dès-lors je fus voué à une haine qui ne devait finir chez Napoléon que le 5 mai 1821...!

CHAPITRE IX.

Wellington a désigné Sainte-Hélène pour le lieu de détention de Napoléon.

Qui a soufflé et suggéré au cabinet anglais et aux puissances du continent l'idée de confiner Napoléon à Sainte-Hélène? Quelle inspiration satanique leur a fait jeter les yeux sur ce rocher désolé, placé au milieu de l'Océan comme une lugubre et solitaire prison? Peu de gens l'ont su. J'ai entendu les uns attribuer la désignation de ce lieu de captivité aux causeries ébruitées d'un officier subalterne au service de la compagnie; d'autres en faisaient honneur au ministre Castlereagh; la plupart n'y voyaient qu'un effet du hasard et de ces soudaines inspirations qui viennent à l'esprit des diplomates, et que plus tard on admire comme un puissant effort de leur génie.

En vérité, c'était chose extraordinaire que la subite et inattendue révélation au monde de cet épouvantable château fort, destiné à renfermer le grand prisonnier. Sainte-Hélène, avant l'impérissable célébrité que réfléta sur elle Napoléon, était à peine connue par son nom, dans les bureaux de la compagnie; presque partout ailleurs, on ignorait l'existence de cet inabordable rocher, et les marins ne la saluaient avec joie, dans leur course à travers l'Océan, que par l'effet de ce sentiment qui fait de toute terre un lieu de délices, alors qu'elle vous apparaît après une longue et pénible navigation. Aussi l'étonnement fut grand en Europe, le jour où l'on apprit que l'empereur déchu était envoyé à Sainte-Hélène.

Quant à moi, lorsque je sus le but du voyage du *Northumberland*, je n'en fus nullement étonné. Depuis quelque temps j'avais ouï murmurer en Angleterre que l'intention des hautes puissances était d'envoyer Napoléon à Sainte-Hélène. Il était encore à l'île d'Elbe, en songeant pas le moins du monde à quitter son palais de San-Martino, que déjà les ministres et plénipotentiaires des rois méditaient au congrès de Vienne, sa translation au-delà de l'Océan. C'est même à ce projet éventé et communiqué à Napoléon, que plusieurs attribuent cette audacieuse et gigantesque expédition à Cannes, et ce retour à Paris, qui jetèrent tant de perturbations et d'alarmes sur le continent.

Or, voici à quelle inspiration le congrès dut la découverte de Sainte-Hélène, comme lieu propice à détention pour ce Napoléon, dont la présence et le voisinage effrayaient tant les gouvernemens, et surtout celui de

France. Ce fut Wellington, oui, le duc lui-même, qui proposa au congrès d'envoyer Napoléon dans cette île, disant que c'était le point le plus convenable du monde pour un emprisonnement perpétuel.

Lui-même avait une connaissance parfaite de l'île, il y avait relâché en revenant de l'Inde sur une frégate commandée par sir Georges Cockburn, le même qui depuis fut amiral, conduisit Napoléon sur le *Northumberland*, au lieu de sa captivité, et fut chargé pendant quelques mois de veiller sur lui à Sainte-Hélène.

Et certes, Wellington devait avoir conservé une vive souvenance de Sainte-Hélène, car peu s'en fallut que les quelques jours qu'il y passa ne fussent les derniers de sa vie. Un jour qu'il se rendait à terre, une de ces raffales de vent, si ordinaires dans cet ancrage, fit chavirer la chaloupe qui portait le futur vainqueur de Waterloo, et, sans quelques matelots qui s'empressèrent de venir à son secours, la rade de Sainte-Hélène était le terme des exploits du grand général de l'Angleterre.

Napoléon croyait bien lui-même devoir à Wellington sa détention en cette île ; il s'exprimait sur ce sujet avec cette âcre et colérique indignation qui était devenue l'habituelle manière d'être de son esprit. N'est-ce pas, disait-il, une chose infâme et bien peu digne d'un général qui souvent s'est mesuré avec moi, que de m'avoir envoyé prisonnier en cet horrible séjour. Mais rien ne doit m'étonner de la part de ce Wellington, qui n'a jamais eu ni grandeur d'âme ni générosité ; j'ai eu en mon pouvoir, moi, tous les rois de l'Europe, et, je vous le demande, les ai-je confinés et emprisonnés ainsi : je les ai laissé dans leurs palais et sur leurs trônes, il est vrai que j'en porte ici la peine et que ma punition est cruelle; mais jamais, non jamais, je ne me fusse avili jusqu'à ensevelir une tête couronnée dans un sépulcre comme celui-ci. L'Angleterre et Wellington étaient seuls capables de pareille infamie. Au fait, qu'ai-je à m'étonner et à me plaindre, c'est ici une répétition des pontons; puisque les soldats ont été si horriblement tourmentés, pourquoi le général n'aurait-il pas sa part du martyre. Mon ponton, mon cachot, mon tombeau, c'est Sainte-Hélène, c'est Longwood, et c'est Wellington qui m'y a jeté : cela lui fera un grand honneur dans la postérité; on devrait faire graver ce dernier trait de gloire d'Achille, sur le piédestal de sa statue à Hyde-Park. »

Ainsi s'exprimait Napoléon, sur l'intervention du vainqueur de Waterloo, dans la désignation du lieu de sa captivité. Je sais bien que plusieurs ont douté du fait; quant à moi, je le tiens d'assez bonne et haute source pour ne pas en douter un instant. Wellington s'était cru chargé par l'Europe de la débarrasser de Napoléon, il ne crut sa tâche et sa mission remplies que le jour où il l'eût envoyé à Sainte-Hélène. Il savait qu'il n'en reviendrait pas.

CHAPITRE X.

Ma physionomie. — Principal motif d'aversion et de haine de la part de Napoléon.

Un homme est-il laid, boiteux, mal fait, crochu ou tortu, a-t-il les cheveux rouges et les yeux obliques et chassieux ; le voilà aussitôt jugé et déclaré un scélérat, un hypocrite, un tartuffe, un homme capable de toute action et de tout crime. Ainsi se font les jugemens du vulgaire, et pour les appuyer et motiver, les raisonnemens, les faits, les exemples ne manquent pas plus au peuple, que les preuves ne manquent à un solliciteur de la couronne pour charger un malheureux devant les assises et pour le faire envoyer par les jurés à la potence, où à Bridwell, ou à Botany-Bay.

Ainsi parce que Napoléon et sa suite s'aperçurent dès ma première entrevue que j'avais une taille mince et grêle, que j'étais maigre et sec, que mon visage était rouge, que ma chevelure était rousse comme une vraie chevelure d'Écossais des hautes terres, aussitôt ils me déclarèrent méchant, vil, scélérat, que sais-je, ils virent au premier coup d'œil que j'étais le bourreau envoyé pour venir les torturer et assassiner. Ils me regardèrent dans les yeux, et is virent que mes yeux étaient tant soit peu louches, preuve inévitable de fausseté et d'hypocrisie, ils furent étonnés de ce que je ne les regardais pas impudemment en face, et de ce que je ne dévorais des yeux leurs figures, et voilà que je n'osais fixer mes regards sur le visage d'un honnête homme, et que par conséquent j'étais capable de tous les crimes. Mes sourcils étaient blonds, blonds ardents comme on en trouve à tous les pas sur les visages d'Anglais ou d'Écossais, nouvelle preuve de méchanceté; en un mot, je fus au premier coup d'œil pour les habitans de Longwood, un vrai bourreau de tragédie; un geolier de Covent-Garden, ou de Drury-Lane, ni plus ni moins.

Napoléon, après m'avoir vu, dit hautement de moi à ses suivans, généraux et serviteurs: il est hideux, c'est une mine patibulaire. Cependant avec le sens qui le distinguait, il se hâta de revenir sur son premier jugement et de le modifier un peu: ne nous empressons pas trop de prononcer, continua-t-il, le moral après tout peut raccommoder ce que cette figure a de sinistre. Cela ne serait pas impossible.

Malheureusement c'était impossible pour des hommes prévenus contre moi par leur position, aigris par leurs malheurs, et tourmentés par des souvenirs de grandeur de fortune et de gloire, qu'il avait fallu laisser en perdant de vue les terres de l'Europe.

Bizarre et cruel effet des antipathies et des aversions ! j'étais, grâce à ma figure, à mes cheveux, à ma taille, à ma physionomie, un bourreau breveté, un hideux brigand et assassin. Eh! qu'eussent dit les Français si, en se promenant dans les rues de Londres, d'Édimbourg ou de Glascow, ils se fussent trouvés entourés subitement de quelques milliers d'hommes blonds et rouges comme je le suis? c'est pour le coup qu'ils eussent crié à l'assassin et au bourreau.

Mais malheureusement le coup était porté ; l'impression que je fis était irremédiable : ma figure, mes yeux, mes cheveux rouges, mes sourcils blonds et proéminens restèrent dans l'esprit des Français gravés en caractères éternels, comme le type de la scélératesse et de la basse cruauté. Mais que pouvais-je faire ? Hélas ! on est si heureux, quand on est accablé par la destinée, de trouver un prétexte, un motif, une justification à ses haines et à ses préventions, qu'on s'en empare, et qu'on s'en saisit avidement. On se jette sur le premier qui se présente; c'est un bonheur de pouvoir dire : Voilà pourquoi je suis malheureux ; voilà celui qui est la cause de tous mes maux.

Au reste la mission que je venais remplir à Sainte-Hélène devait me rendre odieux d'avance : les captifs n'ont pas besoin de voir leur geolier pour le détester; c'est le sentiment de la liberté qui fait abhorrer celui qui veut présider à l'esclavage. Eussé-je été brun comme un Espagnol, mes yeux eussent-ils été d'un beau noir de jais, toujours on m'eût trouvé une figure atroce, hideuse, épouvantable; c'était naturel: Napoléon et les Français étaient dans leur droit.

Une idée profondément enracinée dans l'esprit de Bonaparte était qu'on voulait l'assassiner; nul ne lui aurait tiré cela de la tête: son imagination en était vivement frappée, et moi j'étais le sicaire ou l'empoisonneur dépêché par le ministère anglais pour accomplir et mettre à exécution ces projets de mort. Peut-être Napoléon n'était-il pas tout-à-fait dans l'erreur en ceci; il savait bien que la morale des cabinets n'est pas la morale des chaumières, et qu'envoyer dans l'autre monde un souverain, dont la vie et les projets importunent et embarrassent, n'a jamais été un cas de conscience pour la politique anglaise. Trop d'exemples étaient là devant lui, évidents, incontestables et consignés au long dans les pages de l'histoire, ou enveloppés à peine d'un doute diaphane, pour qu'il pût se fier à la consigne politique du cabinet.

Aussi Napoléon ne sortait pas de cette funeste pensée; c'était le texte habituel de ses plaintes, et le motif de ses terreurs: il les poussait à l'excès.

Un jour j'allai à Long-Wood, et comme je fus admis dans la chambre de Napoléon, il avait devant lui, sur un guéridon, une tasse de café qu'il allait prendre; cependant, dès que je fus entré, et que je me fus assis sur le sofa, en face de cette table, de l'autre côté de Napoléon, il poussa la tasse et n'y toucha plus. De temps en temps il jetait sur moi des regards défiants; son œil embrasé lançait des éclairs; on eût dit qu'il voulait interroger ma conscience, me frapper de terreur et lire un funeste dessein sur mon visage. Certes, l'idée d'un pareil crime était bien éloignée de moi : cependant Napoléon ne fut pas rassuré; dès que je fus parti, il jeta lui-même la tasse de café par la fenêtre en disant : « Je ne sais, mais cet homme me paraît capable de tout, *mais de tout!* Il était assis devant la table, et peut-être...; vraiment, c'est à ne pas prendre une tasse de café devant lui. »

Un autre jour, comme je le pressais d'accepter les services de mon médecin, revenant plusieurs fois sur mes offres, dans la conversation, il me refusa toujours avec un air de méfiance et un ton de voix qui exprimaient clairement ses soupçons. « Mais trouvez bon, au moins, lui dis-je, que je vous envoie ce médecin : dans un climat comme celui-ci, dans une contrée aussi meurtrière, ses conseils vous seront utiles. — Non, monsieur, me répondit-il vivement; je n'accepterai jamais un médecin qui me serait envoyé par un gouverneur anglais; je devine trop bien les... » et il s'arrêta en se mordant les lèvres et en faisant un geste significatif.

« Je sais qu'on veut me tuer, répétait-il sans cesse : eh bien ! qu'on en finisse le plus tôt possible; qu'on m'envoie promptement un bourreau et un linceul, et que ce soit fait. Je sens que ma vie embarrasse fort les souverains de l'Europe; qu'ils me l'ôtent donc, je n'y tiens plus! Quand on a, comme moi, passé par toutes les vicissitudes de la fortune et

5.

du malheur; quand on est arrivé de rien à tout, de la rue sur un trône, et qu'on en est tombé sous les coups de l'Europe entière ; quand on a épuisé la gloire et ses bonheurs, et ses tourments, qu'importe la vie sur un rocher ! » Et il en revenait à ses idées d'assassinat et de mort. L'infortuné ! s'il eût connu en détail et clairement les intentions et les desseins de la politique européenne, combien il eût exhalé de plus déchirantes plaintes.

CHAPITRE XII.

Description de Long-Wood. — Les rats. — Chambre à coucher de Napoléon.

C'était, j'en conviens, une bien triste et bien misérable habitation que la maison, ou plutôt les cabanes réunies de Long-Wood; et encore, comme je l'ai dit et expliqué en un autre chapitre, il avait fallu bien du travail et de la peine pour rendre habitable cette résidence, qui d'ailleurs n'était considérée que comme provisoire et momentanée. Tous les jours j'attendais d'Angleterre l'ordre de bâtir une nouvelle maison; les matériaux étaient même déjà arrivés à James-Town, les fondements étaient jetés; mais jamais Napoléon ne voulut consentir à voir cette maison s'élever, disant, chaque fois qu'on lui en parlait, que ce n'était pas une habitation qu'il lui fallait, mais bien un tombeau et un linceul.

Il fut donc forcé de se confiner, lui et la plus grande partie de sa suite, dans les misérables cabanes dont voici l'exacte et minutieuse description (1).

Napoléon avait une chambre à coucher petite et étroite, au rez-de-chaussée, comme tout son appartement. A côté était un cabinet d'étude, dont il fit plus tard sa chambre à coucher, et une petite antichambre où était placée une baignoire. Le cabinet donnait dans une pièce basse et obscure, qui fut convertie en salle à manger. De cette salle on entrait dans un salon que l'amiral sir Georges Cockburn avait fait construire en bois. Cette pièce était la plus grande, la plus élevée et la plus aérée de toutes; elle avait trois fenêtres de chaque côté, et un treillage qui conduisait au jardin. C'était, en un mot, la seule pièce commode de tout

---

(1) Voyez la gravure, représentant la maison de Long-Wood. N° I. Salle de billard, ou salon construit en bois par ordre de l'amiral Georges Cockburn. — N° II. Salle à manger. — N° III. Cabinet de travail, qui plus tard devint la chambre à coucher de Napoléon. — N° IV. Première chambre à coucher. — N° V. Chambre du valet de chambre Marchand. — N° VI. Chambres des autres domestiques. — N° VII. Cuisine. — N° VIII. Premier logement du comte Las Cases; galetas au-dessus, où couchait son fils. — N° IX. Chambre de l'officier d'ordonnance. — N° X. Logement de M. Gourgaud. — N° XI. Chambre de M. O'Méara. — N° XII. Nouvelles chambres construites pour M. de Montholon et sa famille. — Deux enceintes: les commissaires des puissances alliées ne pouvaient venir que jusqu'à la première porte.

l'édifice, et cependant elle devenait inhabitable, lorsque, vers le soir, le soleil, lançant ses rayons avec toute l'ardeur d'un soleil du tropique, pénétrait le bois même dont elle était construite.

Le reste du bâtiment était occupé par la suite de Napoléon. Autour était un jardin entouré d'une double enceinte de murs, que je comptais remplacer par une grille en fer dont j'aurais, tous les soirs, fait apporter la clef à Plantation-House. Le fer était déjà arrivé, il y en avait pour 20,000 livres. A toutes les incommodités de cette habitation s'en joignait une autre, qui, bien que légère au premier abord, la rendait quelquefois insupportable : c'était un nombre immense de rats qui y pullulaient, et qui détruisaient tout ce qu'ils pouvaient atteindre. Les planchers et les cloisons étaient percés de tous côtés par ces animaux. Ils se logeaient entre les planches de ces cloisons, doubles pour la plupart, et ils y faisaient un bruit insupportable, surtout pendant la nuit. Souvent on faisait la chasse aux rats, à l'aide des chats et même des chiens; les soldats eux-mêmes venaient de temps en temps leur livrer bataille, et les déloger de leurs retranchements. Mais c'était peine perdue; car l'état délabré du bâtiment, la construction des cloisons, des toits et des plafonds en bois, recouverts de papier gris goudronné, leur offrait partout un facile passage.

Napoléon ne cessait de se plaindre de cette misérable habitation et de tous ses inconvénients. Il m'avait fait souvent écrire et communiquer ses doléances par ses officiers, et voici ce que m'écrivait un jour, à ce propos, M. le comte de Montholon.

« J'ai cru convenable, monsieur le gouverneur, de répondre à la confiance que vous avez bien voulu me témoigner en cette occasion, en ne vous déguisant point la manière dont l'empereur est affecté. Il n'attache que bien peu de prix à tout ce qui concerne le logement, le mobilier, et autres choses de cette nature. Votre gouvernement, avec la meilleure intention, ne peut rien faire qui, sur ce roc, nous empêche de continuer à sentir la privation des objets de la première nécessité.

Long-Wood est la partie la plus malsaine de l'île. Il n'y a ni eau, ni végétation, ni ombre. On n'a jamais pu y former un jardin potager; la terre y est desséchée par le vent; ce qui fait que cette partie de l'île est inculte et inhabitée. Si l'empereur avait été mis à Plantation-House, où sont de beaux arbres, de l'eau et des jardins, il aurait été aussi bien que cette misérable île peut le permettre. S'il est dans vos instructions de bâtir, il serait préférable que cela fût dans un endroit où il y a des arbres, de l'eau et de la végétation. L'idée d'ajouter des ailes au mauvais bâtiment de Long-Wood aurait toute espèce d'inconvénients. Ce serait augmenter des ruines, et occasioner pendant cinq ou six mois l'importunité des ouvriers. On ne désire à Long-Wood que des réparations. Depuis deux mois il pleut dans les chambres du comte Las Cases et du baron Gourgaud, ce qui rend ces chambres très-malsaines. Il devrait y avoir à Long-Wood un réservoir d'eau, pour servir en cas d'incendie. Les toits sont, en grande partie, de papier goudronné. La moindre étincelle peut brûler la maison. Une grande quantité de linge et d'autres effets ont été détruits par les rats, et cela faute d'armoires ou de commodes. Les livres, apportés par la frégate *Newcastle*, ont été exposés aux mêmes dégâts pendant quinze jours, faute de bibliothèque ou de rayons pour les placer. Le moyen le plus simple de pourvoir à tous ces petits besoins serait je pense, de s'arranger avec un maître ouvrier pour faire toutes les réparations chaque fois qu'elles deviendraient nécessaires, et avec un tapissier pour veiller aux meubles dont il aurait la garde. Les gens du métier sont les plus propres à tous ces détails. »

L'appartement de Napoléon était au rez-de-chaussée, comme je l'ai dit ; il se composait d'une chambre à coucher, d'un cabinet d'étude, et d'une petite chambre fort obscure où l'on avait encastré une baignoire. La chambre à coucher n'avait environ que trois mètres cinq décimètres de longueur, sur trois de largeur, et deux cinquante de hauteur. Cet appartement d'étroite dimension, et si peu commode pour un homme qu'une brûlante activité d'esprit obligeait toujours à marcher ou à être debout, ne recevait de jour que par deux petites croisées ouvertes sur l'emplacement destiné au camp du 53ᵉ. Une toile de nankin, d'un brun sale et mal tendue, cachait la nudité des murs de la chambre de Napoléon. Cette dérision de tapisserie était arrêtée sur les bords par une grossière bordure de papier vert. A droite de la cheminée on avait appendu le portrait de Marie-Louise, et celui du jeune Napoléon brodé en or et soie par sa mère. Celui de l'impératrice Joséphine, peint en miniature, était plus rapproché de la porte. A gauche était le réveil-matin du grand Frédéric, pris à Potzdam; tout près de cette conquête domestique Napoléon avait l'habitude d'accrocher sa montre, ornée de son chiffre B et d'un cordon tressé des cheveux de Marie-Louise. Sur la cheminée il n'y avait que le buste en marbre du fils du général, sur la tête duquel on avait placé le portrait de Marie-Louise. La pelle, les pincettes et la grille de cette cheminée délabrée commençaient à s'user, et avaient plus d'une fois exercé la patience de Napoléon, qui, comme toutes les personnes distraites ou profondément occupées, aimait beaucoup à tisonner. Le lit de camp de fer, où Napoléon avait dormi ou plutôt reposé la veille de ses plus heureuses batailles, était appliqué à un coin à droite de la cheminée. Le plancher était couvert d'un tapis dont la vétusté ne déparait point la parcimonie qui avait présidé à l'ameublement de cette chambre, où il n'y avait pour s'asseoir que cinq chaises à jour vernissées, et un sofa en calicot blanc. L'excédant de ce tissu avait probablement servi à découper des rideaux écourtés qui flottaient aux deux croisées. La porte de derrière était masquée par un paravent doublé en toile peinte. A gauche de l'entrée se trouvait la bibliothèque de Napoléon, et à quelques pas de sa commode, vieux meuble de rencontre, une petite table ronde à un pied où il jetait ses notes et s'accoudait quelquefois. Au milieu de cette simplicité de meubles et d'ornements, il n'était pas peu singulier de voir le magnifique lave-main, le bassin et l'aiguière d'or (1) dont se servait chaque jour le général.

---

(1) C'est par errreur qu'on lit dans O'Méara que ces objets de luxe étaient d'argent; nous les avons vus nous-mêmes à Paris, et nous pouvons affirmer qu'ils étaient en or. Seulement sir Hudson Lowe, par une bizarrerie d'esprit, ou un raffinement de prudence que nous ne nous donnerons point la peine d'expliquer, avait écrasé sous son marteau inquisitorial les armes bombées de l'empire.

CHAPITRE XIII.

Interrogatoire des domestiques de Napoléon. — Conversations avec MM. Montholon et Las Cases.

Après mon installation je songeai à mettre à exécution la mesure indiquée par l'amiral Cockburn, qui était de faire signer à tous les officiers, et à tous les domestiques de la maison de Napoléon, une déclaration de se soumettre aux réglements qui avaient été établis pour le gouvernement de Long-Wood. Toute la maison de Bonaparte n'hésita pas à signer. Mais je dus craindre qu'on n'eût abusé d'un ascendant facile à prendre sur l'esprit de quelques subalternes, pour les déterminer à un engagement qui pouvait leur devenir onéreux, et surtout qui devait être librement consenti. Je me rendis donc à l'habitation du général, et je lui fis demander l'autorisation de laisser comparaître tous ses domestiques devant moi. Le comte de Montholon, que j'ai toujours trouvé, ainsi que messieurs Bertrand et Las Cases, disposé à mettre en doute la légalité des mesures que je croyais devoir adopter, me répondit, au nom de *son souverain,* que son maître l'avait chargé de me témoigner son étonnement de ma conduite; que *Sa Majesté* ne pouvait penser qu'on eût pu concevoir l'audace de *s'interposer entre elle et son valet de chambre.* — Monsieur, répondis-je au comte de Montholon, *votre maître,* ou du moins le personnage auquel vous donnez ce titre, n'a pas le droit de méconnaître mon autorité, et vous l'avez encore moins, par conséquent. — Qui la méconnaît donc votre autorité, monsieur le gouverneur? Certes, ce n'est pas nous qui en sentons malheureusement toute la réalité. — Enfin, monsieur, qu'a répondu le général à la demande que vous lui avez faite de ma part? — Il m'a dit, monsieur, que votre démarche était insultante pour lui. — Votre conduite l'est encore davantage pour moi ; mais je me suis bien aperçu, lors de ma première entrevue avec le général, que je rencontrerais ici beaucoup d'obstacles. — Effectivement, Sa Majesté me disait tout à l'heure, que vous commenciez à justifier dignement l'opinion qu'elle conçut de vous, la première fois que vous eûtes l'honneur de lui être présenté. — Songez, je vous prie, que je ne suis pas d'humeur à me laisser traiter comme l'amiral, le jour de la présentation... surtout par un subalterne. — Un subalterne! Eh bien! oui, monsieur, un subalterne; mais un subalterne plein d'honneur, qui n'a pas abandonné son prince malheureux, et qui méprise vos outrages; mais il est des vertus que vous ne pouvez comprendre. — Trève de mauvais complimments. Le général veut-il me permettre de voir ses domestiques? — Si c'est son autorisation que vous demandez, il vous la refuse tout net; car toute concession de sa part dans ce cas serait ignoble, et de plus dangereuse, puisqu'elle vous conférerait le droit de venir à chaque instant profaner son intérieur, et cet intérieur pour vous devrait être sacré. — Je n'ai pas l'intention de tourmenter le général à plaisir; mais il est de mon devoir de m'assurer si tous ces braves gens qui ont donné leur adhésion à la déclaration qui leur a été soumise, ont signé librement et de plein gré. — Doutez-vous donc de la bonne foi de l'empereur? — Non, monsieur, non : je ne fais point cette injure au général;... mais c'est une espèce de magistrature de paix et de sûreté générale que j'exerce en ce moment. Il était important pour moi de m'assurer qu'on n'avait usé d'aucune violence morale. — Une telle pensée est une indignité. — Si les Français, monsieur le comte, n'avaient pas vécu jusqu'ici, grâce au régime politique adopté par celui qui fut votre souverain, dans la plus profonde ignorance des droits constitutionnels, ils rendraient justice à cette démarche que vous blâmez si haut et dont le but est d'assurer mon gouvernement qu'aucune violation de la liberté individuelle n'a été commise. — Faites donc comme vous l'entendrez, monsieur; mais pour la permission de l'empereur vous ne l'obtiendrez pas. Si vos instructions portent cette mesure, exécutez-la; car vous avez pour vous la force. Au reste ce ne sera qu'un outrage de plus ajouté à ceux que lord Bathurst paraît vouloir accumuler sur la tête de ce prince. — Il est étonnant, monsieur le comte, vous dont j'honore le caractère et les talents, que vous ne puissiez concevoir de quelle importance peut être la vérification que je viens faire ici. Cela provient sans doute des habitudes de despotisme dans lesquelles vous et vos compatriotes ont été élevés. Plus tard peut-être comprendrez-vous la valeur de ces mots, *liberté individuelle*. — Nous ne sommes pas ici pour faire un cours de politique, monsieur le gouverneur ; cela est étranger à vos fonctions. Procédez donc à la vérification des consciences de nos valets ; mais je vous réponds d'avance que tous vos efforts seront inutiles, et que vous ne parviendrez pas à détacher de notre cause un seul de ces braves gens et loyaux serviteurs. — Je le désire, monsieur. — Quant à moi, je me retire, et c'est par l'ordre exprès de l'empereur, pour ne pas sanctionner par ma présence un acte d'une aussi intolérable inquisition.

Alors on assembla les domestiques, et tous effectivement déclarèrent que c'était volontairement, et librement qu'ils avaient signé la déclaration, et qu'ils se trouvaient heureux de pouvoir rester auprès du général.

Je fus joint en ce moment par M. Las Cases, qui, moins emporté que M. Montholon, écouta patiemment les plaintes que je lui fis sur le peu de mesure qu'il avait mise dans ses expressions. Il parut comprendre l'explication que je lui donnai au sujet de ma démarche : « Je suis désespéré, m'écriai-je, que ceux qui entourent Napoléon ne cherchent qu'à me noircir dans son esprit, et à lui rendre odieux ma personne et mon caractère. A peine suis-je arrivé !... Qu'ai-je donc fait pour être déjà si mal vu à Long-Wood. » M. Las Cases essaya de m'apaiser, en cherchant à son tour à me faire entendre que l'esprit et le caractère de Napoléon devaient nécessairement être aigris par l'infortune ; qu'en outre, bien que prisonnier à Sainte-Hélène, il avait évidemment le droit de rester tranquille chez lui sans qu'on vînt l'y tourmenter, et y faire subir la question à ses valets. « Du reste, l'empereur, dit-il en finissant, est déterminé à se montrer le plus tranquille et le plus pacifique des hommes... Il est décidé à tout essuyer, à tout supporter avec calme, avec résignation. Désormais il se couvrira de son manteau, comme Jules César, avant de recevoir le coup mortel. Il consent à ce qu'on le dépouille de tout, excepté du respect de lui-même, et du sentiment de sa dignité, seuls biens dont il puisse se dire le maître, et dont vous ne pourrez parvenir à le déposséder. »

CHAPITRE XIV.

Long-Wood choisi par Napoléon pour sa résidence.

On m'a beaucoup et fortement accusé d'avoir laissé Napoléon à Long-Wood, site affreux et désolé, jeté au milieu des brouillards, des vents, des pluies et des tempêtes, exposé à une température meurtrière par ses continuelles variations; mais, de bonne foi, est-ce donc à moi qu'il faut attribuer le choix de cette habitation pour y placer l'illustre captif? Napoléon y était logé avant que je n'arrivasse dans l'île; c'était sous le gouvernement de l'amiral Cockburn qu'il y avait été installé : ainsi, en supposant qu'il y eût en cette mesure et en ce choix de résidence quelque menaçante et coupable arrière-pensée, toujours j'en serai pleinement et entièrement innocent.

Mais, j'irai plus loin encore, et certes ce ne sera ni pour disculper le ministère britannique, ni pour le laver de ses torts; je ne veux que rétablir et constater un fait trop oublié. Ce n'est ni l'amiral, ni le ministère, qui avaient choisi Long-Wood pour la résidence de Napoléon. Il est vrai que le 18 octobre, trois jours après son arrivée à Sainte-Hélène, on proposa à Napoléon d'aller visiter Long-Wood, maison de campagne du gouverneur, considérée comme un des lieux les plus commodes et les plus convenables pour sa résidence; mais rien n'était encore décidé. Napoléon partit le matin, visita Long-Wood, le parcourut dans tous ses détails, et ne fit aucune objection contre la proposition qui lui était soumise d'y résider. Il accepta, et il fit plus, car il désigna certaines réparations à faire, et il indiqua les agrandissements nécessaires pour qu'il pût aller s'y établir avec sa maison.

Aussitôt tout fut mis en mouvement; les ouvriers de l'île, les marins, les charpentiers des vaisseaux, les soldats de la garnison, tout fut à l'œuvre. On transporta à Long-Wood du bois, des pierres, des matériaux de toute espèce. Comme il n'y avait pas de chemin tracé, les pauvres ouvriers, soldats et marins étaient obligés de porter tout sur leurs épaules et sur leur tête. On eut dit d'une colonie militaire de Rome, fondant une nouvelle ville au milieu des hauteurs escarpées et presque inaccessibles de Sainte-Hélène, et ainsi tout fut bientôt terminé. Napoléon alla prendre possession de Long-Wood, pitoyable et triste résidence, je le sais, quand on la comparait aux Tuileries; affreux séjour pour un homme habitué depuis quinze ans à dormir du doux sommeil du maître dans les magnifiques palais de toutes les capitales de l'Europe, à fouler dédaigneusement les somptueuses salles du Louvre, de l'Escurial, de Postdam, de Schœnbrun, du

Quirinal et du Kremlin ; mais ainsi en avait décidé la destinée.

Depuis, ce fut, à Long-Wood, un continuel et lamentable murmure de plaintes et de douleurs à propos de cet odieux séjour ; mais, outre que je n'étais responsable ni du choix ni des inconvenients, je ne pouvais changer subitement, et de mon autorité privée, la résidence de Napoléon. Dans tout ce qui concernait la détention et la garde du grand prisonnier, du prisonnier dont la liberté aurait épouvanté les gouvernements du monde, j'étais convaincu qu'il me fallait toujours marcher dans la voie tracée, et scrupuleusement suivre ce qui avait été déjà fait et établi.

Cependant une fois je fus touché de ces continuelles et désolantes plaintes; je voyais la santé de Bonaparte dépérir à vue d'œil, et j'entendais sans cesse dire autour de moi que les progrès effrayants de sa maladie devaient être attribués à l'influence physique et morale de cette habitation détestée : je me décidai donc à offrir à Bonaparte un changement que je croyais être si ardemment désiré. Je lui proposai de faire construire pour lui une nouvelle maison, et je l'engageai à me désigner la partie de l'île où il voudrait qu'elle fût située.

Il me fit répondre qu'il désirait s'établir aux Briars, habitation délicieuse et romantique, où déjà il avait demeuré lors de son arrivée dans l'île. Accéder à ce désir m'était impossible, car la maison des Briars était trop voisine de la ville, et je ne pouvais y penser, d'après mes instructions et les mesures de sûreté que je devais prendre pour empêcher l'évasion du captif. Je refusai donc, tout en priant Napoléon de désigner un nouvel endroit, et en le priant, dans le cas où il ne se trouverait pas un site convenable à nous deux, de permettre que les ouvriers et marins se rendissent à Long-Wood, pour y faire les réparations et agrandissements qu'il jugerait nécessaires.

Là-dessus Napoléon s'emporta, disant que jamais il ne souffrirait qu'on clouât une planche, où qu'on bâtit un mur à Long-Wood; que c'était un sepulcre où on l'enterrait tout vivant, afin de le tuer plus tôt et plus sûrement. « Oui, s'écria-t-il, c'est pour m'assassiner qu'on me tient enfermé ici, dans ces épouvantables rochers. Voyez ces arbres maigres, hideux et rabougris, sans cesse battus par les orages et courbés par les vents, ces arbres sans verdure et sans ombre; voyez ces lieux horribles où on a toujours de la pluie et jamais le moindre courant d'eau; le soleil me brûle le cerveau, le brouillard me pénètre, le vent aigre et poignant me pique et me déchire : je ne puis rester ici; je ne suis en ce lieu que pour mourir. Oh! si on me donnait un peu de verdure et d'eau, de cette douce verdure de France, de ces eaux limpides et jaillissantes de l'Italie, un peu de toute cette belle campagne d'Europe qui ranime et vivifie; mais non, mon geolier, mon bourreau ne veut pas. Il veut ma mort, il l'aura : je ne bougerai pas de cette place et bientôt tout sera fini. »

Puis Napoléon refusa obtinément d'entendre encore mes offres. « S'il voulait me ressusciter, disait-il,

Lowe me placerait à Rosemary-Hall, ou dans la propriété du colonel Smith; il me donnerait une habitation du côté de Plantation-House. »

Comme on me rapporta ceci, je fus cruellement tourmenté, mais je ne pouvais accorder l'habitation que Napoléon paraissait tant souhaiter, car c'était la résidence du baron Sturmer, commissaire d'Autriche à Sainte-Hélène; je ne pouvais le déloger brusquement. Et d'ailleurs j'étais bien assez vexé et gêné par la présence, les prétentions et la surveillance de ces nobles espions de la Sainte-Alliance pour faire naître un nouveau sujet de division et de querelle avec l'un deux. Tout resta donc sur le même pied, et les plaintes sur l'horrible Long-Wood continuèrent sans interruption, jusqu'au moment où Napoléon le quitta pour la vallée du Saule.

CHAPITRE XV.

Un arbre coupé. — Ridicule.

Il n'est sorte de ridicules dont les captifs de Long-Wood, ou ceux qui se sont faits leurs organes, n'aient voulu m'affubler. Je le leur pardonne, ils étaient dans leur droit; toute guerre leur était bonne avec moi, qu'ils regardaient comme la cause de leurs tourments et de leurs angoisses. Mais au moins, si on s'obstine à me considérer comme geolier et comme bourreau, à me peindre comme un barbare et atroce agent des cruautés du cabinet de Londres, qu'on me laisse me défendre du ridicule; qu'on me permette de me dépouiller de cette enveloppe de niaiserie et d'imbécillité, dans laquelle mes ennemis m'ont présenté à la risée du monde. La haine, je l'ai acceptée: elle était une des nécessités de ma position et de ma charge; mais la moquerie, la dérision et l'ironie, je n'en veux pas.

Entre autres épisodes de sottise, dont les Français ont embelli mon histoire à James-Town, en voici une qui eut un grand succès de rire à Long-Wood, et qui a fait pâmer plus d'un *Cockney* d'Europe.

Un jour j'étais allé visiter la demeure de Napoléon, et, entre autres observations et remarques faites concernant son isolement et sa sûreté, j'avais avisé un grand arbre à gomme, qui s'élevait à l'angle formé par l'union de deux fossés. Ses branches fortes et nerveuses, se courbant en voûte, dépassaient la largeur du fossé, et formaient un pont au-dessus. Avec un peu de bonne volonté et de courage il eût été facile de franchir le fossé à l'aide de ce pont jeté là par la nature. Je compris sur-le-champ quelles conséquences pourraient résulter de ma négligence, et j'ordonnai de couper cet arbre. Le jardinier de la compagnie arriva bientôt, et mes ordres furent exécutés. Napoléon et sa petite cour se moquèrent de moi, et rirent à cœur joie de mes terreurs ; on me représenta comme tremblant devant un arbre, et me mourant de frayeur devant un fossé. Mais, de bonne foi, eût-on voulu que je fusse assez sot ou assez bon, assez peu soucieux des grandes et solennelles obligations qui m'étaient imposées, et en même temps de l'effrayante responsabilité qui pesait sur ma tête, pour laisser ainsi un pont tout prêt et tout disposé pour la fuite, un passage libre et ouvert à la plus simple tentative d'évasion. Quel est le gouverneur de forteresse, qui, voyant une échelle appendue aux murs, serait négligent et oublieux de ses devoirs au point de la laisser, et de fermer complaisamment les yeux jusqu'après le paisible départ de ses prisonniers. S'il en agissait ainsi, y aurait-il assez de punitions et de plaisanteries pour le faire repentir de sa négligence.

Mais, avec moi, la chose était bien différente ; c'était un parti pris : il fallait d'abord me noircir et me rendre odieux, puis me dépeindre comme bien niais et bien ridicule dans mon atrocité. Il fallait me présenter sur la scène du monde comme un de ces monstres bizarres et difformes dont la vue épouvante et fait rire en même temps la foule. On y a réussi.

CHAPITRE XVI.

Arrivée des commissaires à Sainte-Hélène.

Ce fut le 8 juin que les commissaires envoyés par les puissances arrivèrent à Sainte-Hélène : la Russie était représentée par le comte de Balmaine, l'Autriche par le baron Sturmer, et la France par le marquis de Montchenu. Le baron Sturmer était suivi d'un botaniste autrichien.

J'avoue que la présence de ces trois délégués me fut peu agréable. Pourquoi étaient-ils venus dans l'île? Avait-on à se plaindre de ma conduite envers le prisonnier dont la garde m'était confiée? Les puissances continentales craignaient-elles que l'Angleterre, dans les calculs de sa politique, ne se servît un jour de Napoléon pour épouvanter une seconde fois l'Europe? ou la France seule avait-elle obtenu de l'Autriche et de la Russie cette mesure d'une prudence irréfléchie. Tous ces raisonnements je les fis, et je m'arrêtai au dernier comme le plus plausible.

Le comte de Balmaine était un homme froid et réservé, qui remplissait sa mission avec toutes les formes d'un diplomate consommé. L'empereur Alexandre, disait-il, voulait qu'il traitât Napoléon avec les égards dus au malheur, et qu'il cherchât à adoucir l'ennui de sa captivité. Je me crus en droit de l'éloigner pendant quelque temps de Long-Wood; d'ailleurs Napoléon était fort peu disposé à le recevoir. Le comte de Balmaine, irrité contre moi d'une mesure que je pouvais prendre sans sortir des limites de mes attributions, disait partout que je traitais les commissaires avec une hauteur inconvenante; qu'il serait ridiculisé en Europe lorsqu'on apprendrait qu'il avait passé plusieurs mois dans l'île sans être admis à voir Napoléon. Où était la nécessité qu'il le vît? pourquoi effaroucher son esprit, déjà si porté à voir des espions partout, en le fatiguant de la présence de trois commissaires dont le voyage ne devait et ne pouvait être logiquement qu'une mission de surveillance. Position étrange! Lorsque je faisais mes efforts pour empêcher tout contact entre Napoléon et ceux que je supposais lui être à charge, lui, de son côté, loin de me savoir gré de cette attention, m'accusait de resserrer les liens de sa captivité, de réduire sa société aux seules personnes de sa suite.

M. Balmaine avait amené avec lui un naturaliste que l'on prétendait fort instruit. Je ne sais trop si je dois faire l'éloge de ses connaissances, mais je puis assurer qu'il ne les a pas agrandies durant son séjour à Sainte-Hélène. Toujours occupé du soin de sa santé, il se levait à midi et se couchait à six heures, ne montait jamais à cheval, et tout l'exercice qu'il prenait se bornaît à parcourir avec lenteur, et comme un oisif de Bond-Street, la rue principale de James-Town. Sans être versé dans l'étude de l'histoire naturelle, je pense que l'île renferme une foule de plantes et de minéraux qui n'ont pas été décrits, et qu'on ne trouve que sous cette latitude. La population surtout pourrait fournir des aperçus nouveaux; elle est très-bornée, mais son mélange d'Anglais, de Lascars, de Chinois et de Malais, excite au plus haut point la curiosité, lorsqu'on songe que ces hommes de race et de couleurs différentes sont jetés sur un rocher à près de six cents milles de la terre la plus voisine. Le botaniste autrichien bornait ses observations à l'épaisseur du brouillard et aux plantes étiolées, qu'il prétendait être les signes les plus certains de l'insalubrité de l'île. Il avouait franchement qu'il n'était jamais monté au quart de la hauteur de Diana's Peack (Pointe de Diane), lieu extrêmement élevé d'où l'on découvre, sans que rien arrête la vue, le plateau immense de l'Océan, l'arche infinie du ciel, et Sainte-Hélène, suspendue comme un point entre ces deux abîmes.

Le commissaire russe avait avec lui son épouse, personne extrêmement douce, et à qui l'empereur adressa plusieurs fois quelques-uns de ces compliments courts et flatteurs qu'il prodiguait dans ses rares moments de bonne humeur.

M. Sturmer, le commissaire autrichien, s'amusait beaucoup aux dépens de M. le marquis de Montchenu, accomplissant au nom de la France la même mission que lui.

M. le marquis de Montchenu est un de ces hommes qu'on désigne, je crois, en France sous le nom de *la vieille roche*. Infatué de sa personne et de sa toilette [1], se promenant en escarpins noirs et luisants, lorgnant les demoiselles de James-Town comme un élégant à Covent-Garden, et puant la noblesse à porter au cœur. Il ne cessait de m'entretenir de son ancien crédit à la cour de Louis XVI, et des campagnes de Brunswick. Coblentz remplissait tous ses souvenirs, et il en parlait avec une inconcevable importunité. Les discours de M. le marquis n'étaient pas toujours frappés au coin de la décence. Habitué à ses écarts, dès qu'il allait raconter une histoire, car il en tenait toujours une réserve, je faisais un signe à lady Lowe pour l'inviter à quitter l'appartement. Bonaparte, en parlant de lui, l'honorait toujours de quelques plaisanteries italiennes dont il était si prodigue à mon égard. C'est une honte pour la France, dit-il un jour au commissaire autrichien Sturmer, d'avoir envoyé un pareil homme parmi des Anglais. *E vergogna*.

On sera peut-être curieux de connaître les craintes

---

[1] Napoléon s'amusait souvent aux dépens du marquis de Montchenu; souvent aussi il s'indignait de voir un pareil homme représenter la nation française à Sainte-Hélène. Pour l'honneur de la France, disait-il, on aurait dû envoyer parmi des Anglais un homme doué d'un peu de talent au lieu d'un vieil imbécile. Au reste, il est venu ici comme une nouvelle preuve de l'imbécillité de l'ancienne noblesse de France. Ces Messieurs sont toujours les mêmes.

que me manifesta un jour, sur l'évasion de Napoléon, M. le marquis de Montchenu.

« Gouverneur, me dit-il, croyez-vous être certain que Napoléon ne nourrit point la pensée de s'échapper?

— Je ne le pense pas; d'ailleurs le pourrait-il? Sur quoi fondez-vous vos prévoyances? L'île est entourée de vaisseaux qui croisent à la portée du canon; Long-Wood est cerné par une garnison trois fois plus forte que la prudence la plus sévère pourrait l'exiger; des signaux continuels m'avertissent des moindres mouvements qui ont lieu dans la maison de Napoléon. Je vous le répète, monsieur le marquis, pourquoi craindrais-je une évasion? »

Toujours mystérieux, M. de Montchenu fronça les lèvres en signe d'incrédulité, s'approcha de moi d'un air important, et me dit à demi-voix :

« Certainement il est plus difficile de sortir d'ici que de l'île d'Elbe; mais qui peut dire que Napoléon n'a pas un projet plus grand. Par exemple, de s'évader de l'île, non pour retourner en Europe par le même chemin d'où il est venu; mais par la Chine, en signant un traité offensif et défensif avec l'empereur régnant, auquel il promettrait d'agrandir ses états aux dépens de la Perse. Une fois en Perse, il grossirait les bataillons chinois des troupes persanes qu'on lui fournirait contre la Russie, qu'il serait sûr de vaincre en s'épaulant sur la Turquie par Constantinople. De Constantinople à Paris il n'y a rien pour un homme aussi entreprenant que Napoléon. Les conséquences de cette conquête, je n'ai pas besoin de vous les dire : vous les comprenez; mais voyez l'imminence du danger auquel nous nous exposons en laissant auprès de Napoléon un domestique lascar, ancien marin habitué à faire le trajet d'ici aux Indes comme vous et moi à aller à Plantation-House. Il ne faut qu'un instant, un bateau et du courage. »

Ici mon rire long-temps comprimé éclata. Supposer qu'un homme déjà vieux et fatigué du combat de sa vie, aidé d'un malheureux domestique, traversât des mers, la moitié de la terre, pour reprendre un trône à jamais perdu pour lui, était une idée dont Bedlam se serait montré jaloux. La politesse m'empêcha de dire tout ce que je pensais sur ce malheureux Montchenu; mais qu'on suppose un pareil homme commis à la garde de Napoléon, et l'on verra s'il ne se fût pas montré vingt fois plus inflexible qu'on ne m'a injustement accusé de l'être à son égard.

CHAPITRE XVII.

Mesures de sûreté. — Réglements de l'île. — Proclamations.

On a beaucoup parlé, dans les livres qui ont été publiés sur la captivité de Napoléon, de restrictions barbares, de prison, de défenses cruelles et absurdes. On m'a représenté toujours comme un infâme geolier, faisant plaisir et amusement de sa cruauté et des souffrances de ses victimes, et cherchant, par des mesures minutieusement sévères et souvent inutiles, à aggraver le sort de son captif. Sans doute je puis avoir quelquefois poussé jusqu'à l'excès le soin scrupuleux que je prenais de la sûreté de l'île, et l'attention que je mettais à prévenir toute possibilité d'évasion. Mais d'abord j'avais en ceci, comme en tout, pour excuses, les paroles de fer, les instructions cruelles qui me venaient d'Angleterre; puis je ne faisais que suivre les errements de l'amiral Cockburn, qui m'avait précédé dans cette geole de Sainte-Hélène. Qu'on en juge par les mesures de sûreté qui étaient observées sous son gouvernement.

Tous les endroits par où l'on débarquait dans l'île, tous ceux même qui n'en offraient que l'apparence, étaient garnis de piquets; et des sentinelles étaient placées sur les sentiers les plus escarpés qui conduisaient à la mer, bien que les obstacles présentés par la nature, presque sur tous ces points, fussent insurmontables. Certes on ne pensait pas que Napoléon, peu leste et agile, fût capable de braver l'aspérité de rochers que pourraient tout au plus franchir des hommes au pied agile, et habitués aux montagnes. Cependant, avec un homme doué d'une aussi ferme et puissante volonté; avec un homme dont le nom seul avait opéré d'effrayantes merveilles, on eût tremblé, encore même qu'il eût été renfermé sous une triple muraille de bronze. Les souverains de l'Europe continentale n'ont-ils pas tremblé de frayeur devant ses cendres? La seule idée de le voir reposer sur les bords de la Seine ne les a-t-elle pas frappés de terreur et d'épouvante?

Ce n'était rien que ces soldats et ces vedettes placés sur tous les points; l'île était gardée encore par des vaisseaux, sentinelles ailées, toujours prêtes à voler partout où il y aurait danger, partout où il faudrait prévenir un débarquement. Deux vaisseaux de guerre croisaient continuellement, l'un au vent, l'autre sous le vent. On leur faisait des signaux aussitôt que des postes élevés de l'île on apercevait un vaisseau.

Tous les bâtiments, excepté les vaisseaux de guerre anglais, étaient accompagnés dans la rade par un des croiseurs, qui ne les quittait plus qu'il ne leur eût été permis de jeter l'ancre, ou qu'ils n'eussent été renvoyés. Aucun bâtiment étranger ne pouvait rester à l'ancre, excepté dans le cas d'une grande détresse ; et alors même personne ne pouvait débarquer. Toute communication leur était interdite. Les bâtiments de garde rôdaient silencieusement toute la nuit autour de l'île, avisant le moindre mouvement, et courant sus à la moindre voile qui eût blanchi dans l'horizon. Enfin, l'amiral Cockburn prit toutes les précautions pour empêcher l'évasion de Bonaparte ; toutes, excepté l'incarcération et les fers : et pourtant nul n'a songé à lui reprocher ses rigueurs. Napoléon lui-même ne s'en est jamais plaint, et plus d'une fois il a fait l'éloge de son cœur, de sa délicatesse et de ses manières.

Moi, c'était différent ; je devais supporter tout l'immense poids de sa haine ; je devais être montré au mépris de l'univers, et on devait dire, en me présentant à sa malédiction : Tenez, peuples et nations, le voilà ; regardez-le, maudissez-le, qu'il soit anathême !

Et cependant les mesures que je pris n'étaient que la répétition, peut-être avec quelques légères augmentations de prévoyance, des mesures dont je viens de présenter le sommaire. Qu'on en juge par la rapide exposition que je vais en faire.

D'abord c'était le réglement du port de Sainte-Hélène, et c'était là une partie essentielle de ma mission et de mes obligations. Voici ce réglement :

I. Les commandants des vaisseaux de l'honorable compagnie des Indes, et les patrons ou commandants de tous vaisseaux marchands auxquels il est permis de toucher à cette île, ne pourront ni débarquer eux-mêmes, ni permettre à qui que ce soit sur leurs vaisseaux de descendre à terre, avant qu'il ait été donné connaissance du présent réglement à tous les individus à bord, que la liste des passagers, ainsi que de l'équipage du vaisseau, soit envoyée au gouverneur, et que ceux qui doivent débarquer aient obtenu de lui un permis à cet effet.

II. Le commandant de chaque vaisseau est requis de déclarer, en premier lieu, avec la plus grande exactitude, s'il existe ou a existé à bord une maladie quelconque, sans avoir égard à sa propre opinion ou à celle du chirurgien sur sa nature contagieuse ou non contagieuse, et de mentionner tous les décès qui auront pu avoir lieu, ainsi que leurs causes, pendant le cours du voyage.

III. Toutes les lettres et paquets, adressés à quelques personnes que ce soit, habitant l'île (excepté ceux qui arrivent par les voies régulières, et qui doivent être mis au bureau de la poste), devront être remis à l'officier qui donnera connaissance du présent réglement, pour être laissés par lui au bureau du secrétaire du gouvernement, où les recevront les individus auxquels ils sont adressés.

IV. Si le commandant, l'un des passagers, ou un individu quelconque à bord de son vaisseau, s'était chargé de quelque lettre, balle, caisse, ou paquet adressé ou destiné à l'un des étrangers détenus dans cette île, il est prié d'en donner sur-le-champ connaisrance au gouverneur lui-même, mettant les lettres ou paquets d'un petit volume sous une enveloppe cachetée, à son adresse, et attendant ses ordres à l'égard de ceux qui seraient plus considérables.

V. Le commandant du vaisseau seulement, après que ce réglement aura été lu et publié à bord, sera libre de débarquer; dans ce cas, il se rendra immédiatement auprès du gouverneur, s'il est en ville, ainsi que chez le commandant en chef de la marine ; et, si le gouverneur n'est pas en ville, il ira faire connaître son arrivée au quartier du député adjudant-général.

VI. Les commandants, officiers, et tous les passagers, qui recevront ensuite la permission de débarquer, se rendront au bureau du major de la ville, pour y lire et signer les réglements de l'île, avant d'aller à leurs logements, d'entrer en aucune maison, ou de rendre visite à qui que ce soit.

VII. Aucun passager ou individu quelconque, débarqué des vaisseaux qui touchent à cette île, ne quittera James's-Valley sans permis, qu'il demandera au député adjudant-général.

VIII. Nul individu, à qui il sera permis de débarquer, ne pourra se rendre à Long-Wood, ni sur ses dépendances, ni avoir de communication par écrit, ou autrement, avec aucun des étrangers détenus dans cette île, sans informer directement le gouverneur de ses intentions et de ses désirs à cet égard, et avoir obtenu sa permission. Si quelqu'un reçoit une lettre ou autre communication desdits étrangers, elle doit être portée sans délai au gouverneur, avant d'y répondre ou de faire aucune démarche y relative. Il en sera de même de tous paquets que l'on pourrait recevoir, ou qu'ils chercheraient à faire remettre.

IX. Les commandants des vaisseaux des Indes orientales, ainsi que ceux des vaisseaux marchands de tous genres, auxquels il est accordé de toucher à cette île, ne devront laisser débarquer, *sur permis*, aucun individu à bord de leurs navires, sans l'autorisation du gouverneur. Cette autorisation sera indispensable aussi pour pouvoir coucher dans l'île.

X. Aucun bateau appartenant aux vaisseaux de la compagnie des Indes, ou à quelque vaisseau marchand que ce soit, ne pourra aborder depuis le coucher jusqu'au lever du soleil, ni à aucune partie du jour, à moins d'être sous la garde d'un officier qui en réponde ; et, si le bateau reçoit l'ordre de rester au rivage, l'officier devra veiller à le tenir éloigné du quai, afin que les autres puissent débarquer sans interruption. On devra mettre la plus grande célérité à ce que les bateaux chargeant, ou déchargeant des marchandises, n'entravent point les autres dans leur passage.

XI. Tous les bateaux appartenant aux vaisseaux de la compagnie, ou à des vaisseaux marchands de quelque espèce qu'ils soient, devront quitter le rivage, et être immédiatement après hissés à bord de leurs bâtiments respectifs, excepté dans les circonstances que désignera l'amiral.

XII. Aucun bateau appartenant à un vaisseau de la compagnie, ou à quelque vaisseau marchand que ce soit, ne pourra aborder, ni envoyer un bateau pour aborder un bâtiment arrivant dans le port. Il ne sera permis à aucun bateau de débarquer ailleurs que sur le quai.

XIII. Aucun vaisseau de la compagnie, ou bâtiment marchand, de quelque espèce que ce soit, ne devra jeter l'ancre devant cette île, entre le coucher et le lever du soleil; ni mettre à la voile après le soleil couché, ni avant dix heures du matin. Ils ne devront jamais faire voile que lorsque le pavillon de congé aura été hissé pour chaque vaisseau ou bâtiment.

XIV. Si le pavillon de congé était hissé pour un vaisseau peu de temps avant le coucher du soleil, et qu'il n'eût pas déjà levé l'ancre, il ne pourra mettre à la voile que le signal n'ait été répété le lendemain matin.

XV. Il est expressément défendu à tout commandant de vaisseau, ou de bâtiment marchand, de permettre à aucun bateau pêcheur de l'île de l'aborder sans un permis signé du gouverneur, ou de souffrir qu'aucun bateau, appartenant à son navire, n'approche des bateaux numérotés des pêcheurs de l'île, ou ne communique avec eux.

XVI. Si un bateau pêcheur cherchait à communiquer avec un vaisseau approchant de l'île, à l'ancre ou à sa hauteur, ou s'il communiquait avec quelque bateau appartenant à ce vaisseau, son commandant ou ses officiers sont requis de le faire savoir aussitôt au vaisseau commandant et au député adjudant général, prenant le numéro du bateau, ou le retenant selon que l'exigeraient les circonstances.

XVII. Les commandants de vaisseaux, *porteurs de journaux contenant des nouvelles récentes ou dignes d'intérêt, sont requis de les remettre à la personne chargée de leur communiquer le présent réglement, pour en être pris connaissance par le gouverneur,* qui les leur fera rendre soigneusement.

XVIII. Il est défendu de débarquer de la poudre à tirer, sans en avoir préalablement averti le commissaire des magasins, ainsi que l'officier préposé, afin que les précautions nécessaires soient prises pour prévenir les accidents.

XIX. Il ne pourra être débarqué d'étalon, de jument ou cheval hongre, sans un permis du secrétaire du gouvernement.

XX. On ne pourra débarquer aucun vin, de quelque nature qu'il soit, sans un permis signé du secrétaire du gouvernement.

XXI. L'honorable conseil des directeurs ayant prohibé l'importation des spiritueux provenant de l'Inde, il est ordonné que quiconque enfreindra cet ordre encourra une amende de 100 livres sterling. L'eau-devie, l'esprit de Genièvre, le rhum des Indes occidentales, les cordiaux, etc., ne peuvent non plus être débarqués qu'en petites quantités, après en avoir obtenu la permission, et payé un droit à raison de 12 shellings par gallon. Le débarquement de toute espèce de spiritueux, en quelque quantité que ce soit, sans permis, assujétira le contrevenant à la peine ci-dessus mentionnée.

XXII. Les vaisseaux baleiniers ne devront pas jeter leurs filets, tant qu'ils seront dans les parages de l'île, sous peine d'un amende de 50 livres sterl., dont la moitié sera comptée au dénonciateur.

XXIII. Tout commandant de vaisseau, ou maître de bâtiment marchand, devra prévenir de son départ quarante-huit heures d'avance, s'il se propose toutefois de rester encore aussi long-temps. Cet avis doit être laissé, par écrit, au bureau du secrétaire du gouvernement, et à l'officier préposé, entre dix heures du matin et deux heures de l'après-midi. Le petit hunier doit être également déployé quarante-huit heures avant le départ du vaisseau.

XXIV. Tout commandant, ou maître de vaisseau ou bâtiment marchand, ne doit, sous aucun prétexte, laisser personne dans l'île, ou emmener qui que ce soit, sans la permission par écrit du gouverneur.

XXV. Aucun commandant, passager, ou autre individu quelconque à bord d'un des vaisseaux de l'honorable compagnie, ou de tout autre qui pourrait avoir jeté l'ancre devant l'île, ne pourra se charger de quelques lettres ou paquets que ce soit, pour les transporter en Europe, au Cap de Bonne-Espérance, au sud de l'Amérique ou ailleurs, excepté ceux faits en masse régulière au bureau de la poste, ou qui leur auraient été remis par le secrétaire du gouvernement ou par le député adjudant-général.

Le commandant du vaisseau, ou bâtiment marchand, remplira le rapport dont la forme est ci-annexée, pour être soumis à l'examen du gouverneur, et le remettra à l'officier qui lui aura donné lecture du présent réglement.

Il m'était impossible de ne pas prendre des précautions contre les communications des habitants de l'île avec les captifs de Long-Wood, et contre les conséquences funestes qui pouvaient en résulter. J'avais à surveiller des détenus, et c'est ce qu'on a oublié trop souvent, tant à Sainte-Hélène qu'en Europe, et surtout en France. Enfin je devais être comparé à un commandant de forteresse qui a des prisonniers d'état sous sa surveillance, et non à un simple gouverneur chargé de surveiller de paisibles habitants; et certes Napoléon était un prisonnier d'état bien autrement redoutable que le machinateur de quelque obscure conspiration, ou l'auteur de quelque plat et méchant libelle, renfermés incognito dans les ténèbres d'un donjon. Je publiai donc des proclamations, je donnai des ordres sévères, et je les fis exécuter.

Dans ma première proclamation, en date du 12 mai

1816, je défendis à qui que ce fût de recevoir ou de porter aucune lettre ou message du général Bonaparte, des officiers de sa suite, de leurs femmes, ou domestiques, quelle que fût la nature de ces lettres ou messages, ni de leur en remettre aucun, sous peine d'être immédiatement arrêté et puni en conséquence.

Cette proclamation excita contre moi le plus violent orage à Long-Wood ; on m'y représenta comme un tyran qui s'étudiait à trouver des tortures et des vexations pour ses victimes; comme un geolier qui mettait au secret ses prisonniers. Je laissai dire, et je fis plus.

J'expliquai plus au long mes intentions et mes défenses dans une autre proclamation du 28 juin 1816 (1), et dont je crois devoir rappeler ici le texte.

En vertu des pouvoirs et de l'autorité dont m'a revêtu une commission au nom de S. M., en date du 12 avril de la présente année, du règne de S. M. la cinquante-sixième, laquelle m'autorise et invite à

---

(1) C'est cette proclamation dans laquelle le gouverneur de Sainte-Hélène s'arroge l'autorité du parlement; il y prend les titres de sir Hudson Lowe, lieutenant-général, chevalier commandeur de l'ordre du Bain, gouverneur et commandant en chef, pour l'honorable compagnie des Indes-Orientales, de l'île de Sainte-Hélène, et commandant les forces de Sa Majesté dans ladite île.

garder Napoléon Bonaparte en état de détention, et à le traiter en prisonnier de guerre, conformément aux ordres et à la manière qui m'ont été ou me seront signifiés de temps en temps, par l'un des principaux secrétaires d'état de S. M., comme aussi à empêcher la délivrance ou l'évasion dudit Napoléon Bonaparte; commission pour l'exécution de laquelle tous les officiers de S. M., tant civils que du service de terre et de mer, et tous ses affectionnés sujets, sont requis, chacun en ce qui le concerne, de prêter main-forte et assistance, si le cas l'exige. — Avis est publiquement donné par la présente, qu'il a été passé deux actes dans la session actuelle du parlement, l'un qui ordonne la détention du susdit Napoléon Bonaparte, et inflige la peine capitale à qui l'aiderait à s'échapper; et l'autre relatif aux réglements sur les rapports maritimes de l'île de Sainte-Hélène, pendant que Napoléon Bonaparte y sera prisonnier.

Copies de ces deux actes sont annexées à la présente.

A l'effet d'assurer l'exécution de ces actes, il est publiquement déclaré que les divers réglements promulgués jusqu'à ce jour dans l'île, relativement à la détention dudit Napoléon Bonaparte, et qui ont pour but de prévenir toute correspondance ou communication illégale avec lui, les individus de sa suite, et ceux attachés à son service, continueront à rester en pleine vigueur.

Il est en outre fait savoir qu'après que cette proclamation aura été faite, quiconque enfreindra les réglements relatifs à sa détention, ou *entretiendra quelque correspondance ou communication avec lui, les individus de sa suite, ou attachés à son service*, qui sont, de leur propre consentement, soumis aux mêmes restrictions que lui, ou en recevra, ou remettra soit à lui, soit à eux, des lettres ou communications *sans l'autorisation expresse du gouverneur*, ou de l'officier commandant en l'île à l'époque présente, *donnée par écrit et revêtue de sa signature, tout infracteur desdits réglements sera considéré comme ayant agi contre le vœu et le but direct des actes du parlement susmentionnés, et sera poursuivi en conséquence. Si par suite de l'infraction des réglements portés pour assurer sa détention, ou par l'effet de toute correspondance ou communication, soit avec lui, les personnes de sa suite, ou celles attachées à son service, ledit Napoléon Bonaparte réussissait à s'échapper, tout individu qui, après la présente proclamation, aura été l'auteur de l'infraction, correspondance ou communication, sera considéré comme ayant volontairement favorisé et aidé son évasion, et poursuivi avec toute la rigueur de la loi.*

Il est encore déclaré que quiconque aurait connaissance d'une tentative ou moyen d'une délivrance ou d'évasion, et n'en instruirait pas immédiatement le gouverneur ou l'officier commandant à l'époque, ou ne ferait pas tous ses efforts pour en empêcher l'exécution, sera censé fauteur et complice de ladite délivrance ou évasion, et jugé conformément aux lois.

Tout individu qui recevra des lettres ou *communi-*

cations pour ledit Napoléon Bonaparte, les personnes de sa suite ou qui sont à son service, et qui ne les remettra pas, ou ne les fera pas connaître sur-le-champ au gouverneur ou à l'officier commandant à l'époque, ou qui fournira audit Napoléon Bonaparte, aux gens à sa suite ou à son service, de l'argent ou autres moyens quelconques par lesquels son évasion pourrait s'effectuer, *sera également regardé comme y ayant participé, et poursuivi en conséquence.*

Toutes les lettres ou communications reçues par ledit Napoléon, les individus de sa suite ou à son service, ou qui en viendront, soit cachetées, soit ouvertes, devront être transmises sans délai au gouverneur dans le même état qu'elles auront été reçues.

Et, attendu que le réglement promulgué par la présente n'a pas pour objet de donner lieu à des rigueurs extraordinaires ou inutiles, mais d'assurer l'exécution des réglements ci-devant portés, et de prévenir les mauvais effets qui pourraient naître de l'ignorance, de l'imprudence, ainsi que de desseins illégaux, il est donné à connaître à tous ceux que leur devoir appelle près du lieu où résident ledit Napoléon Bonaparte, les personnes de sa suite ou à son service, ou dont les affaires peuvent les mettre en rapport avec eux, qu'ils recevront du gouverneur de l'île, sur leur demande faite en forme, une licence ou autorisation à cet effet, signée de sa main. Il ne sera rien inféré des actes du parlement, ni du présent réglement, pour justifier aucun acte de violence ou conduite inconvenante envers lesdits détenus, tant qu'ils observeront les restrictions auxquelles les ont soumis les lois et les instructions du gouvernement de Sa Majesté.

Fait et signé de ma main, à James-Town, dans l'île de Sainte-Hélène, le 28 juin 1816. HUDSON LOWE, *Gouverneur et commandant en chef.* — Par l'ordre du gouverneur, G. GORREQUER, *Secrétaire de la milice active.*

J'écrivis même à ce sujet, le 1ᵉʳ juillet, la lettre suivante, au comte Bertrand.

Monsieur, je ne dois pas oublier de mentionner que, comme toute correspondance et communication avec les personnes qui résident à Long-Wood, si elles n'ont lieu à ma connaissance et avec ma sanction, sont positivement interdites par les instructions que j'ai reçues et publiées, l'emploi de tout individu quelconque pour porter des communications, soit écrites, soit verbales, excepté celles qui me sont adressées ou que l'on me fait connaître au moyen de l'officier d'ordonnance à Long-Wood, peut avoir les plus sérieuses conséquences pour ceux qui en seraient les instruments ou les porteurs, j'espère que ces considérations, avec celles que j'ai déjà présentées, vous empêcheront de faire usage, à l'avenir, de tout autre canal que de celui très-simple et très-sûr que je vous ai indiqué, et dont je ne puis prendre sur moi de souffrir aucune déviation.

J'ai l'honneur, etc. H. LOWE, gouverneur.

Et voici un extrait de la réponse du comte Bertrand, qui se rapportait à ma communication.

Monsieur le gouverneur, dans votre lettre, vous parlez de communications verbales : ce n'est point intelligible, si cela s'applique aux personnes de l'île avec lesquelles nous devons pouvoir parler, puisque nous les voyons et que nous les rencontrons. Mais l'ame et l'esprit sont hors de l'atteinte de la justice.

J'ai l'honneur, etc.   Le comte BERTRAND.

Plus tard je publiai une autre proclamation, conforme pour le sens des restrictions et des défenses à celle que je viens de citer. En voici la teneur :

Attendu qu'il a été constaté qu'on avait remis un présent à un habitant de cette île, au nom et de la part d'un des étrangers détenus à Long-Wood, présent qui fut rendu bientôt après, parce que la personne à qui il avait été remis s'était aperçue que l'accepter, à l'insu et sans l'autorisation du gouverneur, c'eût été violer les proclamations en vigueur, le gouverneur croit néanmoins qu'il est utile, pour assurer l'exécution des susdites proclamations (par rapport aussi à l'injonction générale contenue dans l'ordonnance datée du 16 avril 1816), d'informer le public, et avis est donné publiquement *à tous les officiers, habitants et autres individus quelconques, résidant ou arrivant dans cette île, qu'il leur est non-seulement défendu (comme il l'a été par la proclamation du 15 octobre 1815, laquelle interdit toute correspondance ou communication avec les étrangers ici détenus, à l'exception des personnes seules qui pourraient être légalement autorisées par lui, et comme il l'a été encore par l'avis public du 11 mai, et par la proclamation du 28 juin 1816), de recevoir desdits étrangers détenus, ou de leur remettre aucune communication quelconque, ou de s'en rendre l'intermédiaire, sans son autorisation expresse; mais encore que, si des communications non autorisées ont lieu, ou peuvent avoir lieu, ou s'il est fait des tentatives à cet effet, il est enjoint à quiconque en aura connaissance d'en informer sur-le-champ le gouverneur, ou l'autorité civile ou militaire la plus voisine, si le cas l'exige, afin que l'on puisse prendre à cet égard toutes les mesures nécessaires, sous peine d'être considéré comme complice de l'infraction, et d'en être, par conséquent, tenu responsable.*

Donné au château de James-Town, le 16 mai 1818.

HUDSON LOWE.

Voilà quels furent les textes favoris qui servirent de base aux accusations de cruauté et de barbarie dirigées contre moi. Je n'en finirais plus, si je voulais recueillir ici les longs tissus d'injures que me valurent ces mesures. On dit à Long-Wood que j'avais empêché les

Français de communiquer avec qui que ce fût de ce monde; que j'avais voulu les parquer et les emprisonner dans cette détestable demeure ; que j'en avais fait un tombeau où ils étaient ensevelis à tout jamais.

Napoléon, en parlant de ces mesures de sûreté, épuisa contre moi tout le dictionnaire d'injures que lui fournissait toujours abondamment sa colère. « Ce gouverneur, dit-il, entre autres choses, ce gouverneur est un vrai imbécile, *è un vero imbecille*. N'a-t-il pas la niaise et atroce prétention de nous renfermer ici, sans vouloir nous laisser de communication avec tout ce qui n'est pas prisonnier. Il nous séquestre du monde entier, il nous condamne au silence et à l'isolement de la mort. Que n'achève-t-il plus tôt sa besogne. Un bourreau et un linceul, et que ce soit fini de celui qui les tourmente tant. Ah ! mes pauvres amis, vous qui m'avez suivi dans mes malheurs et dans mon exil, qui avez tout quitté et abandonné, combien vous souffrez pour l'amour de moi ; mais aussi songez que vous acquérez ici une renommée immortelle, et que cette consolante idée vous rende ces peines supportables. Moi ! je ne puis rien faire pour vous que vous lier à jamais à mon nom et vous emmener avec moi dans la postérité. »

Plusieurs fois cependant je voulus, en faveur de Napoléon, adoucir la rigueur des mesures de sûreté que j'avais prises. Je le fis informer que plusieurs restrictions cesseraient, et surtout celles relatives à la faculté de parler. J'étais décidé à cela par l'état de la santé de Napoléon, qui devenait tous les jours plus alarmant. Mais il était profondément ulcéré, le malheur avait fait en son ame une plaie qu'il n'était donné à personne dans ce monde de guérir.

Il reçut donc mes offres avec colère; il s'emporta et dit : « J'entends qu'il soit permis à la majeure partie des passagers et des habitants respectables de venir me voir; mais je ne veux pas qu'on m'en envoie de temps en temps un ou deux, comme les gardiens et comes des galères envoient un voyageur curieux visiter insolemment les bagnes, et augmenter de sa sotte curiosité le malheur des prisonniers. Me prend-il donc pour une bête féroce à qui son gardien dit : Sortez, montrez-vous, rentrez; et veut-il amuser de moi les badauds qui viendront sous sa protection pour me considérer.

« Si je rencontre quelqu'un dont la conversation me plaise, que ce soit un esclave ou un officier, un planteur ou un employé de la compagnie, je veux pouvoir l'emmener avec moi, l'inviter à dîner, en un mot, vivre ici avec tout le monde de la vie ordinaire des hommes, et n'être pas emprisonné dans un bagne, dans une ménagerie ou un lazareth.

« Mais, je vous l'ai dit, mes amis, ce Lowe n'a ni cœur ni sentiment, il croit qu'un homme est comme un cheval, qu'une botte de foin et un abri rendent heureux ; il est ici pour nous martyriser : je ne veux entendre à rien.... » Et de fait, tout resta sur le même pied jusqu'au funeste dénouement du drame.

CHAPITRE XVIII.

Promenades. — Plaintes de Napoléon. — Baraque. — Crainte du halte-là. — Détermination de ne plus sortir.

Un jour, comme Napoléon était entouré de ses amis, et que tous se réunissaient à son médecin pour le presser de prendre de l'exercice, lui disant qu'il ne pouvait sans cela espérer de rétablir sa santé déjà si délabrée, il entra dans une véhémente colère, et il se mit à énumérer les désagréments dont il était abreuvé. Il dit ses chagrins, ses privations et tous les tourments d'humiliation qu'il souffrait en sa captivité, et qui la lui rendaient dure par-dessus tout. Puis il en revint encore à son texte favori, à son texte de tous les jours, à ses plaintes contre moi, qui, selon lui, le parquais et emprisonnais dans les cabanes de Long-Wood.

« Il sait bien, ce geolier, disait Napoléon avec feu, il sait bien que j'ai absolument besoin d'exercice. Le mouvement est nécessaire à mon corps comme il l'est a mon esprit; il m'a été nécessaire depuis que j'existe, et il le sera tant que durera cette misérable machine. De l'exercice d'esprit, j'en prends presque tous les jours tant en écrivant, qu'en discutant et devisant sur mes actions passées, sur la politique et sur mes guerres. Je donnerais bien à mon corps l'exercice dont il a besoin ; je le lui donnerais même dans cette île ; mais il faudrait que je n'eusse pas ce *boia* et ses valets continuellements présent à mon esprit et à ma vue. Non, jamais je ne me mettrai dans le cas d'être insulté par ses sentinelles, ou de recevoir une fusillade, si par hasard je m'écartais du grand chemin qui m'est désigné pour mes courses.

« Je vous le demande : puis-je m'exposer sottement à être arrêté et insulté par ses soldats ? Jugez donc du bel effet que produirait une pareille aventure ! Le beau sujet de broder une histoire comique à Londres ; de faire rire John-Bull aux dépens du pauvre empereur des Français, du malheureux dominateur de l'Europe, réduit à se débattre contre une recrue. On en ferait, n'en doutez point, une caricature en forme, et les badauds de la Tamise s'extasieraient en la voyant placardée contre les carreaux de leur marchands d'estampes ; et puis mes ennemis, comme ils s'en délecteraient ! En vérité il ne manquerait que cela à mes humiliations. Le général Bonaparte arrêté à la porte de sa prison par une sentinelle qui lui met la baïonnette sur la poitrine ! ce serait admirable. Mais les Anglais n'auront pas ce plaisir. Non, tant que les choses ne seront pas remises en l'état où elles étaient au commencement de mon séjour dans cette île maudite, je ne bougerai de place pas plus qu'un reclus de monastère.

« Les restrictions de cette nature imposées sur le moral d'un homme tel que moi produisent le même effet que l'emprisonnement, les fers et les chaînes, mis aux pieds des forçats de Rochefort et de Toulon. On impose aux voleurs, à la *canaglia*, aux galériens, des restrictions physiques ; mais aux gens éclairés, on impose des restrictions morales. Et, au fait, y aurait-il un petit lieutenant de ce régiment campé là devant mes yeux, qui voulût sortir, s'il était assujetti aux mêmes entraves que moi ?

« Quel inconvénient résultait donc de mes promenades à cheval ? Craignait-on qu'un beau jour je ne m'envolasse au-delà des mers, monté sur mon hippogriffe ? Mais, je le vois bien, et l'univers entier le verra comme moi, les intentions de Lowe sont de m'imposer des peines et des humiliations tellement intolérables, que je sois obligé de m'emprisonner moi-même, à moins de vouloir dégrader mon caractère et de me rendre un objet de mépris aux yeux du monde. On veut m'occasioner par-là une maladie qui, pour un corps affaibli et pour une ame souffrante, doit être mortelle ; et ainsi ils espèrent me faire mourir dans une longue agonie, dans une agonie assez prolongée pour avoir l'air d'être une œuvre de la nature. C'est leur plan, leur projet. Pourquoi pas ? n'est-ce pas là une manière d'assassiner tout aussi sûre que si on employait le pistolet ou le poignard ? »

Lorsque lord Amherst visita Napoléon, celui-ci,

toujours ulcéré contre moi et blessé au vif par les restrictions que j'avais imposées à ses promenades, dit à l'ambassadeur : « Mylord, voudriez-vous sortir, si on vous imposait la loi de ne parler à aucune des personnes que vous rencontreriez, ou de ne pouvoir leur dire : « Bonjour, comment vous portez-vous? » à moins que cela n'eût lieu en présence d'un officier? Voudriez-vous sortir, à condition de ne vous écarter ni à droite ni à gauche de la route? Voudriez-vous sortir, sous l'obligation de rentrer à six heures du soir, ou bien de courir le risque d'être arrêté par les sentinelles qui sont aux postes? — Non, certes, répondit l'ambassadeur; je ferais comme vous, je resterais dans ma chambre. »

Comme j'appris les plaintes de Napoléon et son obstination à ne pas sortir, je cherchais tous les moyens possibles de lui procurer cet exercice dont il avait tant besoin. D'abord, j'allai proposer au comte Bertrand de faire construire une baraque de soixante pieds de long, afin que Bonaparte pût s'y promener sans être exposé aux désagréments et aux rencontres qu'il redoutait au-dehors. Le comte, pour toute réponse à mes offres, se contenta de hausser les épaules, et de me dire que Napoléon ne sortirait pas tant qu'il serait retenu dans une aussi cruelle et indigne captivité. « Enfin, me dit Bertrand en me tournant le dos, l'empereur veut pouvoir être, dans l'île, sans aucune de vos vexatoires restrictions; il veut pouvoir y faire ce qui lui plaît, aller où il veut, entrer dans telle maison qui lui convient, parler à l'un ou à l'autre, être maître de sa personne, de son corps et de ses paroles, ou bien il ne veut rien, et alors il est décidé à se confiner dans ces misérables cabanes ; il n'en sortira qu'au jour où nous le porterons en son dernier asyle. Choisissez. »

Je fis faire à Napoléon la même offre par son médecin. Celui-ci insista, représentant qu'au moins cet exercice pourrait apporter quelque soulagement à ses souffrances ; mais il repoussa ces offres de toute la force de sa volonté de fer. « J'ai besoin d'exercice en plein air, dit-il, et non dans une casemate et galerie couverte. Au reste, j'en ai déjà fait l'expérience. En France je fis construire une galerie pareille de près d'une demi lieue de longueur, et pourtant je ne trouvai ni plaisir, ni avantage pour ma santé à m'y promener. D'ailleurs, ce serait bien pire ici, sous ce brûlant et pénétrant soleil du tropique ; dans l'après-midi il serait impossible de s'y tenir, j'y étoufferais. Non : dites-lui que je n'en veux pas ; qu'il se moque de moi en me proposant pour promenade ces casemates ; ce qu'il me faut c'est de l'air, la campagne, l'ombre des arbres. Oh ! mais ce qu'il me faudrait, ce qui rendrait la vie et la force, ce serait un peu de cette belle et riche campagne d'Europe ; sa vue seule me ressusciterait. Voilà ce qu'il faut, et non leurs tristes et maigres arbres et leurs rocs pelés. »

Je renonçai donc à la construction de cette baraque. Cependant, comme on me pressait toujours plus d'accorder à Napoléon le moyen de prendre de l'exercice, je le fis prévenir qu'il pourrait s'écarter de la route et se promener dans la vallée, en lui faisant observer toutefois que cette faveur ne s'étendait pas à ses officiers, excepté lorsqu'ils seraient en sa compagnie. Là-dessus Napoléon s'emporta de nouveau, et dit que ceci n'était qu'une pure tracasserie. « Il faudra donc, s'écria-t-il, que toutes les sentinelles m'arrêtent à tous les pas. Chaque soldat qui voudra faire son devoir et exécuter sa consigne nous dira : Halte-là ! le général Bonaparte est-il parmi vous? où est-il? qu'il paraisse! — C'est bien, vous pouvez passer. Et ainsi je serai exposé à des insultes journalières; il me faudra montrer mon visage à chaque factionnaire. Non, jamais. D'ailleurs, le geolier dit aujourd'hui cela et demain il dira autre chose. Je ne veux pas m'exposer au caprice d'un homme à qui je ne me fie pas, et qui est mon ennemi personnel. Non, je ne sortirai d'ici que mort. » Et il tint parole.

CHAPITRE XIX.

Dépenses. — Diplomatie à propos de légumes et de vin. — Macaroni. — Plaintes de Napoléon.

Alors que Napoléon commandait à cent millions d'hommes, que dans sa forte et puissante tête roulaient et s'agitaient les affaires et les intérêts de vingt royaumes, qui eût dit, qui eût osé penser qu'un jour viendrait où cet homme héroïque, descendu du trône dans une prison, s'occuperait des menus détails de table et de cuisine avec autant d'activité, de soin et d'énergie, qu'il en mettait à gouverner l'Europe et à diriger ses armées. Et certes ce n'était pas un des moins étranges et attristants spectacles pour moi, que cette déplorable dégradation de Bonaparte faisant de la diplomatie pour quelques pommes de terre, et invoquant le droit des gens pour une bouteille de vin frelaté.

Pour bien comprendre tous les détails de cette longue discussion relative aux dépenses et aux provisions que je devais fournir aux captifs de Long-Wood, il faut connaître quelles étaient les dispositions arrêtées à ce sujet par le gouvernement anglais. Lorsque Napoléon vint se jeter entre les bras de l'Angleterre, croyant y trouver asyle et protection contre la haine du continent, il avait pour toute fortune une somme de quatre mille louis en or; c'était là l'unique débris de ses riches trésors. Dès que sa translation à Sainte-Hélène fut décidée, et qu'il fut violemment arraché des parages de Portsmouth pour aller, sur *le Northumberland*, se rendre au lieu de sa captivité, cette somme de quatre mille louis lui fut enlevée par les ordres du gouvernement, qui craignait qu'elle ne fût trop forte pour un prisonnier. Ainsi Napoléon fut entièrement dépouillé: un peu plus, et si on n'avait craint la puissante magie de son nom et des souvenirs qu'il inspirait, on l'eût laissé, dans une rue de Londres, sans argent, sans ressource, sans rien au monde, obligé de mendier son pain, comme Bélisaire.

Napoléon fut donc, par suite de cette spoliation, et par l'effet de cette translation brusque et violente, mis entièrement à la merci du gouvernement anglais. Il attendait de lui un morceau de pain, comme le prisonnier jeté dans un cachot de Newgate, sevré de toute communication avec le monde, l'attend de son geolier et porte-clef.

Il fut décidé par le ministère qu'une somme de douze mille livres sterling, ou trois cent mille francs, seraient alloués pour la dépense annuelle de Napoléon. Qui payait cette somme? N'allez pas croire que ce fût l'Angleterre, bien que ce fût une modique et misérable pension! Il y avait d'autres gouvernants qui étaient plus encore personnellement et directement intéressés à la captivité de l'ancien empereur pour qu'ils ne payassent pas les aliments. Et si un moment ils avaient cessé de les solder, ainsi que les bien plus fortes indemnités qu'ils payaient à l'Angleterre, soyez bien assuré que le cabinet britannique eût ouvert la porte au captif, et lui eût dit : Allez demander votre pain aux peuples du continent.

Cependant cette somme de trois cent mille francs m'était fixée pour les dépenses de la maison de Napoléon; je ne pouvais la dépasser sans m'exposer à violer mes instructions, et à encourir le blâme, le reproche et la punition. J'avais, en conséquence, donné à M. Balcombe, le pourvoyeur chargé des dépenses pour la maison de Long-Wood, l'ordre de ne pas dépasser la somme indiquée par le cabinet anglais. De là naquirent de violentes et interminables discussions avec Napoléon et avec les personnes de sa suite. A les entendre, je voulais les faire mourir de faim, je leur refusais le strict nécessaire. Un jour, c'étaient des légumes qui manquaient; le lendemain, c'était du bois; un autre jour, c'était le vin que je donnais avec parcimonie, et qui, de plus, était gâté, frelaté et nuisible à la santé du général. Ce vin n'était, selon eux, qu'une de ces perfides imitations, mixtions chimiques et vénéneuses, avec lesquelles les marchands de Charing-cross ou de Régent-street empoisonnent le confiant John-Bull. Et moi, j'étais le débitant, le trafiquant de poison, le wrigth de Sainte-Hélène.

Un jour Napoléon, après avoir bu une bouteille de ce vin à son dîner, se plaignit de coliques violentes : aussitôt me voilà empoisonneur titré et breveté. On ne voulut plus du vin fourni par le pourvoyeur et on alla de Long-Wood demander le prêt d'une bouteille aux officiers du cinquante-troisième régiment. Ceci se répéta deux fois : et comme je l'appris, je fis observer aux Français, par le major Gorrequer, que ce petit tripotage ne pouvait se continuer, et que je ne pouvais, moi surtout, le tolérer, parce qu'il était contraire aux réglements. Là-dessus on répondit assez vivement que le vin était mauvais, détestable, nuisible, et qu'on ne pouvait le donner à boire à Napoléon sans qu'il en résultât des conséquences funestes pour sa santé. Le major répliqua avec une véhémence que je ne pus m'empêcher de blâmer : « Le vin est mauvais, dites-vous, eh bien ! tant pis ; il est bon pour Bonaparte, et il doit le boire. » Qu'on juge quel torrent d'injures et d'accusations retombèrent sur moi à la suite de cette misérable discussion.

Le climat de Long-Wood était très-humide ; je le savais bien aussi : une assez forte quantité de chauffage était allouée aux habitants de cette résidence. Mais ce chauffage consistait en charbon de terre, seul combustible dont, comme on le sait, nous autres Anglais nous faisions usage ; toutefois, j'avais fait ajouter deux cents livres de bois pour le feu de

Napoléon, sachant très-bien que les Français ont une naturelle aversion pour le feu de charbon. Croirait-on que ce fut encore là un sujet d'âcres et violentes disputes ?

Les Français se plaignaient sans cesse de l'insuffisance du chauffage : une fois ils furent forcés de briser des meubles pour fournir au feu de leur cheminée, et j'appris que des armoires, une couchette et des chaises avaient été mises en pièces pour cet objet. Ils avaient été réduits, par l'invincible exigence de leurs habitudes, à imiter ces malheureux qui, dans leur greniers et dans leurs attiques, alimentent leur feu avec les débris de leur chétif mobilier. Au lieu de deux cents livres, il en fallait trois mille ; et, pour apprécier ces prétentions, qu'on sache bien que le bois est très-rare dans l'île, qu'on y en apporte du continent, et que, sans m'exposer à dépasser de beaucoup le chiffre qui m'était imposé pour les dépenses, je ne pouvais accéder à la demande exorbitante des Français : il m'eût fallu avoir une forêt de la Corse à mon service pour les satisfaire.

Les mêmes discussions se renouvelaient, aussi vives et poignantes, à propos de la quantité de provisions de viandes et de volailles allouée à la maison de Napoléon. Une fois, le major Gorrequer eut une très-violente scène à propos de quelques livres de macaroni que réclamait Napoléon. Toujours toutes les provisions étaient insuffisantes ; jamais elles n'étaient en rapport avec la splendeur et le luxe qui devaient distinguer la table de l'ancien souverain.

Mais ici encore, outre la misère et la pauvreté de l'île, j'avais encore une excuse et une garantie dans les instructions du cabinet anglais. Son intention avait été, lorsque Napoléon fut envoyé à Sainte-Hélène, non de lui donner une maison princière et un train d'empereur, mais seulement une maison amplement modeste. Il n'avait entendu lui fournir que la dépense d'une table journalière de quatre personnes au plus, et un dîner prié par semaine. La somme de trois cents mille francs par an était plus que suffisante pour les dépenses. Mais loin de là : les personnes qui étaient à Long-Wood croyaient toujours être aux Tuileries ; elles ne cessaient de représenter à Napoléon que sa dignité était compromise s'il n'avait pas cinq à six tables amplement servies, et s'il n'affichait pas une libéralité de prince dans son ordinaire.

A cela je n'avais à objecter que mes maudites instructions et les 300 mille francs qui m'étaient fixés. Cependant je pris sur moi, presque toujours, de dépasser cette somme de plus de la moitié ; mais comme les dépenses allaient au-delà de 20 mille livres sterling, je fus forcé de prévenir Napoléon que tout ce qui dépasserait 12 mille livres serait à sa charge, et j'écrivis même à ce sujet au général Montholon la lettre suivante :

Plantation-House, 17 août 1816.

Monsieur, en conséquence des entretiens que nous avons eus ensemble au sujet des dépenses de l'établissement de Long-Wood, j'ai l'honneur de vous apprendre qu'ayant fait tous mes efforts pour y effectuer une réduction, sans diminuer d'une manière sensible les commodités et les agréments du général Bonaparte, ni ceux d'aucune des familles ou des personnes qui composent sa suite (*et je suis heureux de reconnaître l'esprit d'harmonie que vous avez apporté dans cette opération.*), je suis maintenant à même de vous transmettre, pour l'information du général Bonaparte, deux états, présentant des données assez exactes pour qu'on puisse calculer approximativement, d'après elles la dépense annuelle, si les choses continuent sur le même pied qu'à présent.

L'état n° 1 m'a été fourni par M. Ibbetson, chef du commissariat de l'île; l'autre a été dressé par mon secrétaire militaire.

Les instructions que j'ai reçues du gouvernement britannique m'ordonnent de borner les dépenses de la maison du général Bonaparte à 12 mille livres sterling par an; *me laissant en même temps la liberté d'autoriser toute autre dépense* qu'il pourra exiger *pour sa table*, etc..., au-delà de la somme accordée, *pourvu qu'il fournisse les fonds qui devront défrayer ce surplus.*

Je suis donc obligé de vous prier de l'informer de l'impossibilité où je me trouve de faire cadrer les dépenses de sa maison, dans sa composition actuelle, avec la somme prescrite, à moins de faire, sur plusieurs articles, une réduction qui diminuera naturellement les aisances dont jouissent maintenant les personnes qui l'entourent. *Le général Bonaparte m'ayant déjà, ainsi que vous, déclaré franchement* qu'il avait à sa disposition, dans diverses parties de l'Europe, des fonds au moyen desquels il peut défrayer le surplus, et même la totalité de la dépense (1), je vous prie de vouloir bien me faire connaître, avant d'opérer aucune réduction considérable, et qui pourrait nuire à son aisance, ou à celle des personnes de sa suite, s'il consent à ce que cette réduction s'effectue, ou *s'il veut mettre à ma disposition* les fonds nécessaires pour subvenir aux frais extraordinaires qui, sans cela, doivent inévitablement avoir lieu.

J'ai l'honneur d'être, etc.

Signé, H. LOWE, lieutenant-général.

---

(1) Dans la discussion des dépenses, sir Hudson Lowe dit à Montholon que les Français salissaient trop de chemises. C'est à ce propos que sir Thomas Reade osa se permettre quelques plaisanteries inconvenantes et grossières sur le linge sale de madame Bertrand. « Je vous le demande, dit à ce sujet Napoléon, un gouverneur qui se respecterait un peu, qui aurait le sentiment de sa dignité et de la nôtre, se permettrait-il pareilles insolences et souffrirait-il de telles ignominies. »—Une autre économie qui fit beaucoup rire aux dépens de sir Lowe, à Long-Wood, fut celle qu'il fit sur la livrée des domestiques de Napoléon. Comme le drap vert était fort rare et fort cher dans l'île, il donna l'ordre de changer la livrée de vert en bleu, et en même temps il ordonna de diminuer le nombre et la grandeur des galons d'or sur les habits. En apprenant cela Napoléon se prit à rire et dit : « Certes, voilà une belle économie que fait Lowe; déshabiller mes gens! quelle infamie! c'est ignoble! »

PROVISIONS

Accordées par le gouvernement à l'établissement de Long-Wood, composé de quarante-cinq personnes, depuis octobre 1816 jusqu'à juin 1817.

Par jour.

Viande, bœuf et mouton (livres).	82
Volailles (nombre).	6
Pain (livres).	66
Beurre (livres).	5
Lard (livres).	2
Huile à salade (pintes d'Angleterre).	3 1/4
Sucre candi (livres).	4
Café (livres).	2
Thé vert (livres).	1/2
Thé noir (livres).	1/2
Chandelles de cire (livres).	8
OEufs (nombre).	30
Sucre commun (livres).	5
Fromage (livres).	1
Vinaigre (quart de gallon).	1
Farine (livres).	5
Viande salée (livres).	6
Bois à brûler (c.wt ou 112 livres).	3
Porter ou aile (bouteilles).	3
Légumes (en valeur), pour.	1 l.s
Fruit (en valeur), pour.	10 sch.
Objets confits (en valeur), pour.	8 sch.

Par quinzaine.

Canards (nombre).	8
Dindes (nombre).	2
Oies (nombre).	2
Pains de sucre.	2
Riz fin (sacs).	1/2
Jambons, n'excédant pas 14 livres chaque.	2
Charbon de terre (boisseaux).	45
Poisson (en valeur), pour.	80 sch.
Lait (en valeur), pour.	98 1/2
Beurre frais, sel, moutarde, poivre, capres, huile à brûler, pois, pour une valeur n'excédant pas.	7 l. st.

Vin par jour.

Champagne ou vin de Grave (bouteilles).	1
Madère (bouteilles).	1
Constance (bouteilles).	1
Vin rouge[1] (bouteilles).	6

---

(1) Le gouvernement donnait aussi du vin du Cap et de Ténériffe pour les domestiques, à raison d'une bouteille par jour, ce qui n'est pas compris dans l'état. C'était une pinte de plus que la quantité journalière accordée aux soldats et matelots stationnés à Sainte-Hélène.

DÉPENSES

Extraordinaires par jour, payées par les Français.

	l. st.	sch.	d.
Une douzaine d'œufs.	0	5	0
Huit livres de beurre, à 3 sch. la livre. . . .	1	4	0
Deux liv. de chandelles de cire, à 3 sch. 6 d.	0	7	0
Trois volailles, à 6 sch. la pièce.	0	18	0
Quatre livres de sucre candi.	0	8	0
Deux livres de sucre en pain.	0	6	0
Une livre de fromage.	0	3	0
Légumes.	0	10	0
Deux livres de porc salé.	0	2	6
Une livre de lard.	0	1	0
Une bouteille d'huile.	0	8	0
Une livre de riz et une livre de farine.	0	1	0
Cinq livres de sucre commun.	0	1	6
Une bouteille de vinaigre.	0	1	0
Papier pour la cuisine et fil d'emballage. . .	0	1	0
Quatre pains à 1 sch. 6 d. chaque.	0	6	0
	5	3	0

DÉPENSES

Extraordinaires par semaine, payées par les Français.

	l. st.	sch.	d.
Deux dindons.	3	0	0
Un jambon.	3	0	0
Un cochon à rôtir.	0	11	0
Une bouteille de cornichons, etc.	0	12	0
Trois bouteilles d'olives.	1	4	0
	8	7	0

L'état ci-dessus détaillé ne contient pas la quantité de viande achetée par les Français. Elle s'élevait de trois à cinq moutons par semaine, et à deux veaux par mois.

ÉTAT

INDIQUANT LA DÉPENSE ANNUELLE APPROXIMATIVE DU GÉNÉRAL BONAPARTE ET DE SA SUITE, DANS L'ILE SAINTE-HÉLÈNE.

		l. st. sch. d.	l. st. sch. d
Fourni par le commissariat..................	Fourrage chaque jour, pour seize chevaux........ 720 4 7 Fourrage d'importation pour un mulet, qui le transporte. 46 10 2 Paie du soldat qui soigne le mulet.............. 27 7 6		794 2 2
Dépenses des domestiques anglais attachés à la maison du général Bonaparte.............................			675 0 0
Dépense du transport public des provisions fournies à Long-Wood, par le pourvoyeur......	Fourrage chaque jour, pour huit mulets........ 572 1 4 Paie de deux muletiers qui les soignent.......... 109 10 0 Rations pour dito..................... 68 8 9 Paie de deux soldats dito, dito............ 27 7 6		577 7 7
Dépenses des ouvriers employés à Long-Wood, dont on aura probablement besoin long-temps.....	Deux inspecteurs, six charpentiers, quatre scieurs, neuf maçons, trois plâtriers, et un peintre........................		959 17 0
Fourni par M. de Fountain, chargé des magasins appartenant à la compagnie des Indes-Orientales.	Provisions de bouche et autres objets nécessaires pour la maison...		2,020 5 5
Fourni par le gouvernement, et envoyé d'Angleterre, ainsi que par M. Balcombe, pourvoyeur.	Vins rouges, Grave, Champagne, Madère............		2,445 10 0
	Dépense de la maison et de la table.................		11,700 0 0
Proposé une indemnité à 5 pour 100 à M. Balcombe, pourvoyeur, pour les fournitures, etc., faites par location, sur la somme ci-dessus.			
Proposé un salaire, non encore fixé, au chirurgien O'Meara, attaché au général Bonaparte................			
	Total par année..........		19,152 2 7

Signé IBBETSON, A. *Commissaire-général.*

N. B. Dans la somme de 11,700 l. st est comprise la dépense fixe 672 l. st. pour la table des officiers anglais de garde à Long-Wood.

Sur ce Napoléon s'emporta vivement contre l'Angleterre et contre moi, disant que c'était une atroce et infâme barbarie que d'en venir jusqu'à compter les morceaux de pain qu'on lui jetait dans son cachot. « Eh bien ! ajoutait-il, je me le fournirai ce pain. Ils m'ont enlevé mes trésors, qu'ils me les rendent, qu'ils fassent dégorger ces misérables qui se sont enrichis de mes dépouilles ! et dans tous les cas je trouverai bien encore quelque ame généreuse en Europe pour venir à mon secours ! il y a là-bas plus d'un vieux soldat qui partagera sa ration avec moi. Mais non, ils ne veulent pas; ils m'ont forcé à descendre à d'ignobles et pitoyables détails qui jamais n'eussent dû entrer en mon esprit; ils m'ont fait m'occuper de légumes et d'office, comme Charlemagne tenait le registre des dépenses et des recettes de ses jardins potagers et de ses fermes. Ce geolier lésineux n'a-t-il pas eu la basse vilenie de venir compter avec moi jusqu'au sel blanc et au sel gris que l'on a employé dans ma cuisine? N'a-t-il pas eu l'atroce impudence de me mesurer une ration de vin, comme on ferait au dernier des soldats? Pourquoi donc, si le gouvernement anglais craint de ruiner sa nation en me donnant quelques livres de viande de plus, pourquoi n'accepte-t-il pas l'offre que l'Autriche et la Russie ont faite de me nourrir; oui, de me nourrir! car je suis réduit à l'aumône, je suis ici un pauvre soldat mendiant, mendiant comme mes vieux soldats qui mendient en Europe, qui demandent pour prix de leur sang un peu de pain à ceux qui m'ont succédé, et on le leur refuse. Je souffrirai donc, je souffrirai comme eux. Lorsqu'en Égypte ils mouraient de faim, de soif et de fatigue, n'allais-je pas comme eux à pied, dans les sables dévorants; enlevais-je jamais à aucun d'eux le bienfait d'une goutte d'eau? Eh bien ! maintenant qu'ils portent la peine de leur gloire, je veux la porter comme eux. Que l'Angleterre me fasse mourir ici de faim et de misère; c'est sur elle, sur les gouvernements qui me font subir un si long et si douloureux martyre, que doit retomber l'ignominie. »

CHAPITRE XX.

Entretien avec Napoléon.

Depuis long-temps la haine violente et exagérée que le général avait conçue contre moi, et qui jetait tant d'aigreur dans nos rapports, me faisait sentir la nécessité de m'entendre et de m'expliquer avec lui. Je sollicitai une audience, que je parvins à obtenir en dépit des intrigues et des menées auxquelles on eut recours pour détourner le général de me recevoir; car je ne pouvais, malgré ma qualité de gouverneur, user de mon autorité pour arriver bon gré malgré jusqu'à lui; et d'ailleurs je respectais trop son infortune pour user d'un semblable moyen. Voici notre conversation : elle n'est pas toujours montée sur un ton qui soit à mon avantage; mais j'ai voulu la donner textuellement. La fidélité que j'apporte dans le récit de cette entrevue, auquel j'ai cru devoir conserver sa forme, pouvant servir à prouver jusqu'à quel point j'ai poussé l'impartialité dans la rédaction de ces notes.

NAPOLÉON.

Ah ! c'est vous, monsieur ?... Eh bien ! que me voulez-vous ?

LE GOUVERNEUR.

Permettez-moi, général, de vous remercier d'abord de la bonté que vous avez eue en daignant m'admettre....

NAPOLÉON.

Tenez, monsieur le gouverneur, point de *tartuferie*, point de ridicules politesses.... cela ressemblerait à la conduite des officiers anglais et français à Fontenoy, qui, avant de s'envoyer des balles et des boulets, ôtaient leur chapeau, et se disaient : Commencez, messieurs.

LE GOUVERNEUR.

Je désirerais, général, que vous eussiez meilleure opinion des égards que je m'efforce de montrer en toute occasion pour votre personne.

NAPOLÉON.

Des égards !... vous !... Monsieur Lowe, je vous l'ai dit, ne jouons pas la comédie, et soyons francs. Vous me haïssez à la mort, et moi je ne vous aime pas... Quant à ces égards dont vous vous targuez, ils sont du même genre que ceux de ce bourreau de votre nation, qui, tout en mettant le bonnet fatal sur la tête d'un patient, ne manquait jamais de s'écrier : « Excusez de la liberté grande.... »

LE GOUVERNEUR.

Eh! c'est tout justement cette opinion défavorable que je voudrais vous faire perdre....

NAPOLÉON.

Mon opinion.... monsieur!... Je ne l'ai pas établie légèrement : elle est fondée sur les faits.... elle a pour base vos actions....

LE GOUVERNEUR.

Auxquelles vous et les personnes qui vous entourent, général, ont donné une bien fâcheuse interprétation.... Vous l'avouerai-je ? Je crois que mon physique peu agréable, repoussant même, car je ne me fais pas illusion ; mes manières brusques, qui proviennent de l'habitude des camps....

NAPOLÉON.

L'habitude des camps !... Monsieur Lowe oublie probablement qu'il a fait toutes ses campagnes dans les bureaux ?... Mais nous ne sommes point ici pour ressasser le passé.... il ne me regarde pas.... le présent seul doit nous occuper.... et je vous dirai loyalement que, si quelque motif peut compenser le désagrément de votre visite, car vos visites ne sont nullement agréables ici....

LE GOUVERNEUR.

Général, vous m'accablez....

NAPOLÉON.

C'est juste.... c'est juste ; expliquons-nous froidement.... Oui, monsieur, j'avais le désir de trouver l'occasion de *laver notre linge sale ensemble*.... Vous avez parlé de l'impression fâcheuse que vous devez peut-être attribuer à votre physique.... Eh bien, oui, monsieur, votre extérieur ne vous a été nullement favorable auprès de nous....

LE GOUVERNEUR.

Eh quoi! un homme, qui a tant connu les hommes, a-t-il pu céder à une aussi puérile considération?

NAPOLÉON.

Non, sans doute, non ; je l'ai même dit à Bertrand, et j'ai combattu autant qu'il a été en moi ce que j'appelais alors les préjugés du grand-maréchal, en soutenant qu'il était possible que vous rachetassiez par de grandes qualités morales le repoussant de votre physique.... On ne se fait pas soi-même.

LE GOUVERNEUR.

Je remercie votre excellence....

NAPOLÉON.

Eh! monsieur, ne vous hâtez pas de me remercier... Ne voyez-vous pas qu'en vous défendant dans cette circonstance je ne faisais que défendre le simple bon sens.... c'est comme si on mesurait les hommes au mètre.... Il s'ensuivrait que le Suisse Noverraz, l'un de mes valets de chambre, qui a cinq pieds six pouces et des épaules d'Hercule, serait notre maître à tous, et que dans dix ans on ne parlerait plus de la bataille d'Austerlitz, et de celui qui l'a gagnée. Mais, depuis, vous avez pleinement justifié l'antipathie que le grand-maréchal et M. de Montholon avaient conçue contre vous.... Vous vous êtes montré aussi hideux au moral qu'au physique.

LE GOUVERNEUR.

Général, c'est le gouverneur qui vous écoute, le représentant du roi de la Grande-Bretagne.

NAPOLÉON.

Eh! qui vous le dispute ce titre de gouverneur;... il est, pour vous, synonyme de celui de bourreau.

LE GOUVERNEUR.

Ces injures....

NAPOLÉON.

Oh! écoutez-moi, monsieur, écoutez-moi,... je ne suis pas au bout.

LE GOUVERNEUR.

J'écouterai..... l'aspect d'une grande infortune.....

NAPOLÉON.

N'impose point à votre cœur de bronze.... mais vous écouterez, parce que j'ai le droit de me plaindre.

LE GOUVERNEUR.

Général, j'entendrai tout avec respect;... car au moins avec vous je sais à quoi m'en tenir,... vous ne dissimulez pas votre haine.

NAPOLÉON.

Non, certes.

LE GOUVERNEUR.

Quant à ceux qui vous entourent.... ils enveniment tout et je leur suis redevable d'un ressentiment qui, de votre part, est peut-être outré.

NAPOLÉON.

Eh! qui verrait de sang-froid votre conduite!.... Quelle est, par exemple, cette ridicule monomanie qui vous porte à persécuter, à outrager, ceux qui persistent, autant par habitude que par un reste de vénération peut-être à me qualifier d'empereur?...

LE GOUVERNEUR.

Permettez qu'ici je vous arrête, général... Mes instructions sont précises, et lord Bathurst....

NAPOLÉON.

Est un lâche! Et qui donc lui a donné le droit de me disputer ce titre d'empereur? Ne l'ai-je pas acheté assez cher?... Mes soldats ne m'ont-ils pas vu payer de ma personne?... Les monarques me doivent des statues d'or.... La royauté était dans la fange... je l'en ai tirée pour lui donner un nouveau lustre... Quant à vos Castelreagh, à vos Bathurst, à vos Wellington et *tutti quanti*... si un jour on les soustrait à l'oubli honteux auquel ils seront condamnés, ce ne sera que pour rappeler les infamies qui se rattacheront à l'existence politique de ces personnages ; et ils ne devront ce moment d'horrible célébrité qu'aux indignités qu'ils vous ont chargé d'exercer contre moi.

LE GOUVERNEUR.

De telles imputations sont odieuses....

NAPOLÉON.

Elles sont méritées... le monde le sait... Je m'étais réfugié sur le Bellerophon, sur un vaisseau de l'Angleterre... j'étais l'hôte de votre nation... je devais être libre... eh! bien ces misérables m'ont vendu aux Talleyrand, aux Nesselrode, aux Metternich.

LE GOUVERNEUR.

Vous conviendrez qu'il ne m'appartient pas de prononcer sur la validité de cette mesure politique.

NAPOLÉON.

Il est vrai, je m'égare... je me répète... le malheur rend taciturne ou diffus !.. l'excès du mal produit une irritation... Eh bien ! monsieur, que direz-vous, par exemple, pour justifier votre conduite avec le comte Bertrand?...

LE GOUVERNEUR.

Je la justifierai en me plaignant à vous-même des propos plus qu'inconvenants que M. Bertrand se permet contre ma personne.

NAPOLÉON.

Eh! monsieur, quand on se fait porte-clefs, on doit

s'attendre à tous les profits de son emploi... Ne voudriez-vous pas que mes officiers, que vous faites souffrir pour l'amour de moi, allassent chaque jour à Plantation-House, vous baiser les mains. Ah! je le sens! je crois que, rappelant l'effervescence de la jeunesse, je me serais coupé la gorge avec vous...

LE GOUVERNEUR.

Mais, général!

NAPOLÉON.

Oui, monsieur, je me serais coupé la gorge avec vous, s'il n'y avait pas aussi loin de la poitrine de l'empereur Napoléon, au lâche cœur d'un Lowe! Vous le voyez, tel est le triste résultat de votre coupable conduite, que l'empereur, en discutant avec son geolier, perd toute retenue.

LE GOUVERNEUR.

Faut-il vous répéter encore que je ne suis qu'un instrument...

NAPOLÉON.

Un instrument infâme! le chevalet de la question extraordinaire... Il vous appartenait bien, à vous scribe d'état-major... oui, monsieur, *scribe d'état-major,* d'inventer des tortures pour moi et tout ce qui m'entoure...

LE GOUVERNEUR.

Je dois conserver mon sang-froid, puisque vous perdez le vôtre. Je n'ai point acquis mes grades seulement dans les administrations de l'armée; et l'on m'a vu long-temps à la tête d'un corps militaire...

NAPOLÉON.

D'un régiment de brigands..., de déserteurs de toutes les nations... tous apostats, renégats, traîtres, la lie de ce qu'il y a de plus infâme... Si vous aviez été vraiment soldat,... si vous aviez été même réellement Anglais, ou vous n'auriez point accepté l'ignoble mission dont on vous chargeait, ou vous l'auriez remplie d'une manière moins dégradante pour vous et les vôtres.

LE GOUVERNEUR.

J'ai la conscience d'avoir rempli mon devoir.

NAPOLÉON.

Votre devoir, monsieur!... Ah! songez-bien à ce que vous venez de dire... Vous jugez mal votre position à notre égard... Sachez que tout ce que vous faites est de l'histoire;... notre entretien même est déjà de son domaine... Un jour elle vous jugera, vos maîtres et vous; elle vous flétrira...

LE GOUVERNEUR.

Si l'histoire est vraie, elle dira que Napoléon Bonaparte, prisonnier à Sainte-Hélène, y subit la juste punition de ses fautes politiques.

NAPOLÉON.

C'est un infâme mensonge!... elle ne dira pas cela... Mais un homme tel que Napoléon ne doit pas à un homme tel que vous l'explication ou la justification de sa conduite politique... Elle dira, l'histoire, que vous fûtes tous des bourreaux;... elle dira que Bathurst et Castelreagh sont des traîtres, et votre honte à tous rejaillira sur vos enfants... Quant à vous particulièrement, monsieur, le mot est dur, mais je dois le dire :... savez-vous ce que nous pensons ici de votre personne?... Nous vous croyons capable de tout,... *oui, de tout;...* et si une seule consolation nous reste, c'est que vous ne puissiez nous arracher notre pensée.

LE GOUVERNEUR.

Ah! quelle affreuse idée...

NAPOLÉON.

Le plus mauvais procédé des Anglais n'est pas de m'avoir fait jeter à Sainte-Hélène, où la mort m'attend sans doute ; mais c'est de vous y avoir envoyé pour être mon geolier... Vous êtes pour nous un plus horrible fléau que tous ceux dont nous menace le climat meurtrier de ce misérable rocher.

LE GOUVERNEUR.

Ne perdez pas tout espoir, général; peut-être qu'un jour, rendu à votre patrie, à votre famille...

NAPOLÉON.

Si je pouvais croire un seul instant au retour d'un pareil bonheur, il suffirait que ce fût de vous que me vînt cette espérance, pour que je la perdisse à l'instant même.

LE GOUVERNEUR.

Le seul désir d'apporter quelque consolation à votre captivité.....

NAPOLÉON.

Trève de perfidies ;... de vous, je ne puis croire que le mal.

LE GOUVERNEUR.

Pensez-vous que cette opinion que vous avez pu concevoir de moi n'est pas un fardeau pénible... Ah! je n'ai pu supporter tant de mépris, tant de haine!.... Général, j'ai demandé mon rappel, et bientôt peut-être vous serez débarrassé de Lowe.

NAPOLÉON.

Ma foi, je vous l'avouerai franchement, c'est la seule parole agréable que vous m'ayez fait entendre de votre vie.

LE GOUVERNEUR.

Cette nouvelle paraît avoir rendu quelque gaieté à votre excellence...

NAPOLÉON.

Pourquoi pas ?... Mais vous me trompez... oui, vous me trompez ;... vous n'êtes pas homme à m'instruire d'un événement qui pourrait me faire plaisir... Vous resterez !.... A propos, monsieur, n'espérez pas que j'entre dans les détails ignobles des privations que votre parcimonie nous impose... Non, non, cela est trop au-dessous de moi.

LE GOUVERNEUR.

Général, je suis désespéré que vous ne compreniez pas combien il m'est pénible de restreindre vos dépenses; mais la modicité de la somme qui m'est allouée m'oblige à une économie dont les conséquences me contrarient vivement pour vous et votre maison.

NAPOLÉON.

Qui vous demande quelque chose ?... Qui vous prie de me nourrir ?... quand vous cesserez l'envoi de vos provisions, si j'ai faim, j'irai trouver vos braves soldats du cinquante-troisième, dont j'aperçois d'ici le camp. J'irai m'asseoir à la table de leurs grenadiers, et, bien que je les aie souvent battus, ils ne repousseront pas, j'en suis sûr, le plus vieux soldat de l'Europe... Oui, monsieur, car la modestie est ici hors de saison, la renommée de Napoléon restera immortelle... Les libelles que votre cabinet a fait écrire à si grands frais contre moi ne peuvent rien,... et n'ont servi qu'à mettre au jour la bassesse de votre gouvernement... La vérité perce les nuages,... elle brille comme le soleil; comme lui, mon nom est impérissable.

LE GOUVERNEUR.

Votre excellence daignera-t-elle recevoir les commissaires des trois puissances, qui désirent lui être présentés ?

NAPOLÉON.

Vous savez, monsieur, que je dénie à ces envoyés le caractère politique dont on a jugé à propos de les affubler?... pourtant je les recevrai volontiers comme hommes privés, car je n'ai d'aversion pour aucun d'eux, pas même pour M. *de Montchenu*, le commissaire français, qui du reste peut être un fort brave homme; c'est à moi qu'il doit sa radiation de la liste des émigrés; eh puis, après tout, il est Francais, et aucune opinion politique n'a le pouvoir de détruire chez moi l'influence d'un pareil titre... Qu'ils viennent donc.

LE GOUVERNEUR.

Je désirerais aussi vous entretenir des bâtisses nouvelles de Long-Wood.

NAPOLÉON.

Eh! monsieur, on ne vous entend parler que d'économie : vous nous mettez à la portion congrue, au point de ne nous faire donner par jour que quatre bouteilles de vin pour six personnes, et vous voulez nous faire construire un palais pour prison!... Croyez-vous donc que je resterai un siècle ici.... Non, monsieur; j'y mourrai bientôt, vous et l'Angleterre aidant.

LE GOUVERNEUR.

Si votre excellence n'a plus rien à me dire, je me retire et lui promets de transmettre ses plaintes à mon gouvernement.

NAPOLÉON.

Non, monsieur, non, je n'ai plus rien à vous dire, si ce n'est de vous engager à méditer sérieusement sur votre position.... Pensez-y; un jour votre gouvernement, ce gouvernement des ordres duquel vous arguez si souvent, vous désavouera.... Votre nation vous repoussera elle-même.... Vous serez en exécration à toute la terre ; l'opinion universelle vous traquera comme une bête féroce ;... vous ne trouverez pas même un coin sur le globe pour y cacher votre turpitude.

LE GOUVERNEUR.

Votre ressentiment vous égare, général; et j'espère qu'une aussi étrange prophétie ne s'accomplira jamais.

NAPOLÉON.

Je ne fais pas l'illuminé ; je prévois d'après le cours habituel des événements... Un jour, et ce jour n'est pas éloigné de nous, vous vous rappellerez mes prévisions avec angoisse, avec douleur peut-être.... Puissiez-vous aujourd'hui me comprendre, et revenir sur vos pas; il en est temps encore,... mais il n'est pas trop tôt,... hâtez-vous... Quant à moi, monsieur, vous pensez bien que je dois me dispenser de vous revoir; cette entrevue a été trop longuement pénible et trop orageuse. Dans nos conversations j'oublie trop souvent que je ne suis plus qu'un pauvre captif;... je m'emporte, et cela est au-dessous de ma dignité. Je vous ai maltraité, beaucoup maltraité !... il m'est échappé des paroles qui eussent été tout au plus supportables aux Tuileries.

LE GOUVERNEUR.

Général, bien que vos officiers et vos serviteurs s'efforcent de flétrir mon caractère, la retenue avec laquelle j'ai écouté vos paroles, un peu trop amères peut-être, doit vous prouver que je sais respecter votre infortune.

NAPOLÉON.

Oui, oui, sans doute, vous avez montré dans cet entretien plus de modération que moi ;... mais aussi il serait trop affreux à vous de prétendre comprimer l'expression de nos justes plaintes... Oui, vous avez mis dans vos discours une modération que je désirerais voir dans vos actions ;... raison de plus pour que cet entretien soit le dernier... Il eût été plus digne de moi, plus noble, de dire de sang-froid toutes ces choses-là, qui eussent eu d'ailleurs plus de force et de poids... En résumé, dans le cours de cette audience si longue, j'ai à peu près parcouru tous les objets en discussion,... j'ai supputé tous nos griefs et tous vos torts ; j'ai fortement appuyé sur les odieuses vexations dont vous nous accablez continuellement. Je me suis exprimé quelquefois en termes fort durs ; mais aussi j'ai parlé tour à tour à votre esprit, à votre amour-propre, à votre cœur... Je vous ai mis, je crois, à même de tout réparer, de travailler à neuf ; mais, si vous êtes sans fibres, si votre cœur reste glacé, tant pis pour vous, monsieur, tant pis ! Dans ce cas, souvenez-vous un jour du terrible anathême que l'empereur Napoléon votre victime a appelé sur votre tête !

Je sus depuis que Napoléon avait dit à ses officiers, après que je fus sorti : « Eh bien ! la crise a été forte : je me suis fâché, mes amis ; on m'a envoyé plus qu'un geolier : sir Lowe est un bourreau ! Quoi qu'il en soit, je l'ai reçu aujourd'hui avec ma figure d'ouragan, la tête penchée et l'oreille en avant. Nous nous sommes considérés comme deux béliers qui allaient s'encorner, et mon émotion doit avoir été bien forte, car j'ai senti la vibration de mon mollet gauche... c'est un grand signe chez moi, et cela ne m'était pas arrivé depuis long-temps. »

CHAPITRE XXI.

Les visites. — Étiquette rigoureusement observée à Long-Wood, présentations. — Lord Amherst.

Malheur à celui qui a été une fois habitué aux dures et rigides lois de l'étiquette; c'en est fait en grande partie de la droiture de son esprit. Il verra à tout instant sa dignité compromise, si par mégarde ou négligence on faillit de lui donner scrupuleusement et religieusement ses titres. Une lettre omise dans ses qualifications le mettra de mauvaise humeur. Qu'un visiteur malencontreux arrive demi-heure trop tôt ou dix minutes trop tard, qu'il s'annonce brusquement, entre sans façon, et n'attende pas qu'un valet ait crié son nom à tue-tête, voilà de quoi donner un accès de spleen, de quoi faire extravaser les flots de sa bile noire. Ainsi était Napoléon.

Captif, abandonné, isolé sur le rocher de Sainte-Hélène, abreuvé d'humiliations, tourmenté de soucis rongeurs, de privations et de souvenirs, Napoléon se considérait toujours comme un souverain. Pour lui, la triste maison de bois de Long-Wood était le palais des Tuileries, dont il ne fallait s'approcher qu'avec toutes les formes suivies dans la demeure des princes. Ses officiers et serviteurs formaient sa cour, cour aussi infatuée de formalités, de titres, de cérémonial et d'étiquette, que la première assemblée venue de barons allemands ou de grands d'Espagne. Les princes féodaux des cercles du Saint-Empire, la cour glacialement cérémonieuse de Madrid, n'ont pas plus de respect pour l'étiquette, pour les admissions, les présentations, les audiences, que n'en avait la suite de Napoléon à Long-Wood. Tous, depuis le général jusqu'au dernier de ses serviteurs, semblaient s'être donné le mot pour jouer à la petite cour, et c'était au mieux qu'ils s'acquittaient de leurs rôles.

Napoléon ayant conféré des titres aux officiers qui l'avaient suivi dans son exil, le comte Bertrand avait reçu celui de grand-maréchal du palais. C'était à lui que devaient s'adresser les personnes qui désiraient être admises auprès de Napoléon. C'était lui qui s'occupait de tout ce qui concernait les abords de l'ancien empereur. Ainsi il était impossible à toute personne, même à moi, de pénétrer dans les appartements de Long-Wood sans en avoir fait préalablement la demande par écrit au comte Bertrand, et avoir reçu de lui l'autorisation nécessaire. Qu'on juge des formalités à remplir et de leur rigoureuse nécessité par la lettre suivante que m'écrivait à ce sujet M. de Montholon.

« Votre seconde lettre du 30 août, monsieur, n'est point une réponse à celle que j'ai eu l'honneur de vous écrire (le 23 août), pour vous adresser des remontrances sur les changements que vous aviez effectués dans le cours de ce mois, et qui renversent toutes les bases de notre établissement dans cette île.

1º « Il n'y a aucune partie de mes instructions écrites, dites-vous, plus positive, et sur laquelle on appelle plus fortement mon attention, que celle portant qu'aucun individu quelconque ne devra communiquer avec (l'empereur), si ce n'est par mon intermédiaire. » Vous donnez à vos instructions une interprétation judaïque : elles ne contiennent rien qui puisse autoriser ou justifier votre conduite. Ces instructions, votre prédécesseur les eut; vous les aviez trois mois avant les changements que vous avez effectués il y a un mois. En un mot, il ne vous était pas difficile de concilier vos différents devoirs.

2º « J'ai déjà donné connaissance personnellement de cela (à l'empereur).

3º « En adressant tous les étrangers et autres personnes, excepté celles que leur service peut appeler à Long-Wood, d'abord au comte Bertrand (ou en m'adressant moi-même à lui), pour savoir si (l'empereur) voudrait les recevoir, et en ne donnant de laissez-passer qu'aux personnes qui s'étaient assurées de ce point, ou auxquelles il était recommandé de s'en assurer, je pense, etc. »

4º « Il n'est pas, monsieur, en mon pouvoir de

donner au comte Bertrand le privilége que vous demandez, etc... »

« Je suis obligé, monsieur, de vous déclarer : 1° Que vous n'avez rien communiqué à l'empereur; 2° que depuis plus de deux mois vous n'avez eu aucune communication avec le comte Bertrand; 3° que nous ne vous demandons aucun privilége pour le comte Bertrand, car je ne vous demande que la continuation de l'état de choses qui a existé pendant neuf mois.

5° « Je regrette d'apprendre, continuez-vous, que (l'empereur) a été incommodé des visites, etc. » C'est une ironie bien amère !

« Au lieu de vous efforcer d'accorder vos différents devoirs, monsieur, vous semblez déterminé à persister dans un système de vexations continuelles. Cette conduite fera-t-elle honneur à votre caractère? Méritera-t-elle l'approbation de votre gouvernement et de votre nation? permettez-moi d'en douter.

« Plusieurs officiers-généraux qui arrivèrent sur le *Cornwallis* désiraient être présentés à Long-Wood. Si vous les aviez envoyés au comte Bertrand, comme vous aviez fait jusqu'alors pour tous les étrangers qui se sont présentés dans l'île, ils auraient été reçus. Vous avez sans doute vos raisons pour empêcher des personnes de quelque distinction de venir à Long-Wood. Alléguez, si cela vous plaît, comme vous le faites ordinairement, la teneur de vos instructions, mais ne défigurez pas les intentions de l'empereur.

« L'empereur est malade par suite de l'insalubrité du climat et des privations de toute espèce. Je ne lui ai point communiqué tous les détails fastidieux qui m'ont été transmis de votre part. Il y a deux mois que tout cela dure, et ç'aurait dû être terminé depuis longtemps, parce que le post-scriptum de ma lettre du 23 août est explicite. Il est grand temps d'en finir; mais il paraît que vous vous en êtes fait un texte pour nous insulter.

« J'ai l'honneur d'être, etc...

« Le général comte DE MONTHOLON. »

On pense bien que ces formalités devaient singulièrement entraver les communications avec Napoléon : comme il y tenait autant qu'à l'honneur et à la vie, disant qu'il aimerait mieux mourir que de faire quelque chose contre sa dignité, elles contribuèrent plus que toute autre cause à le tenir dans cet état d'isolement dont il se plaignit si amèrement par la suite.

Il m'était expressément défendu par les instructions qui m'étaient adressées de Londres, de laisser le prisonnier communiquer avec qui que ce fût, autrement que sur une permission qui serait donnée par moi. Mais Napoléon ne voulait recevoir personne qui lui fût présenté par mon intermédiaire. Ainsi, lors du passage de lord Amherst, ambassadeur d'Angleterre en Chine, ce diplomate désira être admis auprès de Bonaparte; mais celui-ci déclara formellement que jamais il ne le recevrait, s'il venait en ma compagnie ou sous mes auspices. « Mon fils, disait-il à ce propos, mon fils que j'aime tant, viendrait ici et il me serait présenté par ce geôlier, que je ne voudrais pas le recevoir; ma bonne Louise elle-même serait impitoyablement consignée aux barrières de Long-Wood, s'il lui fallait, pour venir m'embrasser, avoir recours à un aussi détesté intermédiaire et introducteur.

« Que lord Amherst vienne avec sa suite, je le recevrai avec plaisir, ajoutait-il ; mais s'il arrive accompagné de Lowe, ou seulement de quelqu'un de son état-major, qu'il se tienne pour assuré qu'il trouvera ma porte fermée. Ce ne sera pas une insulte que je prétendrai faire à l'ambassadeur, je n'ai aucun motif pour cela ; mais je ne veux voir rien ici qui me vienne par l'intermédiaire de mon bourreau. »

Le lord ayant appris ces intentions, en fit son profit. Il se rendit à Long-Wood, seulement avec sa suite ; et, ne faisant nulle mention de moi, il fut reçu par Napoléon sans difficulté sur la présentation de M. Bertrand ; il passa même plus de deux heures avec lui.

Ces difficultés de présentation et d'étiquette revinrent maintes autres fois, et toujours c'était sur moi que retombaient leurs conséquences, comme si j'avais dû être garant et solidaire de la religieuse vénération de Napoléon pour les lois de l'étiquette, qu'il aurait dû oublier en quittant le Louvre, et qu'il eût laissé au-delà de la ligne, s'il eût eu un peu plus de philosophie.

CHAPITRE XXII.

Dévouement fanatique des serviteurs de Napoléon. — Leur culte pour lui.

Il y avait dans le grand caractère de Napoléon, dans ses idées gigantesques, dans la magique souvenance de ses hauts faits, dans son langage vif, coloré et énergique, enfin, dans les plus minutieux détails de sa vie, je ne sais quelle puissance surnaturelle et merveilleuse qui pénétrait les ames. Une atmosphère d'enthousiasme l'enveloppait, et tout ce qui l'approchait était entraîné dans son mouvement. C'était presque le dévouement religieux que Napoléon inspirait aux siens; c'était des hauteurs de la gloire qu'il apparaissait sans cesse rayonnant à leurs yeux. Combien il en fut qui, sur le champ de bataille, lui sacrifièrent sans hésiter leur sang et leur vie, poussés seulement par ce sentiment d'adoration que son nom inspirait. Ses soldats couraient à sa voix au-devant de la mort, comme les premiers Mahométans à la voix du prophète de la Mecque.

Son intolérable despotisme, son génie remuant et tracassier, son insatiable ambition, ses guerres continuelles, sa tyrannie militaire, fléau cruel qui fatiguait l'Europe, cette suprématie du sabre, qui tourmentait et accablait la nation française, et dont les funestes effets ont survécu à sa puissance, tout cela ne put désenchanter la foule; même après la chute de l'empereur, elle ne put s'empêcher de voir autour de son front l'auréole du grand homme. Le retentissement de sa voix continua de frapper le monde, même lorsque cette voix ne partit plus du trône et qu'elle eut cessé de proférer des paroles de commandement, même au jour où on eût sondé l'effrayante profondeur de l'abîme où son despotisme et ses guerres avaient jeté l'Europe.

Si l'esprit des peuples était resté, malgré tout, imprégné de ce dévouement religieux, de ce culte de vénération et d'enthousiasme pour Napoléon; si les soldats de toutes nations et de toutes contrées inclinaient respectueusement, devant son image, leur front sillonné par le feu des batailles, que l'on juge de la force et de la tenace énergie qu'avaient acquis ce sentiment et ce culte dans l'ame et dans le cœur des Français de Long-Wood : et certes, en eux, au moins, il était naturel; j'en comprenais et j'en excusais même les excès. Qui de nous tous eût pu en agir autrement avec ces héros de la fidélité et de l'honneur ?

Ils s'étaient courageusement dévoués pour lui; ils avaient sacrifié à leurs serments et à leur amour les affections de la terre natale, les jouissances de l'Europe et toutes les espérances de fortune politique.

Un pareil dévouement, une aussi noble et généreuse fidélité pour un illustre malheureux, devaient excuser toutes les faiblesses.

Comme je l'ai dit, ces Français enthousiastes poussaient leur respect et leur attachement à Napoléon jusqu'au culte religieux. J'avais un jour, avec M. Las Cases, une assez vive altercation sur la qualification d'empereur, objet éternel de dispute et de récrimination entre nous, et dont les Français de Long-Wood ne voulaient, en aucune occasion, priver Bonaparte. Au milieu de la discussion, je lui dis avec vivacité : Mais songez donc combien il est peu raisonnable à vous de traiter toujours Napoléon en empereur et en souverain. — « Que parlez-vous de souveraineté, monsieur le gouverneur, me répondit monsieur Las Cases ; c'est bien plus encore de notre part: c'est du culte. Oui, c'est un culte que nous professons pour Napoléon. Nous faisons mieux que l'honorer comme notre empereur, comme notre maître et seigneur en cette terre ; l'empereur, à nos yeux et dans nos sentiments, n'est plus de ce monde. Nous le voyons dans les nuées, dans le firmament, dans le ciel ; et quand vous nous laissez des choix en opposition avec sa gloire, avec son honneur, avec notre fidélité, c'est le choix des martyrs auxquels on disait : Renoncez à votre culte ou mourez. Et bien, nous, ici, nous n'aurions qu'à mourir, nous mourrons, s'il le faut, pour Napoléon. » C'étaient-là les sentiments de toutes les personnes attachées au service de Napoléon. Nul doute que, si on eût voulu tenter quelque chose contre la vie de l'illustre exilé, tous n'eussent volontiers fait de leur corps un rempart à leur maître : et je ne pouvais que les admirer.

Cependant les affaires communes de cette terre se font mal avec des gens dont l'ame est toujours montée au diapason de l'enthousiasme. Moi, qui respectais Napoléon, sans doute, mais qui n'éprouvais pas pour lui les fanatiques sentiments qui animaient ses serviteurs, je ne pouvais régler, d'après leurs inspirations, ma conduite qui devait être toute anglaise, toute froide, toute de restriction et de gêne. Et de là vinrent les querelles, les antipathies et les accusations. Ceci n'était pas étonnant : dans toutes les choses de ce monde mettez donc l'enthousiasme d'un côté, et la glaciale impartialité de l'autre, et vous verrez.

CHAPITRE XXIII.

Habitudes de Napoléon à Long-Wood. — Lectures. — Admiration pour Corneille. — Son costume. — Il fut obligé de faire retourner son habit.

Un des plus piquants sujets d'observation pour moi, c'étaient les habitudes et les goûts de l'illustre captif confié à ma garde; et bien qu'il me fût impossible de les étudier par moi-même, puisqu'il me refusa opiniâtrément tout accès dans son intérieur, cependant, d'après les rapports de l'officier d'ordonnance que j'avais placé à Long-Wood, et ceux du médecin chargé de soigner sa santé, je pouvais connaître ces habitudes dans tous leurs détails. Je sais que d'autres ont déjà initié le public dans le secret de la vie intime de Napoléon; mais ce qui tient à un grand homme peut être répété sans crainte de fatiguer et d'ennuyer. Il y a un certain charme à tout ce qui tient à l'homme extraordinaire, qui fait accueillir avec empressement les plus menus détails qui concernent ses goûts, ses affections et ses habitudes ; on aime à l'étudier jusque dans ses plus petites manières d'être.

La vie de Napoléon était très-simple et très-uniforme ; l'heure de son lever était la seule chose qui ne fût pas fixe. Comme, en général, son sommeil était agité et interrompu par de longues insomnies, tantôt il se levait à trois heures, poussé hors de son lit par le chagrin, les soucis et les dévorants ennuis de ses veilles ; tantôt il ne se levait qu'à sept heures ; mais rarement il dépassait cette heure dans son lit. Lorsqu'il se levait dans la nuit, il se mettait à lire ou à écrire jusqu'à six ou sept heures ; alors, si le temps était beau, il montait à cheval et allait se promener, suivi de quelques-uns de ses officiers. Quelquefois, au lieu de faire cette promenade, il se recouchait pour quelques heures ; mais alors il fallait qu'on fît dans sa chambre une obscurité complète, qu'on bouchât soigneusement toutes les fissures des fenêtres ; car la moindre clarté, le plus petit rayon de lumière, le tourmentait et l'importunait. Quand il était malade, son valet de chambre, Marchand, tâchait de l'endormir en lui faisant la lecture de quelque livre. Il déjeûnait tantôt seul, dans sa chambre, et alors on lui servait son déjeûner entre neuf et dix heures ; tantôt il déjeûnait avec ses officiers, et, dans ce cas, on le servait à onze heures : c'était toujours un déjeûner à la fourchette.

Après son repas il se mettait ordinairement à dicter pendant quelques heures à MM. Montholon, Bertrand, Gourgaud ou Las Cases ; et cette occupation le tenait ordinairement jusqu'à trois heures ; c'était le moment où il recevait les visites des personnes qui avaient obtenu la permission de se présenter. La réception durait jusqu'à quatre heures; alors il montait à cheval ou en calèche et il se promenait pendant une heure ou deux avec toute sa suite. A son retour il dictait ou il lisait jusqu'à huit heures, et quelquefois il remplaçait ces occupations par une partie d'échecs, jeu auquel il était très-habile.

Le dîner était servi ensuite; rarement il durait plus de vingt minutes ou d'une-demi heure. Napoléon mangeait fort vite, et généralement avec beaucoup d'appétit : il avait toujours été sobre, et il se faisait gloire de cette sobriété, lorsqu'il se comparait à plusieurs princes gloutons de son temps. Il n'aimait que les mets simples et peu épicés : ses deux plats favoris étaient un gigot de mouton rôti et des côtelettes de mouton. Il ne buvait jamais plus d'une demi-bouteille de vin, et encore le mêlait-il avec une quantité d'eau beaucoup plus forte. Comme on lui parlait des maladies de foie, communes dans l'île, et qu'il en demandait la cause, on lui dit que c'était à l'ivrognerie qu'elles devaient surtout être attribuées. En ce cas, répondit-il, je ne crains rien; l'ivrognerie ne me fera jamais malade. Un des reproches qu'il faisait ordinairement aux Anglais, c'était de trop aimer à boire; il ne pouvait concevoir un dîner anglais sans qu'ivresse s'ensuivît. Un Polonais de sa suite, qui, par son origine, devait être compétent en la question, lui avait persuadé que les officiers anglais du 53ème régiment, chargé de la garde de Long-Wood, se faisaient servir du vin après dîner, et qu'ils buvaient à tant l'heure. Il fut même très-difficile de faire revenir Napoléon sur cette folle supposition. « Eh bien ! combien de bouteilles, » disait-il toujours à son médecin, le lendemain d'un repas où celui-ci avait assisté? « Vos Anglais, répétait-il souvent, préfèrent la bouteille à tout : ils laissent les plus belles femmes pour un pot de porter, ou pour un bouteille de vin d'Espagne, ou de France. Nos Français ne sont point ainsi; et alors il commençait une longue oraison chevaleresque en l'honneur des dames. Toujours est-il que pour la sobriété il payait d'exemple, et que jamais les fumées du vin n'ont dû l'empêcher de s'adonner à ce travail opiniâtre qui pour lui était une impérieuse habitude.

Après son dîner il prenait une très-petite tasse de café ; et, lorsque les domestiques s'étaient retirés il disait que c'était l'heure de se renfermer dans son intérieur avec ses amis et refusait toute visite. Quelquefois il jouait aux échecs ou au whist; d'autres fois il faisait la conversation avec mesdames Montholon et Bertrand et les personnes de sa suite ; mais le plus souvent il allait à la comédie, comme il disait lui-même, c'est-à-dire qu'il se faisait apporter un volume de quelque auteur dramatique, et surtout de Corneile, et il lisait tout haut pendant une heure ; puis il congédiait tout le monde et se retirait, vers les dix ou onze heures, dans sa chambre à coucher.

Les tragédies de Corneille étaient la lecture favorite de Napoléon : il admirait ce grand poète par-dessus tous les autres poètes français. Plusieurs fois il lui arrivait d'en faire un éloge d'enthousiasme et de dire, que c'était à Corneille que la France était redevable de quelques-unes des plus belles et plus glorieuses actions qui honorent les derniers temps de son histoire. Il avait remarqué, disait-il, cette influence des nobles et patriotiques sentiments si poétiquement et si énergiquement mis en action par Corneille. « Si Corneille eût vécu de mon temps, s'écriait-il un jour en s'arrêtant sur le sublime *qu'il mourût* du père des Horaces, je l'aurais fait prince. »

Napoléon donnait tous les matins le plus grand soin à sa toilette. Après s'être rasé, lavé la figure et les dents, il se faisait jeter de l'eau de Cologne sur le corps et se faisait brosser avec une brosse à chair, tenant cette habitude pour excellente et très-favorable à la santé.

Son costume était presque invariablement le même : je l'ai déjà décrit en parlant de ma première réception à Long-Wood ; le voici dans tous ses détails. Il portait une culotte de casimir noir ou de nankin brun, un gilet blanc, des bas de soie, des souliers à boucles d'or, un habit vert à une seule rangée de boutons, un col noir, que le col de la chemise ne dépassait jamais, et un petit chapeau à trois cornes dont l'univers entier connaît maintenant la forme, avec une petite cocarde tricolore. Lorsqu'il recevait, Napoléon portait toujours le cordon et la grande croix de la Légion-d'Honneur : c'était bien le moins, disait-il à ce propos, que celui qui avait institué cet ordre de chevalerie, illustré par de si glorieuses actions, en portât lui-même les insignes.

Lorsqu'il avait passé son habit, il prenait son mouchoir parfumé d'eau de Cologne, une petite bonbonnière et sa tabatière, et, à ce sujet, Napoléon riait souvent du conte qu'on a fait sur l'emploi de la poche de son gilet en guise de tabatière, et sur l'immense quantité de tabac qu'on lui faisait prendre.

Napoléon tenait tant à la couleur de son habit, qu'il ne voulait absolument pas en porter d'une autre couleur; et ceci me remet en mémoire une singulière anecdote. Son habit étant usé, et la couleur étant enlevée par l'effet de l'ardeur du soleil et par la vétusté, Napoléon fit chercher du drap vert chez tous les marchands de James-Town. Mais ce fut peine perdue, on n'en put pas trouver une aune. Napoléon se trouvait donc en grand embaras et en une cruelle perplexité; il ne voulait pas porter un habit d'une autre couleur que le vert, il n'y avait dans l'île d'autre drap vert que du drap couleur *merde d'oie*, comme l'appellent les Français, et il n'en voulait pas.

Dans cet embarras, Napoléon trancha la difficulté, il fit retourner son habit. Ainsi l'ancien maître de l'Europe, celui qui avait eu en son pouvoir les trésors des plus riches royaumes, dont la cour était la plus brillante des temps modernes, se vit réduit à porter un habit retourné.

CHAPITRE XXIV.

Argenterie brisée. — Livre venant d'Europe saisi. — Domestique mis aux arrêts.

Bonaparte, qui voulait conserver autour de lui une espèce de petite cour, et qui, malgré son excessive frugalité, se trouvait engagé dans des dépenses assez fortes, dépassait toujours les bornes du budget qui lui était alloué par l'Angleterre. Un assez nombreux domestique, plusieurs médecins, une suite d'amis (je n'ose dire de courtisans, car le malheur illustre trouve encore des courtisans qui honorent ce titre), une suite d'amis assez considérable, trop considérable même pour sa situation et l'état dans lequel on voulait le réduire, ne laissaient pas que de l'obérer beaucoup. Il se crut donc obligé de vendre l'argenterie qu'il avait apportée d'Europe, et dont le produit devait alimenter pendant quelque temps encore ces habitudes de munificence qu'il s'obstinait à conserver jusque dans l'exil. Loin de moi la pensée de lui faire un crime de cette tendance à un esprit de libéralité tout-à-fait royal.

Aussi, bien que selon moi le général eût dû réfléchir un peu plus sérieusement sur sa position, et se laisser un peu moins facilement entraîner à sa générosité d'empereur, je crus qu'il ne m'appartenait même pas de lui faire aucune objection à cet égard : il put donc librement disposer de cette propriété.

Cependant j'appris bientôt que l'argenterie, qui devait être brisée, n'avait pas été assez fortement martelée pour que les emblêmes impériaux, les armes qui s'y trouvaient, eussent disparu, et pour qu'on ne pût pas rendre à chacune des pièces sa forme première. Il me fut même rapporté que des spéculateurs avaient formé le projet de faire redresser toute cette vaisselle, afin d'en tirer un parti plus avantageux en la vendant en France comme ayant appartenu à Napoléon, ce que prouvaient évidemment les aigles en vermeil qui étaient encore fixées sur les principales pièces. Je m'opposai donc fortement à ce que ce marché fût conclu avec l'acheteur que les habitants de Long-Wood avaient désigné, et je me réservai d'en présenter un. C'était un orfévre de James-Town, à qui j'avais fait donner ordre de fondre, en présence de mes agents, toute cette argenterie dont il allait faire l'acquisition.

Je dois l'avouer, je dus paraître alors à mon prisonnier un bien terrible et bien intolérant geolier ; car je fus forcé de retenir un ouvrage politique sur les affaires du moment, qu'on lui avait expédié d'Europe. Il aurait été dangereux selon moi de lui mettre sous les yeux ce livre, sur la couverture duquel on lisait en lettres d'or cette intempestive dédicace : à Napoléon-le-

Grand. Ne devais-je pas soustraire aux regards du général tout ce qui pouvait lui rappeler une position vers laquelle il lui était même impossible de tourner des regards de désir? N'y avait-il pas aussi de l'humanité à ne pas faire renaître à chaque minute les déchirants regrets d'une grandeur qui n'était plus pour lui qu'un songe pénible?

Quelques jours après je fis mettre aux arrêts un domestique de la maison du général qui avait violé le réglement que j'avais promulgué, et je fis prévenir de nouveau les personnes que Bonaparte chargeait de ses rapports avec le gouverneur, qu'il me serait impossible d'accueillir désormais toute réclamation, toute lettre qui qualifierait Bonaparte d'empereur, des ordres précis à cet égard m'ayant même été renouvelés plusieurs fois. Ce fut donc principalement à dater de l'époque de toutes ces petites exigences, qu'éclata contre moi cette haine qui chez Napoléon s'accroissait de jour en jour, et qu'il devait malheureusement emporter au tombeau.

CHAPITRE XXV.

Obstination de Napoléon à conserver le titre d'empereur.

Napoléon avait la manie de se faire appeler empereur : cet homme, élevé de la tête d'une compagnie d'artilleurs sur le trône de France, ne pouvait comprendre qu'il en fût tombé. Sa chute était pour lui un incompréhensible mystère ; il la regardait toujours comme non avenue. Aux Briars comme à bord du *Northumberland,* à Long-Wood comme à l'île d'Aix, il se croyait aux Tuileries. Vous ne lui eussiez pas mis dans la tête que, puisqu'il avait été fait empereur par la grâce des baïonnetes, il pouvait être légitimement destitué par leur puissance.

Aussi c'étaient entre lui et moi de continuelles querelles et discussions à propos de ce titre. J'avais des ordres de mon gouvernement pour ne lui donner que le titre de général Bonaparte, et il s'obstinait à ne pas vouloir adopter cette qualification. C'était, disait-il sans cesse, une insulte que je lui faisais à plaisir ; je n'avais, en cette manière d'agir avec lui, d'autre but que celui de l'humilier et de le mortifier : comme si, même en adoptant les principes les plus strictes du droit public, je pouvais le reconnaître, moi sujet anglais, pour souverain d'un pays qui, en ce moment, avait reconnu la puissance d'un autre prince ; et, en ceci, c'était chose plaisante pour moi de voir Napoléon mettre en avant les grands principes de la légitimité. Que les rejetons de vieilles races de rois, habitués à se voir saluer du titre de légitimes, de princes par la grâce de Dieu, s'appuient de ces idées de légitimité et de droit divin, pour étayer leur pouvoir, leurs prétentions, ou leurs protestations contre un gouvernement de fait; que, dominés par les préjugés dont dans les cours on a bercé leur enfance, ils finissent eux-mêmes par croire à ce privilége de puissance, à cette prédestination de commandement et de règne donnés à leur race, je le conçois bien ; mais qu'un soldat devenu roi veuille, lorsqu'il a été cassé par l'Europe entière, lorsqu'il a par son abdication solennelle, reconnu ce jugement, s'opiniâtrer à conserver son titre, je ne vois en cette obstination qu'une faiblesse d'esprit pareille à celle de ces nobles français qui, en 1793, aimaient mieux monter à la guillotine plutôt que de ne pas s'appeler entr'eux monsieur le comte, madame la duchesse, monsieur le marquis.

Cette obstination de Napoléon à conserver, malgré les destinées et la volonté de l'Europe, le titre d'empereur donna lieu plus d'une fois à des discussions et à des scènes fort vives. Ce fut entre lui et moi une des premières et des plus puissantes causes de mésintelligence, d'antipathie et de haine.

Au commencement de mai 1816, peu de temps après mon arrivée, lady Moira étant débarquée à Sainte-Hélène pour y passer quelques jours, j'invitai Napoléon à accepter un dîner à Plantation-House, où se trouverait cette dame. L'invitation était adressée au comte Bertrand, pour le général Bonaparte. En la recevant Napoléon entra en une grande fureur, disant que c'était de ma part la plus mortelle injure que je pusse lui faire, que c'était une dérision d'en agir ainsi avec lui ; et il défendit au comte de me répondre.

Deux jours après j'allai à Long-Wood, et comme nous eûmes avec Napoléon une très-vive explication sur plusieurs points, il me dit en frappant du pied et avec les signes de la plus violente colère : « Votre nation, votre gouvernement, vous-même, serez couverts d'opprobre à mon sujet ; vos enfants le partageront : ainsi le voudra la postérité. » Et sur ce que je lui demandai avec humeur quels étaient les motifs qui lui inspiraient une aussi effrayante prophétie, il continua : « Fut-il jamais barbarie plus raffinée que la vôtre, monsieur ! Lorsqu'il y a peu de jours vous m'avez invité à votre table, sous la qualification de général Bonaparte, était-ce pour me rendre la risée ou l'amusement de vos convives? Auriez-vous mesuré votre considération au titre qu'il vous plaisait de me donner ? Je ne suis point pour vous le général Bonaparte : il ne vous appartient point, non plus qu'à personne sur la terre de m'ôter les qualifications qui sont les miennes.... »

Je fus encore au point d'inviter Napoléon au bal que je devais donner le jour anniversaire de la naissance du prince régent, aujourd'hui Georges IV; mais l'observation me fut faite en son nom que j'en serais pour ma peine, et que même Napoléon prendrait cette invitation pour une nouvelle insulte, surtout si je l'adressais au général Bonaparte; et, comme je ne pouvais employer d'autre titre en lui écrivant officiellement, je renonçai à ce projet d'invitatton.

Ce fut surtout dans l'affaire de la déclaration demandée à toutes les personnes de la suite de Napoléon, que se manifesta le plus vivement cette obstination de la part du captif détrôné à conserver le titre d'empereur.

J'avais communiqué aux habitants de Long-Wood les instructions que j'avais reçues à ce sujet de lord Bathurst. Elles portaient que ceux d'entre eux qui voudraient quitter l'île pour retourner immédiatement en Europe étaient libres; mais qu'il ne serait permis à aucun de demeurer à Sainte-Hélène, s'il ne signait une déclaration par laquelle il se soumettrait aux restrictions imposées à Napoléon personnellement.

La formule de déclaration que j'avais dressée et envoyée ne convint pas à Napoléon, et il y fit substituer la formule suivante : « Nous soussignés, voulant continuer de rester au service de S. M. l'empereur Napoléon, consentons, quelque affreux que soit le séjour de Sainte-Hélène, à y rester; nous soumettant aux restrictions, quoique injustes et arbitraires, qu'on a imposées à Sa Majesté et aux personnes de son service. »

Ce papier, signé par tous les Français, me fut envoyé avec la déclaration que je leur avais fait passer, et qu'ils avaient signée aussi, mais en substituant les mots de Napoléon empereur, à ceux de Napoléon Bonaparte. Certes il fallait bien tenir à l'étiquette impériale pour en agir ainsi.

Alors commencèrent les négociations. M. Bertrand m'écrivit : je lui renvoyai le papier, en lui demandant de rétablir Napoléon Bonaparte, au lieu de Napoléon empereur ; peine perdue. Je menaçai de renvoyer tous les Français de Sainte-Hélène, à l'exception de trois ou quatre domestiques. Napoléon dit : « Eh bien ! qu'ils partent. » Enfin, comme j'annonçai que le vaisseau était prêt à les recevoir, et que je leur signifiai l'ordre de partir immédiatement, la douleur fut plus forte que l'étiquette, et ils se rendirent à minuit chez l'officier chargé de la surveillance, pour signer le fatal papier. Un serviteur, nommé Santini, fut le seul qui refusa obstinément de signer rien qui ne contînt pas la qualification d'empereur.

Napoléon fut extrêmement tourmenté de savoir que sa petite cour avait signé une déclaration dans laquelle son titre lui était refusé ; et, pour obvier à toute discussion ultérieure sur ce point, il se mit en esprit de prendre un nom supposé. Ce projet me fut bientôt soumis ; Napoléon avait deux noms en vue, l'un était celui du colonel Muiron, tué à côté de lui à Arcole; l'autre celui de Duroc. Toutefois il fit l'observation que le titre de colonel pourrait donner de l'ombrage au gouvernement anglais, et il se décida pour celui de baron Duroc, ce titre de baron étant, disait-il le plus bas des titres féodaux. Je répondis à cette communication comme je le devais, comme mes instructions m'en imposaient la triste et dure nécessité. Je dis ne pouvoir rien prendre sur moi en cette question; et sur ce Napoléon me fit tenir la protestation suivante :

« Il me revient que, dans la conversation qui a eu lieu entre le général Lowe et plusieurs de ces messieurs, il s'est dit des choses sur ma position qui ne sont pas conformes à mes pensées.

« J'ai abdiqué dans les mains des représentants de la nation, et au profit de mon fils; je me suis porté avec confiance en Angleterre pour y vivre, là, ou en Amérique, dans la plus profonde retraite, et sous le nom d'un colonel tué à mes côtés, *résolu de rester étranger à toute affaire politique de quelque nature qu'elle puisse être.*

« Arrivé à bord du *Northumberland*, on me dit que j'étais prisonnier de guerre; qu'on me transportait au-delà de la ligne, et que je m'appelais le général Bonaparte. Je dus porter ostensiblement mon titre d'empereur en opposition au titre de général Bonaparte qu'on voulait m'imposer.

« Il y a sept ou huit mois, que le comte de Montholon proposa de pourvoir à de petites difficultés qui naissent à chaque instant, en adoptant un nom ordinaire. L'amiral crut devoir en écrire à Londres ; cela en resta là.

« On me donne aujourd'hui un nom qui a cet avantage qu'il ne préjuge pas le passé, mais qui n'est pas dans les formes de la société. *Je suis toujours disposé à prendre un nom qui entre dans l'usage ordinaire, et réitère que, quand on jugera à propos de faire cesser ce cruel séjour, je suis dans la volonté de rester étranger à la politique, quelque chose qui se passe dans le monde.* Voilà ma pensée : toute autre chose qui aurait été dite sur cette matière ne la serait pas. »

Or, voici comment, dans des conversations intimes, il tâchait, à ce que j'appris, de justifier sa ténacité à conserver le titre d'empereur Napoléon. « On est étonné, lui disait-on, que vous gardiez aussi opiniâtrément ce titre, après votre abdication. — J'ai abdiqué, répondait-il, le trône de France et non le titre d'empereur. Je ne m'appelle pas Napoléon, empereur de France, mais l'empereur Napoléon. — Et de qui êtes-vous donc empereur ? à qui commandez-vous ? — A rien, je le sais ; mais les souverains conservent généralement leurs titres : voyez Charles-Quint ; il conserva le titre de roi et de majesté après avoir abdiqué en faveur de son fils. — Bon pour un prince qui se croit souverain par le droit d'en haut : vous, une fois le canon encloué et l'armée en fuite, votre droit a fini. — Je ne réponds pas à cela : mais on veut faire croire que la nation française n'avait pas le droit de faire de moi son souverain, et c'est contre ces principes que je proteste. D'ailleurs, si elle n'avait pas le droit de me faire empereur, elle était également sans droit pour me faire général ; ainsi le gouvernement anglais est absurde. D'ailleurs est-ce bien à lui, véritable gouvernement de fait, d'élection et de représentation républicaine ; est-ce bien à son souverain, roi par la grâce du peuple, de venir me disputer un titre que j'ai conquis, je pense, assez bravement, à la pointe de mon sabre et que j'ai justifié au dire de l'univers par plus d'un bienfait et plus d'une gloire. Au reste, si je m'appelle empereur ici, c'est que vos ministres m'y obligent en m'appelant général, autrement je serais aussi fou que ces fous de Bedlam ou de Charenton, qui, dans leur loge, sur la paille et dans les chaînes, ne répondent qu'aux mots de sire et de majesté. »

CHAPITRE XXVI.

Projet d'assassinat contre moi. — Fanatisme du Corse Santini pour son maître. — Napoléon le détourne difficilement de son projet.

Comme on a pu le voir déjà, il y avait pour moi d'horribles tourments dans l'exercice de mes fonctions; après l'inimitié du maître, qui s'exhalait sans cesse en termes outrageants, au point qu'il disait souvent au docteur O'Méara que ma place était marquée au bagne de Portsmouth, comme garde-chiourme, si je n'y figurais même bientôt comme forçat, se joignait l'inimitié non moins active et non moins ouvertement insultante de tous ses officiers et de tous ses valets. C'était donc un concert général d'injures et de menaces dont je ne me serais peut-être jamais sérieusement inquiété si un événement assez important pour moi, comme on le jugera, n'avait été sur le point d'être la conséquence de cette déplorable levée de boucliers de Long-Wood.

Un nommé Santini (1), Corse fougueux et emporté, et qui faisait partie des domestiques du général Bonaparte, croyant que ma conduite envers son maître n'était de tout point que le résultat d'une haine personnelle, se crut appelé à venger le général ; et, nouveau Séide, il ourdit dans l'ombre et le silence le projet d'un meurtre sur ma personne. Plusieurs fois on m'avertit des projets de cet homme, en cherchant à m'insinuer, sur certains personnages de Long-Wood, d'horribles calomnies que je rejetai comme indignes du caractère de ceux qu'on me nommait. L'expérience me prouva que j'avais raison en cela, tandis que j'eus tort en ne faisant pas surveiller Santini, qui certes était assez exalté par l'enthousiasme pour me tuer.

Dans son délire, dans sa fièvre d'assassinat, Santini, triste, mélancolique, s'éloigna de tous ses collègues; et, pour exercer son adresse, sans qu'on soupçonnât en rien son affreux dessein, il s'adonna à la chasse, où il passait toutes ses journées. On était quelquefois trois ou quatre jours sans le voir à Long-Wood. Mais,

---

(1) Ce Santini publia depuis, sur la situation de Napoléon à Sainte-Hélène, une brochure que celui-ci jugea de la manière suivante : « Santini eût mieux fait de se borner à la stricte vérité, et elle aurait produit bien plus d'effet sur l'opinion publique que les exagérations et les déclamations auxquelles il s'est livré. Au reste, ce n'est pas Santini qui a écrit cette brochure, c'est quelque pauvre diable dont il a emprunté la plume. Tout cela est fait pour gagner quelques pistoles: Santini a toujours eu assez pour exister, mais il n'a jamais eu assez pour faire bonne chère. »

tourmenté par la pensée des terribles conséquences que pourrait avoir son projet, il en fit confidence à un de ses camarades, auquel il demanda des conseils, et qui, effrayé lui-même de la détermination de Santini, dont il connaissait toute l'effervescence, courut tout apprendre au général. Bonaparte fit venir le Corse, et voici à peu près, tel qu'on me l'a rapporté sur-le-champ, le dialogue qui s'établit entre eux.

Napoléon (*tenant Santini par une oreille*).

Approche... approche ici... Ah! tu veux tuer Hudson Lowe!.. Tu ne dis rien... Voyons, parle!... Tu veux le tuer?

Santini.

Eh bien! oui, sire!

Napoléon.

Pourquoi cela?.. Voyons, pourquoi?.. Explique-moi tes raisons.

Santini (*avec explosion*).

Sire, je veux le tuer, parce que je n'ai pu voir sans fureur les outrages dont il vous accable... Cet homme est un monstre.

Napoléon.

D'accord!

Santini.

Je veux en finir... Mon fusil à deux coups fera l'affaire : une balle pour lui, une balle pour moi.... Il est temps que ce scélérat soit puni de ses crimes... Quant à moi, je ne puis vivre plus long-temps, si je dois voir encore les infamies dont il vous abreuve.

NAPOLÉON.

Fou! misérable fou! ton étroite cervelle n'a donc pu entrevoir un seul instant dans quel affreux précipice nous jetterait l'exécution de ton ridicule et abominable projet!

SANTINI.

Sire, mon zèle...

NAPOLÉON.

Tais-toi!... Un zèle pareil est un crime. Que le ciel me préserve de serviteurs de ta trempe!... Scélérat!

SANTINI.

Le désir seul de venger vos injures...

NAPOLÉON.

Et qui t'a chargé de les venger, mes injures?.... T'ai-je constitué mon champion?... Je ne sais qui me retient!... Misérable! n'as-tu donc pu réfléchir à l'horrible accusation qui pèserait sur ton maître, si Lowe était tué par un de ses gens... Ah! je frémis quand j'y pense!... Ainsi l'Europpe n'aurait pas manqué de déclarer Napoléon un assassin, trop lâche pour frapper lui-même, et stipendiant, comme à Naples, le bras d'un lazzarone. Sans doute notre gouverneur est moins qu'un bourreau!... C'est bien l'homme le plus vil, le plus lâche et le plus bas que je connaisse (1); mais quand tu auras brûlé la cervelle à ce *sbiro siciliano*, à ce hideux *galeotto*, parviendras-tu à me laver des horribles imputations qui flétriraient le reste de ma vie, qui poursuivraient ma mémoire. (*Marchant avec agitation.*) Les malheureux!... Ils ne savent pas quel affreux poison est la calomnie!... Moi, l'assassin d'un Lowe! Un pareil conte ferait plaisir à bien des gens qui n'en croiraient pas un mot, mais qui le feraient répandre bien vite, le plus charitablement du monde! Puis viendrait le troupeau des niais qui sans peine ajouterait foi à une semblable infamie!... Sors d'ici, misérable, et que ce soit fini de ce projet, ou je te livre moi-même à cet Hudson Lowe, auquel, pour la première fois, je ferai une prière, celle de te faire pendre haut et court; et je suis persuadé qu'il l'exaucera, car la commission sera digne de lui. (*Aux personnes qui entrent dans l'appartement.*) Messieurs, surveillez cet homme,... ce brigand... Il veut tuer le gouverneur!... Qu'on ne le perde pas de vue.... (*En s'éloignant.*) Assassiner Hudson!... lui tirer un coup de fusil, à lui, qui ne doit expirer que sur un échafaud, à la porte de Newgate, et en présence de tous les honorables gentlemans de Londres!... Le drôle allait nous

---

(1) Sir Hudson-Lowe est ici narrateur exact; car voici les propres paroles qui échappaient souvent à Napoléon, au sujet de son geolier : *Non credevo che un nomo poteva essere basso e vile a tal segno.*

faire là une belle affaire !... compromettre mon nom, ma mémoire, mon honneur ! » —Et ce fut fini des projets de Santini.

CHAPITRE XXVII.

Résumé des plaintes et protestations de Napoléon contre l'Angleterre et contre moi.

J'ai déjà et plusieurs fois parlé des continuelles plaintes de Napoléon contre le gouvernement britannique, qu'il accusait d'avoir manqué à la sainteté du droit des gens, en l'envoyant à Sainte-Hèlene, et contre moi, qu'il accusait d'aggraver sa captivité. A peine arrivé dans l'île, il fit adresser à l'amiral Cockburn ses plaintes dans la note suivante :

« L'empereur désire, par le retour du prochain vaisseau, avoir des nouvelles de sa femme et de son fils, et savoir si ce dernier vit encore. Il profite de cette occasion pour réitérer et transmettre au gouvernement anglais les protestations qu'il a faites contre les étranges mesures qui ont été adoptées contre lui.

« 1° Le gouvernement l'a déclaré prisonnier de guerre. L'empereur n'est point prisonnier de guerre. Sa lettre au prince régent, écrite et communiquée au capitaine Maitland, avant de passer à bord du *Bellérophon*, prouve suffisamment au monde entier les dispositions et la confiance qui le conduisirent librement sous le pavillon anglais.

« Il était au pouvoir de l'empereur de ne quitter la France que par des stipulations qui auraient décidé de tout ce qui était relatif à sa personne ; mais il dédaigna de mêler ses intérêts personnels aux grands intérêts dont son esprit avait été constamment occupé. Il aurait pu se mettre à la disposition de l'empereur Alexandre, qui avait été son ami, ou de l'empereur François, qui est son beau-père ; mais, dans la confiance qu'il avait en la nation anglaise, il ne voulut d'autre protection que ses lois, et, renonçant aux affaires publiques, il ne chercha d'autre pays que celui qui était gouverné par des lois fixes, indépendantes de la volonté des individus.

« 2° Si l'empereur avait été prisonnier de guerre, les droits des nations civilisées, sur un prisonnier de guerre, sont limités par le droit des gens, et finissent d'ailleurs avec la guerre elle-même.

« 3° Le gouvernement anglais considérant l'empereur, même arbitrairement, comme prisonnier de guerre, son droit sur lui était limité par le droit public, ou bien, comme il n'y avait pas de cartel entre les deux nations dans la guerre présente, il pouvait suivre envers lui les principes des sauvages qui mettent à mort leurs prisonniers. Ce droit aurait été plus humain, plus conforme à la justice, que de le transporter sur ce roc affreux. La mort qu'on aurait pu lui donner à bord du

*Belléropho*n, dans la rade de Plymouth, aurait été comparativement un bienfait.

« Nous avons voyagé dans les pays les plus misérables de l'Europe : aucun d'eux ne peut se comparer avec ce roc aride, dépourvu de tout ce qui peut rendre la vie supportable. Il est fait pour renouveler à tout moment les angoisses de la mort. Les premiers principes de la morale chrétienne, et ce grand devoir imposé à l'homme de remplir sa destinée, quelle qu'elle soit, peuvent seuls l'empêcher ici de terminer, de sa propre main, une si horrible existence. L'empereur met sa gloire à continuer à lui être supérieur. Mais, si le gouvernement anglais persiste dans ses actes d'injustice et de violence, il regardera comme un bienfait l'ordre de le mettre à mort. »

Cette note, adressée au nom de Napoléon, était signée par le comte Bertrand.

On pourra d'ailleurs mieux juger encore de la nature et de la justice de ces plaintes et de ces accusations en lisant la pièce suivante, qui me fut adressée le 23 août 1816. Dans cette solennelle cause entre un souverain détrôné et une grande nation accusée de mauvaise foi et de perfidie, je ne puis me prononcer. Mon jugement serait sans poids ; c'est à la postérité, qui déjà commence pour Napoléon, à jeter dans les débats son tout-puissant arrêt. Voici la lettre qui me fut écrite, au nom de Napoléon, par le général Montholon.

« Monsieur le général, j'ai reçu le traité du 2 août

1815, conclu entre Sa Majesté britannique, l'empereur d'Autriche, l'empereur de Russie, et le roi de Prusse, qui était joint à votre lettre du 23 juillet.

« L'empereur Napoléon proteste contre le contenu de ce traité ; il n'est point prisonnier de l'Angleterre. Après avoir abdiqué entre les mains des représentants de la nation, au profit de la constitution adoptée par le peuple français, et en faveur de son fils, il s'est rendu volontairement et librement en Angleterre, pour y vivre en particulier, dans la retraite, sous la protection des lois britanniques. La violation de toutes les lois ne peut pas constituer un droit de fait. La personne de l'empereur Napoléon se trouve au pouvoir de l'Angleterre ; mais, de fait ni de droit, il n'a été ni n'est au pouvoir de l'Autriche, de la Russie, et de la Prusse, même selon les lois et coutumes de l'Angleterre, qui n'a jamais fait entrer, dans la balance des prisonniers, les Russes, les Autrichiens, les Prussiens, les Espagnols, les Portugais, quoique unie à ces puissances par des traités d'alliance, et faisant la guerre conjointement avec elles.

« La convention du 2 août, faite quinze jours après que l'empereur Napoléon était en Angleterre, ne peut avoir, en droit, aucun effet ; elle n'offre que le spectacle de la coalition des quatre plus grandes puissances de l'Europe, pour l'oppression d'un seul homme, coalition que désavoue l'opinion de tous les peuples, comme tous les principes de la saine morale.

« Les empereurs d'Autriche et de Russie, et le roi de Prusse n'ayant, de fait ni de droit, aucune action sur la personne de l'empereur Napoléon, ils n'ont pu rien statuer relativement à lui.

« Si l'empereur Napoléon eût été au pouvoir de l'empereur d'Autriche, ce prince se fût souvenu des rapports que la religion et la nature ont mis entre un père et un fils, rapports qu'on ne viole jamais impunément.

« Il se fût ressouvenu que quatre fois Napoléon lui a restitué son trône : à Léoben, en 1791, et à Lunéville, en 1804; lorsque ses armées étaient sous les murs de Vienne, à Presbourg, en 1806; et à Vienne, en 1809, lorsque ses armées étaient maîtresses de la capitale et des trois quarts de la monarchie. Ce prince se fût ressouvenu des protestations qu'il lui fit au bivouac de Moravie, en 1806, et à l'entrevue de Dresde, en 1812.

« Si la personne de l'empereur Napoléon eût été au pouvoir de l'empereur Alexandre, il se fût resouvenu des liens d'amitié contractés à Tilsilt, à Erfurt, et pendant douze ans d'un commerce journalier.

« Il se fût ressouvenu de la conduite de l'empereur Napoléon le lendemain de la bataille d'Austerlitz, où, pouvant le faire prisonnier avec les débris de son armée, il se contenta de sa parole, et lui laissa opérer sa retraite. Il se fût ressouvenu des dangers que, personnellement, l'empereur Napoléon a bravés pour éteindre l'encendie de Moscow, et lui conserver cette capitale. Certes ce prince n'eût pas violé les droits de l'amitié et de la reconnaissance envers un ennemi dans le malheur.

« Si la personne de l'empereur Napoléon eût été même au pouvoir du roi de Prusse, ce souverain n'eût pas oublié qu'il a dépendu de l'empereur, après la bataille de Friedland, de placer un autre prince sur le trône de Berlin. Il n'eût point oublié, devant un ennemi désarmé, les protestations de dévouement et les sentiments qu'il lui témoigna en 1812, aux entrevues de Dresde.

« Aussi voit-on, par les articles 2 et 5 dudit traité du 2 août que, ne pouvant influer en rien sur le sort de la personne de l'empereur Napoléon, qui n'est pas en leur pouvoir, ces princes s'en rapportent à ce que fera là-dessus Sa Majesté britannique, qui se charge de remplir toutes les obligations. Ces princes ont reproché à l'empereur Napoléon d'avoir préféré la protection des lois anglaises à la leur. Les fausses idées que l'empereur Napoléon avait de la libéralité des lois anglaises, et de l'influence de l'opinion d'un peuple grand, généreux et libre, sur son gouvernement, l'ont décidé à préférer la protection de ses lois à celles de son beau-père ou de son ancien ami. L'empereur Napoléon a toujours été le maître de faire assurer ce qui lui était personnel, par un traité diplomatique, soit en se remettant à la tête de l'armée de la Loire, soit en se mettant à la tête de l'armée de la Gironde que commandait le général Clausel. Mais ne cherchant désormais que la retraite et la protection des lois d'une nation libre, soit anglaise, soit américaine, toutes stipulations lui ont paru inutiles. Il a cru le peuple anglais plus lié par sa démarche franche, noble, et pleine de confiance, qu'il ne l'eût pu être par les traités les plus solennels. Il s'est trompé ; mais cette erreur fera à jamais rougir les vrais Bretons ; et, dans la génération actuelle, comme dans les générations futures, elle sera une preuve de la déloyauté de l'administration anglaise.

« Des commissaires autrichiens et russes sont arrivés à Sainte-Hélène. Si leur mission a pour but de remplir une partie des devoirs que les empereurs d'Autriche et de Russie ont contractés par le traité du 2 août, et de veiller à ce que les agents anglais, dans une petite colonie au milieu de l'Océan, ne manquent pas aux égards dus à un prince lié avec eux par les liens de parenté et par tant d'autres rapports, on reconnaît, dans cette démarche, des marques du caractère de ces deux souverains; mais vous avez, monsieur, assuré que ces commissaires n'avaient ni le droit ni le pouvoir d'avoir aucune opinion de tout ce qui peut se passer sur ce rocher.

« Le ministère anglais a fait transporter l'empereur Napoléon à Sainte-Hélène, à deux mille lieues de l'Europe. Ce rocher, situé sous le tropique, à cinq cents lieues de tout continent, est soumis à la chaleur dévorante de cette latitude; il est couvert de nuages et de brouillards les trois quarts de l'année; c'est à la fois le pays le plus sec et le plus humide du monde; ce climat est le plus contraire à la santé de l'empereur. C'est la haine qui a présidé au choix de ce séjour, comme aux instructions données par le ministère anglais aux officiers commandant dans ce pays.

« On leur a ordonné d'appeler l'empereur Napoléon *général*, voulant l'obliger de reconnaître qu'il n'a jamais régné en France, ce qui l'a décidé à ne pas prendre un nom d'incognito, comme il y était résolu en sortant de France. Premier magistrat à vie de la république, sous le titre de premier consul, il a conclu les préliminaires de Londres et le traité d'Amiens avec le roi de la Grande-Bretagne; il a reçu pour ambassadeurs, lord Cornwallis, M. Merry, lord Whitworth, qui ont séjourné en cette qualité à sa cour. Il a accrédité, auprès du roi d'Angleterre, le comte Otto et le général Andréossi, qui ont résidé comme ambassadeurs à la cour de Windsor. Lorsqu'après un échange de lettres entre les ministres des affaires étrangères des deux monarchies, lord Lauderdale vint à Paris, muni des pleins-pouvoirs du roi d'Angleterre, il traita avec les plénipotentiaires munis des pleins-pouvoirs de l'empereur Napoléon, et séjourna plusieurs mois à la cour des Tuileries. Lorsque depuis, à Châtillon, lord Castlereagh signa l'ultimatum que les puissances alliées présentèrent aux plénipotentiaires de l'empereur Napoléon, il reconnut par là la quatrième dynastie.

« Cet ultimatum était plus avantageux que le traité de Paris; mais on exigeait que la France renonçât à la Belgique et à la rive gauche du Rhin, ce qui était contraire aux propositions de Francfort et aux proclamations des puissances alliées; ce qui était contraire au serment par lequel, à son sacre, l'empereur avait juré l'intégrité de l'empire. L'empereur pensait alors que les limites naturelles étaient nécessaires à la garantie de la France, comme à l'équilibre de l'Europe ; il pensait que la nation française, dans les circonstances où elle se trouvait, devait plutôt courir toutes les chances de la guerre que de s'en départir.

« La France eût obtenu cette intégrité, et, avec elle, conservé son honneur, si la trahison n'était venue au secours des alliés.

« Le traité du 2 août, l'acte du parlement britannique, appellent l'empereur, *Napoléon Bonaparte*, et ne lui donnent pas le titre de général. Le titre de général Bonaparte est sans doute éminemment glorieux ; l'empereur le portait à Lodi, à Castiglione, à Rivoli, à Arcole, à Léoben, aux Pyramides, à Aboukir ; mais, depuis dix-sept ans, il a porté celui de premier consul et d'empereur ; ne le nommer maintenant que général, ce serait convenir qu'il n'a été ni premier magistrat de la république, ni souverain de la quatrième dynastie. Ceux qui pensent que les nations sont des troupeaux qui, de droit divin, appartiennent à quelques familles, ne sont ni du siècle, ni même dans l'esprit de la législature anglaise, qui changea plusieurs fois l'ordre de sa dynastie, parce que de grands changements survenus dans les opinions auxquelles n'avaient pas participé les princes régnants, les avaient rendus ennemis du bonheur et de la grande majorité de cette nation ;

car les rois ne sont que des magistrats héréditaires qui n'existent que pour le bonheur des nations, et non les nations pour la satisfaction des rois.

« C'est le même esprit de haine qui a ordonné que l'empereur Napoléon ne pût écrire ni recevoir aucune lettre sans qu'elle fût ouverte et lue par les ministres anglais et les officiers de Sainte-Hélène.

« On lui a par là interdit la possibilité de recevoir des nouvelles de sa mère, de sa femme, de son fils, de ses frères ; et lorsque, voulant se soustraire aux inconvénients de voir ses lettres lues par des officiers subalternes, il a voulu envoyer des lettres cachetées au prince régent, on a répondu qu'on ne pouvait se charger que de laisser passer des lettres ouvertes ; que telles étaient les instructions du ministre. Cette mesure n'a pas besoin de réflexion ; elle donnera d'étranges idées de l'esprit de l'administration qui l'a dictée : elle serait désavouée à Alger. Des lettres sont arrivées pour des officiers généraux de la suite de l'empereur ; elles étaient décachetées, et vous furent remises ; vous ne les avez pas communiquées, parce qu'elles n'étaient pas passées par le canal du ministère anglais. Il a fallu leur faire refaire quatre mille lieues, et les officiers eurent la douleur de savoir qu'il existait sur ce rocher des nouvelles de leur femmes, de leurs mères, de leurs enfants, et qu'ils ne pourraient les connaître que dans six mois. Le cœur se soulève !!! On n'a pas pu obtenir d'être abonné au *Morning Chronicle*, au *Morning Post*, à quelques journaux français. De temps à autre on fit passer à Long-Wood quelques numéros dépareillés du *Times*. Sur la demande faite à bord du *Northumberland*, on a envoyé quelques livres; mais tous ceux relatifs aux affaires des dernières années en ont été soigneusement écartés. Depuis, on a voulu correspondre avec un libraire de Londres, pour avoir directement des livres dont on pouvait avoir besoin, et ceux relatifs aux événements du jour; on l'a empêché. Un auteur anglais, ayant fait un voyage en France, et l'ayant imprimé à Londres, prit la peine de vous l'envoyer pour l'offrir à l'empereur; mais vous n'avez pas cru pouvoir le lui remettre, parce qu'il ne vous était pas parvenu par la filière de votre gouvernement. On dit aussi que d'autres livres, envoyés par leurs auteurs, n'ont pu être remis, parce qu'il y avait sur l'inscription de quelques-uns : à l'empereur Napoleon; et sur d'autres : à Napoléon le grand. Le ministère anglais n'est fondé à employer aucune de ces vexations; la loi, quoique inique, du parlement britannique, considère l'empereur Napoléon comme prisonnier de guerre; or, jamais on n'a défendu aux prisonniers de guerre de s'abonner aux journaux, de recevoir des livres qui s'impriment; une telle défense n'est faite que dans les cachots de l'inquisition.

« L'île de Sainte-Hélène a dix lieues de tour; elle est inabordable de toute part; des bricks enveloppent la côte; des postes placés sur le rivage peuvent se voir de l'un à l'autre, et rendent impraticables les communications avec la mer. Il n'y a qu'un seul petit bourg,

James-Town, où mouillent et d'où s'expédient les bâtiments. Pour empêcher un individu de s'en aller de l'île il suffit de cerner la côte par terre et par mer. En interdisant l'intérieur de l'île, on ne peut donc avoir qu'un but, celui de priver d'une promenade de huit ou dix milles, qu'il serait possible de faire à cheval, et dont, d'après la consultation des hommes de l'art, la privation abrége les jours de l'empereur.

« On a établi l'empereur dans la position de Long-Wood, exposé à tous les vents, terrain stérile, inhabité, sans eau, n'étant susceptible d'aucune culture. Il y a une enceinte d'environ douze cents toises incultes. A onze ou douze cents toises, sur un mamelon, on a établi un camp. On vient d'en placer un autre à peu près à la même distance, dans une direction opposée, de sorte qu'au milieu de la chaleur du tropique, de quelque côté qu'on regarde, on ne voit que des camps.

« L'amiral Malcolm ayant compris l'utilité dont, dans cette position, une tente serait pour l'empereur, en a fait établir une par ses matelots, à vingt pas en avant de la maison; c'est le seul endroit où l'on puisse trouver de l'ombre. Toutefois l'empereur n'a lieu que d'être satisfait de l'esprit qui anime les officiers et soldats du brave 53º, comme il l'avait été de l'équipage du *Northumberland.* La maison de Long-Wood a été construite pour servir de grange à la ferme de la Compagnie; depuis, le sous-gouverneur de l'île y a fait établir quelques chambres; elle lui servait de maison de campagne, mais elle n'était en rien convenable pour une habitation. Depuis un an qu'on y est, on y a toujours travaillé et l'empereur a constamment eu l'incommodité et l'insalubrité d'habiter une maison en construction. La chambre dans laquelle il couche est trop petite pour contenir un lit d'une dimension ordinaire; mais toute bâtisse à Long-Wood prolongerait l'incommodité des ouvriers. Cependant, dans cette misérable île, il existe de belles positions, offrant de beaux arbres, des jardins, et d'assez belles maisons, entre autres Plantation-Housse; mais les instructions positives du ministère vous interdisent de donner cette maison, ce qui eût épargné beaucoup de dépenses à votre trésor, dépenses employées à bâtir à Long-Wood des cahuttes couvertes en papier goudronné, et qui déjà sont hors de service. Vous avez interdit toute correspondance entre nous et les habitants de l'île; vous avez mis de fait la maison de Long-Wood au secret; vous avez même entravé les communications avec les officiers de la garnison. On semble donc s'être étudié à nous priver du peu de ressources qu'offre ce misérable pays, et nous y sommes comme nous le serions sur le rocher inculte et inhabité de l'Ascension.

« Depuis quatre mois que vous êtes à Sainte-Hélène, vous avez, monsieur, empiré la position de l'empereur. Le comte Bertrand vous a observé que vous violiez même la loi de votre législature; que vous fouliez aux pieds les droits des officiers-généraux, prisonniers de guerre. Vous avez répondu que vous ne reconnaissiez que la lettre de vos instructions; qu'elles étaient pires encore que ne nous paraissait votre conduite.

« J'ai l'honneur, etc. »

« J'avais signé cette lettre, monsieur, lorsque j'ai reçu la vôtre du 17. Vous y joignez le compte par aperçu d'une somme annuelle de vingt mille livres sterling que vous jugez indispensable pour subvenir aux dépenses de l'établissement de Long-Wood, après avoir fait toutes les réductions que vous avez crues possibles. La discussion de cet aperçu ne peut nous regarder en aucune manière. La table de l'empereur est à peine le strict nécessaire; tous les approvisionnements sont de mauvaise qualité, et quatre fois plus chers qu'à Paris. Vous demandez à l'empereur un fond de douze mille livres sterling, votre gouvernement ne vous allouant que huit mille livres sterling pour toutes ses dépenses. J'ai eu l'honneur de vous dire que l'empereur n'avait pas de fonds; que, depuis un an, il n'avait reçu ni écrit aucune lettre, et qu'il ignorait complétement tout ce qui se passe ou a pu se passer en Europe.

« Transporté violemment sur ce rocher, à deux mille lieues, sans pouvoir recevoir ou écrire aucune lettre, il se trouve aujourd'hui entièrement à la discrétion des agents anglais.

« L'empereur a toujours désiré et désire pourvoir lui-même à toutes ses dépenses quelconques, et il le fera aussitôt que vous le lui rendrez possible, en levant l'interdiction faite aux négociants de l'île de servir à sa correspondance, et qu'elle ne sera soumise à aucune inquisition de votre part, ni d'aucun de vos agents. Dès que l'on connaîtra en Europe les besoins de l'empereur, les personnes qui s'intéressent à lui enverront les fonds nécessaires pour y pourvoir.

« La lettre de lord Bathurst, que vous m'avez communiquée, fait naître d'étranges idées. Vos ministres ignoraient-ils donc que le spectacle d'un grand homme aux prises avec l'adversité est le spectacle le plus sublime? Ignoraient-ils que Napoléon à Sainte-Hélène, au milieu des persécutions de toute espèce, auxquelles il n'oppose que de la fermeté, est plus grand, plus sacré, plus vénérable, que sur le premier trône du monde, où si long-temps il fut l'arbitre des rois?

« Ceux qui, dans cette position, manquent à Napoléon, n'avilissent que leur propre caractère et la nation qu'ils représentent.

« Le général, comte de Montholon. »

CHAPITRE XXVIII.

Emportements de Napoléon. — Ses injures. — Sa susceptibilité. — Il prend mes officiers pour des assassins. — L'empereur d'Autriche et Santini. — Le général veut imiter Charles XII à Bender.

Le général Montholon étant tombé malade, M. Bertrand fut chargé de son service auprès de Napoléon. Je n'avais pas à me louer de l'urbanité du remplaçant de M. Montholon à mon égard; et bien que je ne tinsse pas opiniâtrément aux formes et au langage d'un dandy ou d'un fashionable de Piccadilly, encore devais-je exiger qu'on n'eût pas toujours l'injure et la menace à la bouche en me parlant... Enfin il ne me convint pas d'avoir des rapports, même épistolaires, avec M. Bertrand, et je témoignai l'intention d'entrer en correspondance directe avec Napoléon. Je n'avais d'autre intention que celle d'être utile à mon prisonnier, le plus souvent et le plus promptement possible. En effet, cette interposition d'un tiers était au moins ridicule. Le désir que j'avais d'améliorer le sort de Bonaparte était réellement le seul motif qui m'engageât à vouloir être en rapport immédiat avec lui, afin d'être plus promptement instruit de ses besoins et de ses volontés, que je satisfaisais, quoi qu'on ait dit, en tant que mes instructions ne s'y opposaient pas.

On trouvera probablement que je mets toujours en avant ces mots : *mes instructions !* mais, dussé-je me répéter dix fois davantage, il m'est impossible de dire un mot, un seul mot, pour ma justification, sans que je ne me trouve forcé de parler de ces instructions ou des ordres que j'avais reçus précédemment ou que je recevais depuis mon arrivée à Sainte-Hélène. Qu'on me pardonne cette digression, elle était indispensable, et mes accusateurs eux-mêmes, dont les plus fougueux ont vécu sous le joug de Napoléon au temps de sa prospérité, soit comme militaires, soit comme administrateurs, savent parfaitement à quoi s'en tenir sur les termes de l'obéissance passive, divinité à laquelle ils ont si long-temps sacrifié leur libre arbitre. Je reviens au sujet de ce chapitre.

Je témoignai donc le désir, et non *la volonté,* de correspondre directement avec le général. Était-il quelque chose de plus naturel? et pourtant le feu en fut à Long-Wood! On cria encore et toujours à l'affreuse tyrannie, au hideux despotisme. Toute la maison se déchaîna contre le gouverneur, et les valets eux-mêmes, jusqu'au dernier marmiton, ne l'épargnèrent pas... Ce ne furent qu'injures et menaces... Napoléon, tout le premier, entra en une colère affreuse.. « Moi correspondre avec ce monstre, cet infâme Calabrois!... Jamais, jamais, je ne pourrai tracer une ligne directement adressée à cette *ame de boue!* »

Ignorant tous ces cris, tout ce déchaînement d'injures, j'envoyai MM. Read et Winyard, mes officiers, pour prendre la correspondance de Napoléon, et s'informer de l'état de santé du général, de ses besoins, et pour me transmettre ses réclamations. Or, voilà Bonaparte prenant ces militaires pour des satellites que j'envoyais pour le poignarder. Il crie à l'assassinat, au guet-apens,.. fait barricader ses portes comme pour soutenir un siége;.. charge ses pistolets et ses fusils, fait prendre les armes à toute sa maison; enfin transformant son asyle en citadelle, et traitant mes très-paisibles envoyés de bourreaux, d'assassins à gages, il ne leur permet pas même de franchir le seuil de sa porte. MM. Vinyard et Read dirent à ses gens qu'il était étonnant que Bonaparte prisonnier eût la prétention de se conduire comme Napoléon conquérant. Leur modération et leur fermeté ne firent qu'irriter le général, à qui ses aides-de-camp portaient, comme à la journée d'Austerlitz, de seconde en seconde, des nouvelles de la bataille qui dura ainsi pendant deux ou trois jours entre ses gens et mes émissaires. Ceux-ci vinrent enfin me rendre compte du résultat de leur démarche. Je fus peiné de ce nouvel excès du général, à qui sa malheureuse susceptibilité causait une continuelle irritation qui ne pouvait qu'agraver son mal, et je répondis à Read et à Wyniard, qui se plaignaient de l'accueil étrange qu'on leur avait fait... « Laissons-le tranquille?.. Que voulez-vous? cet homme-là se croit toujours à la tête de six cent mille hommes! »

En effet, telle était la monomanie de Bonaparte; il voulait toujours jouer à la royauté. Sans doute nul plus que lui n'avait été roi, car le pouvoir des baïonnettes, quand une fois il a tué tous les principes constitutifs, est le plus entier et le plus exigeant des pouvoirs. Mais, par contre-coup, si le chef d'un gouvernement de fait laisse échapper le glaive, seule représentation du sceptre pour lui, il perd tout en même temps; il ne conserve pas même cette puissance morale qui semble maintenir, en dépit des rigueurs de la fortune, un diadème de convention sur le front découronné des rois que l'on dit légitimes. Telle était la position du général; et s'il ne croyait plus à un empire de fait, du moins se regardait-il encore comme une espèce d'empereur *in partibus,* comme un soldat souverain en disponibilité.

Ceci me rappelle l'exclamation de l'empereur d'Autriche, à qui l'ex-huissier de son gendre, Santini, ce Corse qui voulut m'assassiner, ainsi que je l'ai dit plus haut, présentait, lors du passage de ce souverain à Brunn, capitale de la Moravie, le titre d'une pension que lui avait assurée Bonaparte. Cette pièce frappa d'étonnement l'empereur. Napoléon y sommait le premier de ses parents ou de ses amis auquel ce titre serait présenté, d'acquitter sans délai le montant de la pension qu'il avait fixée. Cet acte, signé par *le grand-maréchal,* portait en tête, PAR ORDRE EXPRÈS DE L'EMPEREUR NAPOLÉON!!! « Cela est bien extraordinaire, s'écria François II! Eh quoi! cet homme est prisonnier à Sainte-Hélène, et il continue à donner des ordres, des ordres absolus, comme si de rien n'était!.. J'en parlerai à Metternich... A quoi pense-t-il donc, bon Dieu, de laisser aller ainsi les choses! »

Immédiatement après l'espèce de petite guerre que le général avait soutenue, circonstance dans laquelle il aurait peut-être désiré donner une seconde représentation de la conduite de Charles XII à Bender; car lui aussi il se complaisait à s'entendre appeler *tête de fer*, comme les Turcs avaient appelé Démisbalt le vaincu de Pultava. Il me fit solennellement parvenir la sommation de faire cesser les saturnales que j'autorisais, vu que l'exaspération de sa maison était au comble; disant qu'il ne répondait de rien, que, disposé à repousser la force par la force, il avait armé ses gens, et que lui-même avait pris son parti; qu'en un mot il brûlerait la cervelle au premier de mes *brigands* qui tenterait d'arriver jusqu'à lui. Puis il fit dresser la protestation suivante qu'il m'envoya.

« Dans les journées des 11, 12, 13, 14 et 16 août 1819, on a essayé, pour la première fois, de violer le pavillon qu'habite l'empereur Napoléon, qui avait été, jusqu'à cette heure, constamment respecté. Il a résisté à cette violence en fermant ses portes et ses serrures. *Dans cet état, il réitère la protestation qu'il a faite et fait faire plusieurs fois, qu'on ne violera le droit de sa porte qu'en passant sur son cadavre.* Il a abandonné tout, et vit concentré, depuis trois ans, dans l'intérieur de six petites chambres, pour se soustraire aux insultes et aux outrages. Si on a la lâcheté de lui envier ce refuge, on est donc résolu à ne lui en laisser d'autre qu'un tombeau. Attaqué, depuis deux ans, d'une hépatite chronique, maladie endémique en ce pays, et depuis un an privé du secours de ses médecins, par l'enlèvement du docteur O'Méara, en juillet 1818, et du docteur Stokoë, en janvier 1819, il a éprouvé plusieurs crises, pendant lesquelles il a été obligé de garder le lit quinze ou vingt jours de suite. Aujourd'hui, au milieu d'une de ces crises les plus violentes qu'il ait éprouvées, alité depuis neuf jours, n'ayant à opposer à sa maladie que la patience, la diète, le bain; sa tranquillité, depuis six jours, est troublée par les menaces d'un attentat et d'outrages auxquels le prince régent, le lord Liverpool, et tout l'univers, savent qu'il ne se soumettra jamais. Comme la volonté se manifeste tous les jours de l'avilir et de l'insulter, il réitère la déclaration déjà faite qu'il n'a pris et ne prendra aucune connaissance, n'a ordonné et n'ordonnera aucune réponse aux dépêches ou paquets quelconques dont le libellé lui serait injurieux et serait contraire aux formes établies depuis quatre ans pour correspondre avec lui par l'intermédiaire de ses officiers; qu'il a jeté et qu'il jettera au feu ou par ses fenêtres ces paquets insultants, ne voulant rien innover pour toutes ces choses à ce qui existe depuis quatre ans. NAPOLÉON. Long-Wood, ce 16 août 1819. »

Je ne crus pas devoir accorder au général la petite

satisfaction d'un assaut en miniature, comme il paraissait si ardemment le désirer. Les plus ridicules caprices, même les plus inconcevables faiblesses d'un homme de génie malheureux sont respectables. J'ordonnai donc à Read et Winyard de cesser leurs visites à Long-Wood, où l'on n'en continua pas moins à nous traiter, eux de *sicaires,* et moi d'*homme atroce,* de *bourreau,* et d'*infâme scélérat.* La postérité décidera si nous méritions ces titres.

CHAPITRE XXIX.

Nouvelles mesures de sûreté. — Promulgation d'un réglement concernant le général et toute sa maison. — Conduite peu modérée des amis de Bonaparte.

On pense bien qu'étant chargé d'une responsabilité immense, celle qui se rattachait à la surveillance et la garde de Napoléon, je devais me trouver forcé, même pour ma propre tranquillité, de m'armer d'une multitude de précautions toutes très-naturelles dans ma position, et qui cependant pouvaient paraître tyranniques. Mais l'évasion presque romanesque de l'île d'Elbe, qu'on attribuait encore alors à la politique anglaise, devait nécessairement avoir ouvert les yeux à mon gouvernement ; aussi chaque navire qui venait d'Europe m'apportait de nouvelles recommandations qui m'enjoignaient la plus stricte vigilance et la surveillance la plus impitoyable.

Je me vis donc forcé de recourir à mille moyens préventifs que mes fonctions autorisaient, et qui parurent malheureusement à Long-Wood émanées du plus affreux despotisme. C'est ainsi que je fus obligé de faire rédiger un réglement auquel toute personne admise auprès du général dut déclarer se soumettre, menaçant de faire conduire au Cap ceux qui refuseraient d'accepter ces nouvelles restrictions qu'il m'importait de faire observer rigoureusement pour le repos de l'île et la conservation du prisonnier. Je fus aussi obligé de prendre d'autres mesures concernant la correspondance du général et de toute sa maison; car je n'ignorais pas les fâcheuses dispositions de ces messieurs à mon égard, et le but de ma mission me faisait une loi de braver les plaintes et les criailleries, en adoptant avec énergie les mesures nécessaires pour comprimer et étouffer dans sa naissance tout projet de rébellion ou de fuite.

Je savais en outre que quelques-unes des personnes de la maison du général, et principalement le comte de Las Cases, s'abandonnaient dans leurs lettres à de virulentes déclamations contre ma personne et mon autorité, attaquant sans cesse d'une manière outrageante mon caractère et les actes de ma gestion, qu'ils traitaient d'oppression affreuse, arbitraire, révoltante. J'aurais voulu voir Napoléon pour le prier d'engager ses amis à plus de modération, mais il s'y était constamment refusé depuis notre dernière entrevue, que j'ai rapportée et qui fut tant orageuse. Je lui aurais expliqué jusqu'à quel point on pouvait voir de la tyrannie dans une conduite qui m'était commandée; et j'aurais peut-être réussi à lui démontrer que le réglement restrictif que j'avais promulgué n'était qu'une conséquence impérieuse de notre situation réciproque. Quoi qu'il en soit, voici ce réglement tel que j'en envoyai expédition à Long-Wood-House.

1° Long-Wood avec la route par Hut's-gate, le long de la montagne jusqu'au poste des signaux, près l'*Alarm-House*, sera établi comme limite.

2° Des sentinelles marqueront les limites que personne ne pourra traverser pour approcher de la maison de Long-Wood, ou de son jardin, sans la permission du gouverneur.

3° La route à la gauche de Hut's-gate qui retourne par Woodridge à Long-Wood n'ayant jamais été fréquentée par le général Bonaparte depuis l'arrivée du gouverneur, le poste qui l'observait sera en grande partie retiré ; cependant toutes les fois qu'il voudrait aller à cheval dans cette direction, en prévenant l'officier à temps, il n'éprouvera aucun obstacle.

4° Si le général Bonaparte voulait prolonger sa promenade dans quelqu'autre direction, un officier de l'état-major du gouverneur, s'il en était informé à temps, sera prêt à l'accompagner ; si le temps manquait, l'officier de service à Long-Wood le remplacerait.
— L'officier qui le surveille *a ordre de ne point l'approcher*, à moins qu'il ne soit demandé, et de ne jamais surveiller sa promenade, excepté pour ce que lui commande son service, c'est-à-dire de veiller à tout ce qui pourrait, dans ses promenades, s'écarter des règles établies et de l'en avertir *respectueusement*.

5° Les réglements déjà en force pour empêcher les communications avec qui que ce soit, sans la permission du gouverneur, doivent être strictement observés. En conséquence, il est requis du général Bonaparte qu'il s'abstienne d'entrer dans aucune maison, ou d'engager aucune conversation avec les personnes qu'il pourrait rencontrer (excepté ce que demandent les salutations et les politesses ordinaires qu'il aurait à rendre), à moins que ce ne soit en présence d'un officier anglais.

6° Les personnes qui, avec le consentement du général Bonaparte, peuvent toujours recevoir du gouverneur des permissions pour le visiter, ne peuvent, malgré ces permissions, communiquer avec aucune autre personne de sa suite, à moins que ce ne soit spécialement exprimé dans ces permissions.

7° Au coucher du soleil, l'enceinte du jardin autour de Long-Wood sera regardée comme étant la limite. A cette heure, des sentinelles seront placées à l'entour; mais de manière à ne pas incommoder le général Bonaparte, en observant sa personne, s'il voulait continuer sa promenade dans le jardin, après cette époque. Les sentinelles seront portées, pendant la nuit, à toucher la maison comme cela se pratiquait auparavant; et l'admission sera interdite jusqu'à ce que les sentinelles soient retirées, le lendemain matin, de la maison et du jardin.

8° Toute lettre pour Long-Wood sera mise par le gouvernement sous une enveloppe cachetée et envoyée à l'officier de service, pour être délivrée cachetée à l'officier de la suite du général Bonaparte, auquel elle est adressée, lequel, par ce moyen, sera assuré que personne autre que le gouverneur n'en connaît le contenu. — De la même manière, toute lettre des personnes de Long-Wood doit être délivrée à l'officier de service, mise sous une seconde enveloppe, cachetée et adressée au gouverneur, ce qui assurera que personne autre que lui n'en connaîtra le contenu. — Aucune lettre ne doit être écrite ou envoyée, aucune communication de quelque espèce qu'elle soit ne doit être faite, excepté en la manière sus-mentionnée. On ne peut avoir aucune correspondance dans l'île, excepté pour les communications qui sont indispensables à faire au pourvoyeur. Les notes qui les contiendraient doivent être données ouvertes à l'officier de garde qui sera chargé de les faire parvenir.

On le voit, était-il possible de s'exprimer avec plus de réserve et de sentiment des convenances que ne le fit, dans ce réglement, celui que Napoléon traitait de galérien et de sbire sicilien? Est-il possible encore de garantir la réclusion d'un homme ayant autour de lui des serviteurs aussi dévoués que Napoléon, sans qu'une discipline, une subordination sévères et une police active ne vinssent empêcher toute intrigue, toute démarche, toute communication extérieure, qui aurait pu faciliter, ménager son évasion?

Ce réglement fit cependant explosion à Long-Wood, comme si le gouverneur avait reçu l'ordre de ne retenir Bonaparte prisonnier que sur parole! On recommença à se livrer aux récriminations les plus outrées, et on alla jusqu'aux plus injurieuses inculpations contre ma personne. Ce fut au point que, pour ma propre dignité, je fus obligé de faire donner avis à Long-Wood, par M. Thomas Reade, que, si une pareille conduite n'avait pas de terme, je me verrais forcé d'envoyer quatre de ces messieurs, qui m'avaient été signalés comme les plus mutins, au cap de Bonne-Espérance, où il ne leur serait fourni aucun moyen de retourner en Europe. Cette fermeté en imposa aux plus fougueux déclamateurs de Long-Wood, qui, pour quelques jours du moins, suspendirent l'expression trop impétueuse de leur courroux.

CHAPITRE XXX.

Précautions que je prends pour empêcher de prévenir l'évasion de mon prisonnier. — Le domestique du comte de Las Cases. — Long-Wood entouré de fortifications.

Dans l'état d'hostilité où je me trouvais avec Napoléon et sa maison, je devais nécessairement avoir la plus grande défiance en tous ceux qui entouraient ce général. Aussi m'armai-je de résolution pour surmonter la crainte que j'avais éprouvée jusqu'ici de paraître prendre trop souvent sur moi des mesures violentes, et je me décidai fermement à me mettre au-dessus de tout ce que l'on pourrait dire à Long-Wood.

J'avais remarqué que les officiers de Napoléon et les gens de sa maison entretenaient des relations au dehors. Je résolus d'y mettre ordre, et une proclamation fut faite dans l'île pour empêcher les habitants, sous peine d'un châtiment sévère, d'établir aucune communication avec Long-Wood et de recevoir aucun billet ou aucun message de Napoléon ou des personnes de sa suite, sans le porter préalablement au secrétariat du gouvernement. Cette mesure fit beaucoup crier à Long-Wood; mais je maintins ma décision, dans laquelle vint m'affermir encore davantage le rapport qui me fut adressé contre un domestique du comte de Las Cases, qui, me disait-on était l'agent le plus actif des habitants de Long-Wood. J'avais déjà arrêté moi-même un domestique du comte de Montholon, qui s'était permis de violer les réglements restrictifs que j'avais fait signer à tous les officiers et à tous les domestiques de Napoléon, et je n'hésitai pas à priver M. Las Cases de ce mulâtre qui, étant natif lui-même de l'île, ne pouvait que me nuire dans l'esprit des habitants en me représentant à ceux-ci tel qu'on me faisait à Long-Wood, c'est-à-dire comme un homme capable de tout. M. Las Cases se récria : je tentai de l'apaiser en lui promettant de lui envoyer un autre domestique, mais de mon choix. Il s'y refusa constamment, et je n'insistai pas, dans la crainte qu'il n'eût découvert mon intention, et que le but que je me proposais fût alors manqué. En effet, j'avais résolu d'agir d'astuce, et je voulais donner au comte un de mes affidés, un homme à moi, qui se serait glissé dans l'intérieur de Long-Wood, dans l'intimité des valets et même des officiers, et qui aurait pu, au besoin, m'instruire de tout ce qui pouvait se dire, se tramer contre moi, ou en faveur du prisonnier.

Pourquoi blâmerait-on cet excès de précaution? Pouvais-je trop en prendre, des précautions, pour la garde d'un homme sur qui l'univers avait les yeux, dont je répondais sur ma vie, et dont la présence en

Long-Wood.

Europe eût été le signal d'une explosion politique, dont la ruine de ma patrie eût été immanquablement la conséquence? Non, sans doute! un vrai patriote anglais ne trouvera pas surprenant que j'aie cherché à agir de ruse pour conserver à mon pays une proie si précieuse.

Je ne dormais pas; je prenais à peine quelques instants de repos... Toutes les nuits j'étais sur pied... J'entretenais une espèce de police occulte. Je parvins plus tard à réussir à peu près dans le projet que j'avais conçu de placer un de mes agents non loin de la personne de Napoléon, et c'est à ce moyen que je dois la connaissance de plusieurs faits, de plusieurs conversations qui ont eu lieu dans la plus intime société du général, que j'aurais dû toujours ignorer, et qui pourtant sont arrivés à ma connaissance. Je ne souffrais pas surtout que des étrangers s'entretinssent avec Bonaparte, à moins que moi ou quelqu'un de mes officiers ne fût présent. Ce fut pour cela que certain jour que je m'avançais vers lui avec quelques employés de la compagnie qui arrivaient de l'Inde, Napoléon, malgré le désir qu'il avait de les questionner tourna brusquement le dos, quand il m'aperçut avec eux, en murmurant et en disant « que je lui inspirais trop de dégoût; qu'il se priverait de causer avec ces voyageurs, puisque je les accompagnais. Cet homme, ajouta-t-il, est une harpie, il gâte tout ce qu'il touche. »

Le compliment n'était pas flatteur; mais je m'étais habitué à tout, et je me bardais de fer pour me mettre à même de supporter les plaintes amères ou les démonstrations trop effervescentes de mécontentement qu'exhalait sans cesse contre moi mon prisonnier. Rien ne me détournait de ce qui me paraissait susceptible de combattre ou de détruire tout projet de fuite.

C'est ainsi que je fis surveiller, avec la plus stricte sévérité, des prêtres catholiques attachés temporairement au service de Long-Wood, et dont l'habit imposait à mes imbéciles d'Irlandais, qui se prosternaient devant leur froc, et montrèrent sans cesse pour eux le plus grand respect. Cette influence pouvait devenir dangereuse et compromettre ma responsabilité ; les bons pères furent donc mis en surveillance, et mes agents ne perdirent presque plus de vue les démarches des abbés de Napoléon. J'avais précédemment retiré du service des habitants de Long-Wood quelques matelots du *Northumberland*, dont la collision avec les gens de Bonaparte pouvait avoir aussi un fâcheux résultat.

Enfin, rien ne m'arrêtait pour m'assurer de l'impossibité où mon illustre captif se trouvait de fuir et de s'évader. On appellera cela, si l'on veut, tyrannie, inquisition, système affreux de torture... J'étais alors cuirassé contre tout ce qu'on pouvait dire ou penser de moi à cet égard. Mon idée fixe, à moi, c'était d'empêcher l'évasion de Bonaparte. Je devais ne voir, ne rêver que projet de fuite. Aussi, tout était-il mis en jeu pour déjouer le moindre complot de ce genre, dont on aurait pu concevoir la pensée.....
J'étais devenu la prison, la geole incarnée! J'allai

jusqu'à faire établir des fortifications aux environs de Long-Wood ; et je n'en persistai pas moins dans mon système de précautions, malgré la boutade de Napoléon, qui, en voyant ces travaux, me railla, dit-on, sur ma ridicule prévoyance, traita ma conduite de folie, et fit, d'une manière insultante pour moi, allusion au siége de Capri, où je commandais et où je fus forcé de céder la place au général Lamarque. Je fis donc continuer les revêtements et les parapets qu'on avait commencé à construire devant l'habitation du général, et bientôt il fut enfermé dans une respectable enceinte de fossés et de palissades. A ce propos, les officiers de Napoléon donnèrent à la maison de Long-Wood et au petit bâtiment qui servait d'écuries les noms, pompeusement ironiques, de *fort Hudson* et *fort Lowe,* et ce fut dans la colonie et dans les camps à qui les répéterait en se moquant de mes précautions, de mes frayeurs et surtout de mon goût et de mon talent pour fortifier les places.

CHAPITRE XXXI.

Correspondance clandestine. — Arrestation de Las Cases et saisie de ses papiers. — Mon étonnement et ma colère en voyant la Manière dont j'étais traité, par M. Las Cases, dans le Mémorial de Sainte-Hélène. — Je fais transporter le comte et son fils dans ma propre maison, à James-Town.

Ce moment était arrivé pour moi de déployer une sévérité qui me paraissait indispensable dans ma position, et d'exercer un acte de rigueur, cruel sans doute, mais que la haine que les habitants de Long-Wood avaient conçue pour moi m'autorisait, je pense, à exécuter. Le comte de Las Cases, que j'ai déjà signalé comme un de mes plus actifs et de mes plus infatigables accusateurs, malgré des formes polies, et des manières beaucoup moins acerbes envers moi que celles de messieurs Montholon et Bertrand, ne m'en portait pas moins le ressentiment le plus implacable. Il fut convaincu d'avoir écrit clandestinement au prince Lucien Bonaparte et à une autre personne de cette famille proscrite ; j'avais de nombreux griefs contre le comte de Las Cases; j'avais à lui reprocher l'interposition de ce voile d'ignominie à travers lequel il s'efforçait de me montrer à Napoléon; je savais qu'il avait souvent trouvé le moyen de tromper ma vigilance en entretenant au dehors une correspondance toute de fiel contre moi. J'étais bien persuadé que mes prisonniers, car les officiers et les valets de Napoléon étaient devenus mes prisonniers par suite de l'adhésion qu'ils avaient signée; j'étais bien persuadé, dis-je, que mes prisonniers ne pouvaient en conscience faire mon éloge et chanter mes louanges. Aussi ne voulais-je pas servir d'instrument contre moi-même en facilitant une correspondance dans laquelle certes on n'aurait pas manqué de m'accabler d'invectives. Ce furent donc ces motifs, autant que les précautions à prendre pour la garde de mon prisonnier, qui m'engagèrent à défendre toute correspondance à Long-Wood, autre que celle qui me serait soumise. D'ailleurs, les différentes autorisations que j'avais reçues de mon gouvernement, lequel m'accordait pleine et entière liberté pour tout ce que je croirais utile à la police de Long-Wood, imprimaient une espèce de caractère légal à cette défense importante dont je n'étais pas disposé à pardonner l'infraction, et moins encore au comte de Las Cases qu'à tout autre.

J'envoyai donc un officier, à la tête de quelques dragons, arrêter M. Las Cases. Puis, un commissaire de police, sorte de fonctionnaire dont j'avais implanté l'espèce dans la colonie, se transporta à l'ancien logement du comte, où, d'après mes ordres, il fouilla tous ses meubles, et s'empara de tous les papiers qu'ils renfermaient. Je me rendis au nouveau logement où je faisais garder le prisonnier, muni de ces papiers que je voulais compulser en sa présence. Il protesta énergiquement contre la mesure que je me permettais, et qu'il traita d'atroce et de perfide. Il parla d'illégalité et de violation du droit des gens, dans l'enlèvement de sa personne et de ses papiers. Il pouvait avoir raison dans toute autre circonstance; mais je lui répondis qu'ici je n'avais à rendre compte de ma conduite à personne, et que d'ailleurs, pour se consoler de sa mésaventure, il devait se souvenir des châtiments sévères qui pesaient sur la tête de ceux qui se rendaient coupables de la moindre infraction aux réglements qu'il avait juré lui-même d'observer. « Ne rendez pas, lui dis-je, par des déclamations hors de saison ou des protestations injurieuses pour moi, votre situation plus pénible qu'elle ne l'est. Vous aurez peut-être à rendre grâce à ma clémence plus que vous ne le pensez. » Effectivement, si j'eusse trouvé dans ses papiers la preuve d'un projet de fuite en faveur de Napoléon, je pouvais le traduire devant un conseil de guerre et le faire fusiller dans les vingt-quatre heures; car, ainsi que je l'ai déjà dit, la peine de mort était portée contre tous ceux qui essaieraient de favoriser l'évasion de Bonaparte.

J'examina donc, avec une attention scrupuleuse, les papiers du comte, et qu'on juge de mon étonnement quand mes yeux tombèrent sur un volumineux manuscrit, sur ce qu'il appelait son journal, et qui fut publié depuis sous le nom du *Mémorial de Sainte-Hélène.* Qu'on juge de ma fureur quand j'y vis les expressions outrageantes qu'on s'y permettait contre moi. « Ce « n'est pas ma faute, me disait ironiquement M. Las « Cases, c'est vous qui l'avez voulu. »

Ce fut alors que je compris quels seraient un jour les tristes résultats de la terrible mission dont je m'étais chargé ; ce fut alors que je compris que, quand bien même je parviendrais à soustraire à la publicité les papiers que j'avais actuellement en mon pouvoir, un temps viendrait où, le voile se déchirant entièrement, je ne pourrais étouffer les plaintes souvent hélas! trop justes de mon infortuné captif, et que tôt ou tard, par une voie quelconque, elles traverseraient l'Atlantique pour venir m'accuser, auprès de l'Europe indignée, d'avoir été le bourreau du grand homme. Mais j'avais accepté le poste périlleux, et il me semblait de la dernière lâcheté de l'abandonner au moment du danger. Il y avait aussi, on l'avouera, un immense courage moral de passer à travers cet anathême des nations, que Napoléon m'avait prédit lui-même, pour marcher avec fermeté dans ce chemin affreux de restrictions, de surveillance et de haine.

Un orage affreux s'éleva dans mon ame; et, bien que j'eusse trompé Napoléon en lui annonçant précédemment, dans le long entretien que nous eûmes ensemble, et que j'ai rapporté plus haut, que j'avais envoyé ma démission, je fus réellement sur le point, un moment, de quitter Sainte-Hélène en fugitif, tant j'étais poursuivi par d'horribles pressentiments sur l'espèce de considération qui m'attendait à mon retour en Europe. Les quelques pages que j'avais lues du journal du comte de Las Cases troublèrent presque ma raison pendant quelques jours.... Je me demandais quels honneurs, quelles récompenses nationales pouvaient entrer en compensation avec la hideuse proscription qui m'était réservée, avec l'ignoble réprobation dont le monde entier apercevrait toujours les stigmates. Combien devait être cruel, en effet, l'instant qui venait me dessiller les yeux, à moi qui jusqu'ici avais cru faire du patriotisme en venant, à deux mille lieues de ma famille et de mon pays, prendre l'énorme responsabilité de la garde d'un prisonnier aussi important pour la tranquillité de l'Europe, et de l'Angleterre en particulier. Combien il devait être cruel ce moment où, au lieu de la couronne civique, on ne me laissait entrevoir que le gibet de l'opinion publique qui m'attendait au débarquement.

Cette lutte fut bien pénible ; mais elle dura peu. Je cherchai mon excuse dans les ordres qui m'avaient été donnés, et qui, toujours péremptoires, ne m'avaient jamais laissé d'alternatives, dont les originaux du reste pourraient au besoin se retrouver, en tout temps, dans les archives du ministère et servir à ma justification; je la cherchai aussi dans les singulières idées de nationalisme que je m'étais forgées alors. Le gardien de Napoléon, le gouverneur de Sainte-Hélène, l'emporta sur sir Hudson Lowe, et l'homme privé céda la place à l'homme public. Je fis mettre les scellés sur les papiers de Las Cases, qui lui-même était au secret, et je lui déclarai que, dans tous les cas, soit qu'il restât à Sainte-Hélène, soit qu'il en partît, j'attendrais pour prononcer sur le sort de ces manuscrits que mon gouvernement, auquel j'avais donné avis de leur existence, m'eût indiqué l'usage que je devais en faire dans son intérêt.

Tout en exerçant cependant la plus grande surveillance envers M. Las Cases, je n'oubliai pas ce qu'on doit à l'humanité; et, bien qu'il se fût toujours montré mon ennemi personnel, je ne pouvais m'empêcher de le regarder comme un homme fort honorable, que sa haine même contre moi me forçait d'estimer. C'était malheureusement, en effet, ce qui m'arrivait avec la plupart des officiers de Napoléon, que je ne pouvais souffrir, parce que je connaissais leur aversion pour moi, mais qui pourtant me paraissaient raisonnables dans la persistance d'un ressentiment que notre situation réciproque devait nécessairement entretenir et fomenter. Le séjour de *Balcombe's Cottage,* où le comte était provisoirement détenu, ne convenant ni à sa santé ni à celle de son fils, je les fis transporter tous deux à James-Town, dans ma propre maison, où tous les soins, tous les égards possibles leur furent prodigués jusqu'à leur départ pour le Cap.

CHAPITRE XXXII.

M. Las Cases prend le parti de s'embarquer. — Ma décision à ce sujet. — Départ du comte. — On m'attribue à tort les persécutions que M. Las Cases éprouve au cap de Bonne-Espérance.

Quelle que fût l'animosité bien prononcée qui régnait entre moi et le comte de Las Cases, la position fâcheuse dans laquelle se trouvait ce compagnon d'exil de Napoléon, et les extrémités violentes auxquelles son imprudence et son zèle trop prononcé pour son ancien souverain m'avaient forcé de me porter contre lui, ne pouvaient qu'exciter ma commisération. Son fils était très-malade; le climat de l'île tuait ce jeune homme; et je fis proposer à son père de choisir entre deux partis que j'avais le droit de lui proposer: rester à Sainte-Hélène, sauf à se conformer plus exactement qu'il ne l'avait fait jusqu'alors aux restrictions imposées, ou bien être conduit au Cap, où il aurait la faculté de repasser en Europe.

Cette proposition était claire, précise, et ne souffrait

aucun commentaire. Je ne sais pourquoi tous les habitants de Long-Wood, et principalement M. Las Cases, voulurent absolument voir de la perfidie ou des intentions malveillantes dans ma conduite. Elle était pourtant assez franche, assez loyale. J'avais cru devoir punir M. Las Cases d'une désobéissance à mes ordres; je croyais bien avoir le droit de le faire arrêter et de le renvoyer au Cap; mais cette sévérité, je ne voulais pas la déployer tout entière, ni priver trop arbitrairement le général de la société d'un homme qu'il paraissait affectionner beaucoup. A quoi la ruse ou la perfidie m'étaient-elles utiles en ce moment? Le comte avait commis une faute, un attentat contre mon autorité : je n'avais certainement plus besoin d'employer l'astuce pour le faire tomber dans un piége, puisque, de son propre aveu, il s'était mis dans le cas de subir la peine que portait la déclaration à laquelle il avait adhéré. C'est donc bien à tort qu'il s'était figuré que ma démarche auprès de lui, toute bienveillante en elle-même, cachait quelque sinistre projet.

Sans nul doute, je regardais comme un grand obstacle à la réussite de ma mission et à l'exécution des ordres qui m'étaient transmis, cette espèce de ligue qui s'était élevée contre moi à Long-Wood, et qui était formée de tous ceux qui entouraient Napoléon. Sans nul doute, j'ai désiré plus d'une fois que le général vécût avec des gens qui lui inspirassent à mon égard des intentions moins hostiles et qui n'excitassent pas chez lui la haine dont ils étaient animés contre moi, haine que Napoléon lui-même ne partageait malheureusement que trop; mais ici il n'y avait de ma part aucune arrière-pensée, et je voulais conserver à Napoléon un homme qu'il regardait plutôt comme un ami que comme un officier de sa maison.

Des pourparlers s'établirent alors entre le comte et la maison du général. M. Las Cases répondit formellement à ma proposition, « qu'il resterait si l'empereur l'exigeait, parce que le moindre désir de son souverain était un ordre pour lui. » Il demanda que cette réponse fût transmise à Napoléon, qui lui écrivit une longue lettre dans laquelle il l'engageait à repasser en Europe, et le lui ordonnait même, autant dans son propre intérêt que dans celui de la santé de son fils, que je faisais soigner, depuis quelques mois, par le docteur Baxter. M. Las Cases refusa donc de profiter de l'offre que je lui avais faite de rester à Long-Wood, à moins que Napoléon ne lui en montrât le *désir exprès*. Dans une entrevue qu'il eut devant moi avec le comte Bertrand, qu'on appelait le grand-maréchal, celui-ci prononça ces mots à haute voix à M. le comte : « L'empereur m'a chargé de vous dire qu'il vous verrait rester avec *plaisir*, et qu'il vous verrait partir avec *plaisir*. »

Cette amphibologie se comprenait facilement : Napoléon était humilié de voir ceux qui l'entouraient soumis à un régime de surveillance que la prudence me commandait. Sa grande ame supportait une gêne aussi cruelle avec plus de résignation pour sa personne que pour celle de ses officiers et de ses serviteurs ; il lui paraissait outrageant de voir ceux qui l'entouraient, qui formaient sa cour, forcés de courber leur tête sous un joug qu'il devait regarder comme honteux, et son amour-propre autant que sa sensibilité souffraient de voir des gens, qui lui avaient montré autant de dévouement, exposés pour lui à ce qu'il appelait d'insultantes avanies. Aussi disait-il souvent qu'il aimerait mieux souffrir seul la geole et les chaînes, que de voir ses officiers et serviteurs exposés à la moindre privation, à la plus légère humiliation pour lui.

En conséquence de la réponse de Bonaparte, M. Las Cases ayant choisi le parti de l'embarquement, je pris la décision suivante que je fis signifier au comte, et à laquelle je lui enjoignis de se disposer à obéir.

« Le gouverneur, ayant pris en considération toutes les circonstances relatives à l'affaire du comte de Las Cases, a adopté la décision suivante :

« Le comte de Las Cases ayant commis une violation directe et préméditée des réglements établis dans cette île, *en vertu de l'autorité du gouvernement britannique,* relativement au général Bonaparte, en ébranlant la fidélité d'un habitant de l'île, au point de le rendre, d'une manière coupable et feinte, porteur d'une correspondance secrète et clandestine pour l'Europe, et ayant ainsi manqué à l'une des conditions indispensables auxquelles il a signé volontairement sa déclaration tendante à obtenir la permission de résider à Sainte-Hélène, a été séparé de la personne du général Bonaparte, et, *conformément aux instructions britanniques,* il sera transporté au Cap de Bonne-Espérance.

« Il est permis au comte de Las Cases d'emporter tous ses effets et papiers, à l'exception toutefois de ceux de ces derniers qui peuvent avoir rapport au général Bonaparte, depuis que celui-ci se trouve placé sous l'autorité du gouvernement britannique, comme aussi de toute correspondance qui se trouverait n'avoir pas passé par le canal officiel des autorités anglaises.

« On attendra les ordres du gouvernement britannique, à l'égard des papiers sur la nature desquels il pouvait s'élever des contestations. » Plantation-House, le 20 décembre 1816. *Signé* : HUDSON-LOWE.

Doutera-t-on encore, d'après cette déclaration, espèce de pièce officielle dans le cours de laquelle je relate plusieurs fois les ordres et instructions du gouvernement, doutera-t-on que presque toujours ma conduite à Sainte-Hélène n'ait été la conséquence immédiate de la politique du cabinet britannique ?

J'ai appuyé fortement sur toutes les circonstances de cet événement, qui en fut un très-grand à Sainte-Hélène, pour éclairer ceux qui auraient pu penser jusqu'à ce jour que j'avais expulsé M. Las Cases de mon autorité privée. On l'a vu, entre les deux partis que je lui offrais, il crut devoir choisir celui du départ, et je n'avais point à discuter ses motifs. Conformément à sa volonté, il fut embarqué pour le Cap ; aucune missive désobligeante ou délatrice de ma part ne le précéda, ainsi qu'on affecta de le publier. Si M. Las Cases, à son arrivée au Cap, fut détenu et soumis à la plus stricte surveillance, il dut cette persécution, que du reste je regardais moi-même, quand j'en fus instruit, au moins comme fort inutile, au bon plaisir de sa grâce lord Sommerset, qui crut prudent peut-être de s'assurer de la personne d'un homme qui avait vécu si intimement avec Napoléon. A une lieue de la côte de Sainte-Hélène, M. Las Cases ne m'appartenait plus. Il était hors de ma juridiction, et je ne croyais plus nécessaire de m'informer de ses actions ou d'influencer en rien, à son égard, les opinions ou la conduite des fonctionnaires anglais avec lesquels il pouvait, par la suite, se trouver en relation. M. Las Cases aurait eu tort, par conséquent, de m'attribuer un seul des nombreux désagréments qu'il éprouva au Cap; car je restai tout-à-fait étranger à la manière dont le gouverneur de cette colonie en agit avec lui. Que chacun prenne donc sa part du blâme et des reproches; j'ai bien assez de mon fardeau, sans qu'on m'oblige de porter encore celui de lord Sommerset.

CHAPITRE XXXIII.

Défense faite aux officiers anglais de rien écrire sur Bonaparte. — Terreur panique des cabinets des puissances alliées. — Multiplicité des notes secrètes au sujet de Bonaparte.

On était toujours admirablement disposé à Long-Wood pour expliquer les actions les plus innocentes du gouverneur d'une manière défavorable à sa moralité, à ses principes, et souvent contraire à ses véritables intentions. On cria beaucoup contre moi, par exemple, parce que je défendis à mes officiers de rien écrire de ce qu'ils pourraient apprendre sur Napoléon, ou de ce qui pourrait avoir rapport à leur service auprès du prisonnier de Sainte-Hélène. On avait aussi regardé comme un acte d'arbitraire révoltant l'ordre que j'avais donné aux habitants de l'île de ne communiquer en aucune manière avec lui : on regardait comme une chose invraisemblable, et même impossible, que mes instructions entrassent dans des détails aussi minutieux et m'indiquassent d'aussi absurdes vexations : et cependant, je le répète, rien ne m'était et ne m'est encore plus facile que de prouver la régularité de ma conduite; car voici la copie exacte de l'ordre que le contre-amiral Plampin, en croisière alors à Sainte-Hélène, reçut des bureaux de l'amirauté.

Bureaux de l'amirauté, 15 septembre 1817.

« Monsieur le contre-amiral, les lords commissaires de l'amirauté ayant donné leur attention à un ouvrage publié par M. Warden, ex-chirurgien du vaisseau *le Northumberland*, leurs seigneuries m'ont ordonné de vous signifier que vous ayez à faire savoir à tous les officiers employés sous vos ordres, qu'ils doivent s'attendre à encourir tout le déplaisir de leurs seigneuries, s'ils se permettaient de publier aucun des renseignements qu'ils auraient pu recueillir dans leur emploi officiel à Sainte-Hélène. » (*John-Barrow.*)

On peut voir, d'après cette lettre, quelle importance le cabinet britannique attachait à ce que rien de ce qui concernait Napoléon ne transpirât en Europe. Tout odieuse que paraît d'abord cette politique, et tout odieuse qu'elle est effectivement, il est aisé de la concevoir. Napoléon avait laissé de si grands, de si brillants souvenirs! Les sillons qu'avaient creusés les roues de son char de victoire étaient encore si profonds qu'on redoutait tout ce qui pouvait le rappeler à des peuples pour qui son nom était un talisman de gloire, et aurait pu devenir pour eux, plus tard peut-être, un talisman de liberté. Le sol européen frémissait encore de la secousse terrible causée par la chute du colosse ; le manteau monarchique était encore tout froissé du brutal attouchement du soldat hardi qui avait osé porter la main sur la pourpre légitime. On voulait, avant tout, effacer le nom de Bonaparte de la mémoire des nations. Et maintenant que tout danger est passé, maintenant que la mort de Napoléon me permet de dire ce que, comme Anglais, je n'aurais jamais dit du vivant de Napoléon, je déclare que la crainte qu'inspirait aux puissances alliées, et principalement à l'une d'elles, cet homme jadis si fort, était bien au-delà de ce qu'on en laissait paraître. Captif et relégué sur un rocher qu'on eût dit jeté par la colère du ciel au milieu de l'Océan, Bonaparte était l'épouvantail de tous les cabinets d'Europe : nos diplomates le voyaient toujours aux trousses de leurs rois.... C'était une ombre fantastique qui les poursuivait jusque dans leur sommeil. Quand on prononçait le nom de ce guerrier, la monarchie se croyait ébranlée jusque dans ses fondements. La terreur du gouvernement anglais était moins absurde, moins ridicule peut-être ; car elle reposait sur la certitude que si Napoléon parvenait à s'échapper et à ressaisir sa puissance, elle s'était fait de lui un ennemi mortel qui devait travailler sans relâche à sa ruine. Mais cette terreur était encore exagérée.

A mon retour en Europe, un membre du cabinet, à qui je me plaignais de l'anathème et de la proscription que le trop de fidélité aux ordres qu'on m'avait transmis faisaient peser sur moi, essaya de me consoler, en me disant que je n'avais fait que mon devoir en obéissant, mais qu'on avait été bien niais (c'est son mot), en tourmentant aussi gratuitement le prisonnier de Sainte-Hélène. L'aveu était naïf; mais ma curiosité était piquée, et je priai le noble personnage de s'expliquer plus clairement. « Hélas! mon cher gouverneur, les niaiseries, les vexations, les méfaits, les tortures dont on vous a envoyé copie conforme à l'expédition des bureaux de l'amirauté et du secrétariat de l'intérieur, ne sont pas positivement du fait de notre cabinet, à qui certes on ne peut refuser le sens commun. Mais si l'Angleterre s'est rendue l'éditeur responsable de toutes ces sottes infamies, il n'est pas moins vrai qu'elle est beaucoup moins coupable, en tout ceci, qu'on ne le pense. Figurez-vous que chaque jour le ministère était assailli de notes secrètes de tous les cabinets des puissances alliées; il y avait même un bureau spécial pour la correspondance *Napoléonienne*, dont les commis étaient fort occupés. Il suffisait qu'un petit prince d'Allemagne, à la suite d'une mauvaise digestion ou d'une trop abondante libation de vin de Johannisberg, fût tourmenté d'un cauchemar impérial, pour que le matin, en s'éveillant, il lui passât par la tête que cela devait présager quelque grand événement, et par conséquent l'évasion du *tigre*; car c'est ainsi qu'ils le nommaient presque tous. Et vite alors on expédiait deux ou trois courriers à la fois à Londres, dans la crainte qu'un seul ne s'égarât en route. Les notes secrètes pleuvaient en masse dans les bureaux, et dans ces notes on ne demandait rien moins, pour le tyran, que la cage de fer de Bajazet, en attendant que le terrible cachot d'Ugolin pût avoir son tour. Il fallait bien accorder quelque choses aux exigences de ces gens-là, qui autrement auraient déclamé sur le continent contre la perfidie de l'Angleterre, qui avait encore, auraient-ils dit, le projet de leur lâcher l'*hyène*. Or, de toutes les injustices proposées on choisissait les moindres ; mais cette espèce d'humanité était toujours de la barbarie, et cette ridicule condescendance nous a fait faire bien des sottises, nous a fait commettre de bien inutiles cruautés ! »

CHAPITRE XXXIV.

Affaire du buste du fils de Napoléon.—Grande négociation.—
Imprécations contre moi.—Lady Lowe.

Ce fut une grande affaire que cette affaire du buste ; elle mit en émoi Napoléon et toute sa suite : on négocia, on parlementa ; je fus tourmenté de demandes et d'embarras diplomatiques ; enfin, et comme toujours, l'affaire se termina par des injures et des imprécations contre moi ; c'était de rigueur.

Et pourtant, en ceci, je n'avais encore d'autre tort à me reprocher que celui de tenir trop minutieusement et scrupuleusement à la lettre de mes instructions, et de mettre un peu trop de répugnance et d'hésitation à les outre-passer ; si elles étaient barbares et atroces, si en les exécutant je froissais et brisais le cœur d'un père et ses plus douces émotions, encore une fois à qui en était donc la faute ?...

Napoléon parlait sans cesse de son fils et de Marie Louise, il les aimait passionnément, il les aimait de toute la puissance de cet amour que renforcent et activent l'éloignement et l'impossibilité de voir les objets aimés. « On a dit que l'amour et l'affection s'affaiblissent et s'effacent par l'absence, c'est une grande erreur, disait Napoléon : quand on aime bien, l'amour acquiert bien plus d'intensité par la privation de l'objet de cet amour. Alors toutes les pensées se rapportent à lui ; le vide qui nous entoure, nous le peuplons de ses images, partout nous le voyons, partout nous invoquons son nom et sa présence; l'imagination s'en frappe, la mémoire s'en nourrit sans cesse; nous le comparons à tout ce qui est devant nous, et, dans cette douce et continuelle occupation de toutes les puissances de notre ame, au moins jamais la satiété, la monotonie et l'ennui ne viennent poser leur main de glace sur notre cœur.

« Quant à moi, ajoutait-il en soupirant, j'aime ma bonne Louise, et après cinq ans d'absence je l'aime plus encore que je ne l'eusse peut-être aimée si nous étions restés ensemble aux Tuileries; et mon fils, ah ! mais ceci est une affection que ni le temps, ni la présence, ni l'éloignement n'affaiblissent, que rien au monde ne peut refroidir; l'amour d'un père dure comme la vie; tant qu'il y aura une pulsation dans ce cœur, elle sera pour mon fils. »

Puis il se lamentait sur la triste destinée qui attendait cet enfant. « Ils l'ont déshérité, ils l'ont dépouillé de tout, disait-il, jusqu'à la succession de ce pauvre duché de Parme, jusques à la succession de sa mère; ils lui ont tout enlevé, et pourtant il est, lui, fils de rois et d'empereurs; si je ne suis rien, il est quelque chose lui ; car enfin il faut bien que la légitimité d'une dynastie ait un point de départ, elle ne se perd pas dans l'éternité. Celui qui fut en naissant salué, par l'Europe, roi de la capitale du monde antique, n'aura pas même un château en propriété, il ne sera pas même souverain d'un village d'Italie. »

L'arrivée du buste du petit Napoléon vint donner un nouveau degré de force à ces élans d'amour paternel et à ces plaintes sur le sort de celui qui en était l'objet.

Le maître-cannonier du vaisseau *le Baring*, arrivé à Sainte-Hélène au mois de juin 1817, avait apporté un buste en marbre blanc, exécuté par un sculpteur de Livourne, et représentant le fils de Napoléon. On disait à bord du vaisseau que le buste avait été fait à Livourne par ordre de l'impératrice Marie Louise, et qu'elle l'avait envoyé à son époux, comme une preuve muette de sa constante affection. Napoléon se complaisait dans cette idée, et il se répandait à ce propos en éloges sur le cœur de sa bonne Louise.

Le fait est qu'au départ du *Baring* de Plymouth on avait envoyé de la Douane ce buste, et qu'on l'avait confié à la garde du maître-cannonier du vaisseau, Italien de naissance, qui servait depuis long-temps dans la marine anglaise. Le capitaine du vaisseau, se trouvant à dîner, le lendemain de son arrivée, chez quelqu'un de l'île, parla de ce buste et demanda quel était le meilleur moyen à prendre pour le faire parvenir à Napoléon : on lui dit qu'il devait s'adresser à sir Thomas Reade, et c'est ce qu'il fit. Celui-ci lui demanda comment il avait pu se charger d'une pareille commission, dont il était impossible de s'acquitter sans enfreindre les réglements de l'île ; puis, il lui recommanda le plus grand secret et le plus profond silence à l'égard de tout le monde sur cette affaire.

Mais déjà le bruit s'en était répandu dans l'île, et Napoléon savait que le buste de son fils était arrivé lorsque je l'appris moi-même. Alors commencèrent les plaintes et les suppositions injurieuses contre moi. On dit à Long-Wood d'abord que j'avais donné l'ordre de jeter le buste à la mer, de consigner le canonnier à bord, et de ne pas lui laisser mettre le pied à terre, enfin d'ensevelir ainsi toute cette aventure dans le mystère et le silence. On conta ensuite que Reade m'avait donné le conseil de briser le buste et de laisser crier.

« Je savais depuis plusieurs jours, disait Napoléon, que le buste était dans l'île ; » et effectivement il était alors arrivé depuis quatorze jours, et il ne lui avait pas encore été remis. « Je le savais, et je me proposais de faire au parlement et au prince régent une plainte qui eût fait dresser les cheveux, *alzare i capelli*, à tout homme. J'eusse dit des choses qui l'eussent fait exécrer, ce Lowe, par tous les pères comme un monstre à face humaine ; toutes les femmes l'eussent maudit et abhorré. Ils ont délibéré au sujet de ce buste à Plantation-House ; ils ont tenu conseil : le premier ministre Reade, le Castlereagh de Sainte-Hélène, a été d'avis qu'on brisât le buste. Le scélérat ! Mais le major, le petit Gorrequer s'y est opposé ; il a exposé que ce serait se couvrir à jamais d'ignominie que d'en agir ainsi envers un père ; ce petit major, il a encore un peu de bon sang dans les veines. On m'a dit aussi que lady Lowe lui a fait un sermon sur l'atrocité d'un pareil procédé. Cette femme est aimable, elle est bonne ; elle était digne d'un autre mari.

« Quoi qu'il en soit, il en a fait assez pour se déshonorer en retenant le buste de mon fils aussi long-temps, et en laissant douter de son envoi. Dans ces cas, quand on a quelque chose qui bat là, quand on sent un peu de mouvement dans son cœur, on n'hésite pas en présence de l'amour paternel. Et n'a-t-il pas eu l'impudence de me faire dire que les cent guinées demandées par l'artiste étaient un prix exorbitant pour un aussi mauvais buste ; comme si on marchandait l'image d'un fils adoré ! »

Je permis toutefois que le buste fût envoyé à Napoléon, et je le fis porter à Long-Wood. En le recevant il éprouva les plus vifs transports de joie, il ne se possédait plus de bonheur, son cœur en éclatait, et son émotion fut si vive qu'il ne put rien manger de la journée jusqu'à huit heures du soir.

Le buste était en marbre blanc, environ de grandeur naturelle, assez bien exécuté, et portant cette inscription : Napoléon-François-Charles-Joseph, etc. Le sculpteur l'avait décoré de la grande croix de la légion d'honneur.

Napoléon le plaça sur la cheminée du salon, puis il appela ses amis, ses officiers, toute sa suite, et il leur dit : « Regardez cela, regardez cette figure. N'est-ce pas qu'il faudrait être bien barbare, bien cruel, bien tigre, pour vouloir briser une aussi belle figure ? L'homme qui est capable de le faire ou de l'ordonner est capable de tous les crimes ; celui qui a pu commander de briser cette image plongerait un couteau dans le cœur de mon enfant, s'il était là : oui, il le ferait, il l'a dit (1). »

Et il contemplait le buste avec délices, avec ravissement ; il ne pouvait le considérer assez : son visage était rayonnant de bonheur ; toutes les ineffables sensations de l'amour paternel venaient s'y peindre ; les mouvements de l'indignation qu'il avait éprouvée d'abord en pensant à moi, disparurent, et il resta absorbé dans la contemplation de ce portrait qui lui rappelait de si étranges et de si doux souvenirs.

Puis, sortant de cette extase d'amour, il dit brusquement : « Le sculpteur demande cent guinées, il est trop modeste ; s'il savait tout le bonheur, toute la félicité qu'il vient de procurer à mon ame, il m'aurait demandé une somme énorme. Je ne sais, mais le buste vaut pour moi plus d'un million ; il est inappréciable pour mon cœur. Pauvre enfant ! et tu ne verras plus ton père, et tu ne jouiras pas même du fruit de ses travaux et de ses conquêtes ! Mais il est un héritage que nul au monde ne peut t'enlever, c'est l'héritage de

---

(1) Napoléon fut persuadé que sir Lowe avait dit ce mot affreux à propos du buste de son fils : « On devrait étrangler le jeune Bonaparte ; ce serait au moins affaire terminée avec le père et le fils, et tout serait tranquille. »

mon nom, de mes grandes actions, de ma renommée et de ma gloire ; il n'est donné à aucun roi de la terre de t'en dépouiller ; et ton lot est encore assez riche pour faire envie à beaucoup d'entre eux. »

Cependant on voulut savoir au juste à Long-Wood si le buste venait de Marie-Louise, ou bien si c'était seulement une spéculation particulière faite sur la tendresse de Napoléon pour son fils. Le canonnier du *Baring* qui l'avait apporté y fut donc mandé, et je lui donnai la permission de s'y rendre, toutefois après l'avoir minutieusement fait fouiller et interroger sous serment à Plantation-House. De plus, je chargeai le capitaine Poppleton de le suivre et de ne le laisser parler à aucun Français, à moins que ce ne fût en sa présence.

Napoléon s'indigna de ces procédés ; il dit hautement qu'ils étaient pour lui une nouvelle insulte, et il fit congédier le canonnier sans lui avoir parlé. Puis quelques jours après il lui fit adresser par M. Bertrand une lettre de change de 300 livres sterling, dont 100 pour le statuaire, et 200 pour lui, voulant, disait Napoléon, l'indemniser des pertes que cette funeste commission lui avait fait éprouver. Quant à moi, les imprécations et les injures furent ma récompense, en cette affaire. « Le tigre, disait Napoléon, a peur que je ne reçoive une ligne de ma femme, une nouvelle de mon fils, qu'il n'ait pas contrôlées : en vérité, cet homme est d'une atrocité noire, *d'un' atrocita nera* ; il n'est digne ni d'être époux, ni d'être père. Ah ! que je plains lady Lowe : on la dit aimable et pleine de grâces et de vertu ; si elle a un bon cœur elle est bien malheureuse, car elle est unie là à un cadavre sans cœur et sans ame. »

CHAPITRE XXXV.

Commencement de la maladie de Napoléon. — Mort de Cipriani. — Je veux éloigner le docteur O'Méara. — Scrupules des commissaires de Russie et d'Autriche. — Je renvoie O'Méara à Long-Wood.

Bonaparte, irrité de ce qu'on lui avait imposé l'obligation de se faire accompagner d'un officier anglais toutes les fois qu'il voudrait parcourir l'île et dépasser la limite que j'avais fixée, s'était privé de monter à cheval. Depuis il renonça même à sortir à pied, sa susceptibilité s'effarouchant des précautions sans nombre que j'avais cru devoir prendre pour que non-seulement mon prisonnier n'échappât point, mais encore pour qu'il ne communiquât avec personne de l'île. Ce manque d'exercice devait nécessairement influer sur sa santé, qui commença dès-lors à s'altérer.

De plus un événement imprévu ne contribua pas peu à persuader à Napoléon que le fatal climat de Sainte-Hélène devait lui coûter la vie.

Cipriani, son maître d'hôtel, fut subitement attaqué

d'une inflammation de bas-ventre qui donna, dès le premier instant, les signes les plus alarmants pour le sort du malade. Une assemblée de médecins eut lieu; on eut recours à tous les procédés de l'art; mais tous les secours furent inutiles : au bout de quelques jours Cipriani succomba. Les habitants de Long-Wood purent faire inhumer le malheureux maître d'hôtel suivant le rite catholique, et toute la maison du général assista à cette lugubre cérémonie.

La mort de Cipriani affecta beaucoup Napoléon. C'était un homme astucieux, mais vif et spirituel, comme le sont presque tous les Corses. Le général l'affectionnait, d'abord parce qu'il était son compatriote, et ensuite parce que celui-ci lui portait le plus vif attachement. En effet, Cipriani se montrait digne de la confiance illimitée que son maître avait en lui, et cet homme, chez qui l'absence d'éducation n'excluait pas les qualités d'une ame noble, avait montré beaucoup plus de dévouement et d'attachement à Bonaparte depuis ses revers, que dans tout le cours de sa brillante et inconcevable fortune.

Le conseil de l'amirauté avait nommé le docteur Barry O'Méara pour remplacer, dans les fonctions de chirurgien de Napoléon, le chirurgien français qui avait refusé de suivre son ancien souverain à Sainte-Hélène. Je crus pouvoir exiger que M. O'Méara, qui était encore attaché à l'armée anglaise, et qui était, par conséquent, l'homme du gouvernement anglais, me servît à exécuter les ordres qui m'étaient donnés, en m'aidant à faire parvenir au ministère les rapports les plus exacts possibles, et en me fournissant des notes sur Long-Wood-House, où il était admis familièrement. Le docteur s'y refusa obstinément, en me disant que je voulais lui faire faire des choses indignes d'un Anglais, et il donna brusquement sa démission. Je nommai donc le docteur Baxter pour le remplacer; mais Napoléon, montrant toujours une défiance exagérée pour tout ce qui venait de Plantation-House, et surtout contre M. Baxter, ancien chirurgien-major du régiment italien que j'avais commandé, refusa obstinément de le recevoir, et resta sans médecin pendant une trentaine de jours. Les commissaires de la Russie et de l'Autriche, effrayés de la responsabilité qui se rattachait à leurs fonctions dans ce moment critique (c'était alors avant l'arrivée de M. Antommarchi, qui ne fut mandé que par suite du départ de M. O'Méara), ces messieurs, dis-je, exigèrent, au nom de leurs cours, que Napoléon fût pourvu promptement d'un médecin. En conséquence, j'invitai le vieux docteur Stokoé à aller vivisiter le prisonnier; mais il s'y refusa, redoutant, répondit-il, de perdre la confiance du gouvernement anglais et du gouverneur, dès l'instant où il serait attaché à la personne de Napoléon, même d'après mon invitation. Je ne pus vaincre sa résistance.

Je me vis donc forcé, bien malgré moi, de rappeler M. O'Méara, et de l'engager à reprendre son service auprès de Napoléon. Je dois avouer qu'effectivement je cherchais depuis long-temps à éloigner de Long-Wood un homme dont la conduite me paraissait fort peu en harmonie avec les intentions du ministère britannique, et qui d'ailleurs s'était, dans mainte circonstance, prononcé hautement contre moi et contre les actes de mon administration. Je crus cependant devoir le sacrifice d'un ressentiment personnel à l'intérêt qu'inspirait généralement la situation de Napoléon, et, au risque de passer pour avoir commis un acte de faiblesse, je permis que M. O'Méara retournât à Long-Wood.

CHAPITRE XXXVI.

Livres envoyés à Napoléon. — Quel était mon but en lui faisant parvenir les brochures et les pamphlets dirigés contre lui.

A cette époque on m'attribua, à Long-Wood, le choix de plusieurs volumes formant un envoi expédié à Napoléon, et que le hasard probablement dirigea seul. Ces livres étaient : *L'Histoire des campagnes de 1814 et 1815*, par Alphonse de Beauchamps; *l'Itinéraire du retour de l'île d'Elbe*; *le Précis de la vie de Fouché*, etc., ouvrages écrits dans un sens tout-à-fait opposé au ci-devant gouvernement impérial; du moins à ce qu'on me dit, car je ne les ai jamais lus. On regarda cet envoi, à Long-Wood, comme une malice du gouverneur, et le fait est que, *cette fois*, je n'y étais réellement pour rien. A cette occasion, je dois parler de l'amertume avec laquelle on m'accusa d'avoir cherché à troubler la tranquillité de Bonaparte et à empoisonner son repos, en lui communiquant toutes les brochures qui étaient écrites contre lui. Eh bien, oui; je l'ai fait!

mais le but qu'on m'a supposé, celui seulement de tourmenter l'esprit de Bonaparte, est trop mesquin, trop stupide. En mettant sous les yeux de Napoléon tous les pamphlets qui étaient dirigés contre sa puissance abattue, j'éclairais enfin ce prince déchu sur les suites de son fougueux despotisme ; je lui apprenais la vérité qu'il n'avait jamais sue, et que, dans son infortune même, ses amis fidèles, en se serrant autour de sa personne, pouvaient encore empêcher d'arriver jusqu'à lui. Bonaparte apprenait alors que son règne était passé, et que, lors même qu'il trouverait les moyens de fuir, il ne pouvait plus espérer de ressaisir ce diadême qu'il avait laissé échapper. Sans doute il y avait quelque cruauté dans cette subtilité de raisonnement et dans l'action qui la suivait ; mais le repos du monde pouvait-il entrer en balance avec quelques considérations puériles de convenance et de pitié ?... Je l'ai déjà dit, j'étais alors le séide du ministère, le fanatique serviteur d'un parti qui me renia plus tard, comme me l'avait si énergiquement prédit Napoléon. Rien ne me paraissait donc à dédaigner quand il s'agissait d'humilier ce superbe ennemi de l'Angleterre, et quand je pensais pouvoir lui faire perdre ses idées de grandeur et ses rêves de puissance. Je voulais à toute force arracher de son cœur les dernières espérances d'un retour à la domination, qui pouvaient y demeurer encore. La suite de ce système était de calmer les humeurs superbes du vainqueur d'Austerlitz et d'Arcole, et de détruire ce ferment d'ambition qui pouvait encore volcaniser le cerveau de l'hôte de

Long-Wood. En même temps ma tâche de geolier en devenait plus facile; car j'éclairais Napoléon sur les véritables résultats d'une évasion que la perte de toute idée de gloire et de grandeur devait lui faire regarder comme inutile, et même comme dangereuse, pour les souvenirs historiques que laissait son illustration passée. Je lui montrais qu'il ne pouvait y avoir pour lui dans la fuite aucun profit de puissance, aucune espérance de réhabilitation royale; et, au fond, c'était lui rendre service.

CHAPITRE XXXVII.

Mes emportements. — Mot du baron Sturmer à cet égard. — Cartel de M. Hyster. — Le comte Bertrand me provoque en duel.

Je continuais à être dans une position tout aussi hostile envers les habitants de Long-Wood ; et l'espèce de guerre à mort qui s'était engagée entre moi et les officiers de Napoléon devenait chaque jour plus grave ; chaque jour leur haine et celle du général prenait plus d'intensité en raison directe des mesures de surveillance que je me trouvais forcé de prendre. Telle était la fâcheuse situation dans laquelle je me trouvais, que les officiers anglais eux-mêmes refusaient souvent d'exécuter mes ordres, ou s'y soumettaient avec une répugnance qui aurait dû m'éclairer. Maintenant, je puis trouver raisonnable et juste l'éloignement que ces braves militaires montraient pour un tel système de rigueur et d'espionnage ; mais, dans la chaleur, dans la fermentation de mon dévouement patriotique, je ne voyais guère dans leur conduite que de l'insubordination, et même un manque total de nationalisme. C'est ainsi que je me crus obligé de faire un rapport contre le capitaine Blackeney, du 66°, qui avait été chargé d'inspecter Long-Wood, et qui, dès les premiers instants de son entrée en fonctions, avait déclaré « qu'il ne pouvait se décider à continuer « un service aussi humiliant; qu'il était honteux pour « l'armée anglaise qu'on trouvât dans ses rangs des « hommes capables de s'avilir au point de consentir « aux exigences du gouverneur, exigences indignes « d'un honnête homme. »

J'aurais dû, je le comprends aujourd'hui, j'aurais dû m'armer de patience, ainsi que j'en avais pris la résolution en arrivant dans l'île. J'aurais dû me forger à moi-même un cœur de fer et un front d'airain, pour rester moralement et physiquement impassible aux outrages dont l'exercice de mes fonctions cruelles, et mon obéissance toute fanatique aux ordres qui m'étaient transmis, devaient nécessairement me faire abreuver. Mais le naturel l'emporta; et, malgré le phlegme dont je me parais quelquefois, j'étais le plus souvent dans un tel état d'irritation, que tout mon système nerveux en souffrait horriblement. Ce fut à la suite d'un de ces emportements terribles, que le baron Sturmer me prenant le bras, me conduisit devant une glace, et qu'après m'avoir fait remarquer la hideuse lividité de mes traits et l'affreuse contraction de mes muscles, il s'écria : « Regardez-vous, monsieur, et dites-moi ce que l'Europe penserait du sort de l'illustre prisonnier de Sainte-Hélène, si elle pouvait voir dans un pareil état l'homme à la garde duquel l'Angleterre a jugé à propos de confier Napoléon ? »

A cette époque je fus obligé, d'après le refus du capitaine Blackeney, de remplacer cet officier par M. Hyster, commandant des milices de l'île, et que je revêtis d'une autorité temporaire pour surveiller la conduite des habitants de Long-Wood. Sa présence dans cette habitation dut nécessairement y déplaire ; aussi je reçus de M. Bertrand une lettre dans laquelle il m'adressait, de la part du général, une protestation contre toute violation de l'enceinte de Long-Wood par mes agents. M. Hyster, qui se trouvait fort maltraité dans cette épître, et que M. Bertrand traitait même d'instrument de haine, de réaction et de vengeance, crut devoir, malgré son âge, envoyer un cartel au grand-maréchal, qui lui-même me réexpédia cette provocation en me disant « que son caractère et sa délicatesse lui défendaient de se mesurer avec un vieillard, et son grade avec un subalterne ; que si moi, supérieur de M. Hyster, et son égal à lui, je voulais lui demander raison, il était prêt à faire justice à toute réclamation de ce genre. »

Je blâmai fortement M. Hyster de cette ridicule querelle et de cette rodomontade de ci-devant jeune homme, et je lui défendis de donner aucune autre suite à cette discussion. Quant à la provocation que m'adressait personnellement le comte Bertrand, je crus devoir ne pas la relever ; car je sentis combien il eût été odieux de ma part d'entrer en champ clos avec l'un des plus braves, des plus généreux et des plus fidèles amis de

Napoléon. La position de M. Bertrand, et de tous les officiers de Long-Wood, à mon égard, devait excuser bien des choses. D'ailleurs je me regardais, moi, comme trop utile à mon gouvernement, qui m'avait confié une tâche dont la difficulté croissait chaque jour, et je regardais l'existence du grand-maréchal comme trop précieuse pour celui qu'il appelait son souverain, pour ne pas laisser tomber dans l'oubli un défi dont le résultat, quel qu'il fût, n'eût été expliqué qu'à mon désavantage.

CHAPITRE XXXVIII.

La femme de chambre de lady Lowe.—Les amours à Sainte-Hélène. — Les palpitations.

On s'était plaint plusieurs fois du peu d'ombre dont on jouissait à Long-Wood, et comme on me disait un jour qu'il serait utile et agréable que quelques arbres entourassent l'habitation du général, j'avais répondu avec tranquillité : « *On en plantera.* » Cette réponse laconique fut travestie de telle sorte par mes ennemis, que plus tard on la rapporta comme une preuve de mon insouciance et de ma froide férocité. En vérité, il fallait avoir bien envie de me faire le plus noir possible, pour parvenir à découvrir de la cruauté, de la barbarie, dans une manière de s'exprimer aussi naturelle. En général, je ne savais trop comment m'arranger à Sainte-Hélène pour mériter, sinon l'affection, car je sens bien maintenant que cela était impossible, du moins l'indifférence de mes prisonniers. Si je montrais une volonté ferme, énergique, et la résolution de me faire obéir promptement, quand les circonstances exigeaient cette sévérité qui souvent me fatiguait plus peut-être que ceux qui en étaient les victimes, alors je devenais un tyran, un tigre, un scélérat. Mais si mes fonctions, mon devoir, me permettaient parfois de me relâcher les liens dont j'étais forcé d'entraver les bras de Napoléon et de ses officiers, si je me montrais humain, poli, généreux, si je cessais d'être geolier pour redevenir gouverneur, ce changement, supposait-on, cachait une perfidie, et c'était pour ourdir de nouvelles vexations que je me couvrais de ce masque hypocrite. On le voit, j'étais à peu près dans la position du quadrupède du docteur Buridan.

Un insignifiant exemple suffira pour indiquer jusqu'où pouvait aller la manie des interprétations à Long-Wood. Lady Lowe avait une femme de chambre jeune et jolie qu'elle avait amenée d'Angleterre, et à laquelle elle tenait beaucoup. Cette demoiselle possédait tous ces petits talents qui rendent si utile une soubrette à sa maîtresse. En effet elle était très-aimée de ma femme, qui lui accordait même de ces priviléges d'intimité que les mœurs anglaises permettent et autorisent rarement. Betsy m'avait demandé plusieurs fois de lui faire voir Napoléon; j'avais répondu que Napoléon à Long-Wood était chez lui, et qu'il ne m'appartenait pas de violer son asyle; mais lady Lowe insista et me pria si instamment de satisfaire sa première camériste, que je me rendis à ses vœux en donnant à Betsy un message insignifiant pour Long-

Wood, afin de motiver au moins sa visite. Elle y courut donc, et fut fort bien reçue par les officiers et les domestiques, pour qui l'apparition d'une jeune et jolie femme était un événement rare et extraordinaire... Betsy, indiscrète, curieuse et impatiente comme on l'est à dix-huit ou vingt ans, profita de la bonne volonté qu'on lui montrait pour s'avancer lestement jusqu'à la porte de la chambre du général, qu'elle avait déjà entr'ouverte, lorsqu'un huissier l'arrêta et s'opposa à ce qu'elle passât outre. De façon que la pauvre Betsy, désappointée, eut beaucoup de peine à obtenir même qu'on lui permît de contempler les traits de Napoléon par le trou de la serrure, ce qui la chagrina d'autant plus, que le climat de Sainte-Hélène ne convenant point à sa santé, elle fut forcée peu de temps après de retourner en Europe.

Eh bien! cet événement qui s'explique si facilement, et qui est si dénué d'intérêt en apparence, servit de texte aux propos les plus injurieux contre moi. On prétendit que Betsy était devenue mère, et que cela seul avait forcé cette jeune fille de quitter la colonie. On prétendit encore que la visite de la femme de chambre de lady Lowe à Long-Wood avait pour but, toujours d'après le machiavélisme du gouverneur, de mettre celui-ci à même de rejeter sur Napoléon le résultat d'une faute dont il était la principale cause. Bref, on prétendit que j'avais envoyé Betsy à Bonaparte afin de donner un père au petit Lowe adultérin que cette jeune fille portait en son sein, à les entendre.

Il ne manquait en vérité à ma réputation que d'être

représenté comme le pourvoyeur des amours de Napoléon. Au reste, ce n'était pas sur moi seulement et sur ma pauvre Betsy que s'exercèrent les caquetages et que se bâtirent des intrigues. Plus d'une dame à Sainte-Hélène fut accusée par les *bisbigli* et les commérages de l'île d'adoucir par ses faveurs les ennuis du captif. Certaines même, et des plus grandes, s'en cachèrent peu, et le disent tout haut encore aujourd'hui. Si je voulais faire ici un éclatant scandale, qui du reste leur ferait peut-être grand plaisir et flatterait fort leur vanité, je pourrais tout aussi bien dire leurs noms; mais c'est inutile.

Le fait est que Napoléon entra un jour dans une violente colère contre son médecin, lui disant qu'il avait forfait à l'honneur et manqué aux devoirs de son état, qui lui faisaient une loi sacrée du secret. « Le médecin, lui dit-il, est pour le corps ce que le confesseur est pour l'ame; les aveux qu'on leur fait doivent être tenus aussi secrets par l'un que par l'autre, à moins de recevoir la permission de les divulguer. Je vous ai confié, monsieur, que j'avais éprouvé des palpitations, je vous en ai dit la cause, et vous avez été jeter tout au long cette confidence sacrée dans le bulletin de ma santé que vous adressez au gouverneur. C'est mal, très-mal. Je n'en avais parlé qu'à vous, ce devait être un secret impénétrable entre Dieu, vous, moi et quelqu'un autre. Vous le sentez bien, la délicatesse, ou d'autres motifs que vous savez très-bien, auraient dû vous engager à garder sur ces symptômes le plus profond silence. Ce misérable Lowe, cet homme sans cœur, n'a-t-il pas eu l'impudente hardiesse de parler de ces palpitations à Montholon? Allons, docteur, que cela ne vous arrive plus. »

CHAPITRE XXXIX.

Napoléon croit pouvoir retourner en Europe. — Comment il aurait vécu en Angleterre. — Il voudrait être transféré à Malte. — L'île d'Elbe.

C'était une idée fixe dans l'esprit de Napoléon que celle de son retour en Europe. Il croyait, surtout au commencement de son séjour à Sainte-Hélène, que sa captivité n'était qu'une mesure momentanée commandée par les exigences passagères de la politique, et que bientôt elle aurait un terme, et ce terme devait arriver, selon lui, alors que la paix publique n'aurait plus rien à craindre de l'influence de son nom et de sa présence à côté des nations qu'il gouverna ou qu'il combattit; et, disait-il, cela ne pouvait tarder d'advenir en Europe. Vers la fin de sa vie seulement il comprit que l'arrêt qui le condamnait à la détention sur le rocher de Sainte-Hélène était un arrêt prononcé en dernier ressort, un arrêt sans recours en cassation ni en grâce, un arrêt qui ne devait obtenir son entier accomplissement que le jour où la pierre du sépulcre serait scellée sur le cadavre de l'empereur proscrit.

Comme on lui parlait un jour de la nouvelle maison qui devait être construite pour lui, et qu'on lui demandait quel était le point de l'île qui lui conviendrait le mieux pour y placer son habitation ; il répondit : « Si je croyais devoir rester long-temps ici, je choisirais le côté de Plantation-House ; mais je pense que mon séjour à Sainte-Hélène ne sera pas long : aussitôt que les affaires seront arrangées en France, que tout y sera tranquille, que les nations de l'Europe seront façonnées à leurs nouveaux gouvernements, je n'en ai nul doute, l'Angleterre me rendra la liberté et me laissera retourner dans cette Europe que je regrette tant.

« Ils ont craint le retentissement de mon nom, la commotion électrique que les peuples, et surtout les armées, pouvaient recevoir de mon terrible voisinage, et c'est pour cela qu'ils m'ont éloigné, poussé au bout du monde, et relégué en ces horribles lieux. Mais quand les rois se seront rassurés, qu'ils ne sentiront plus trembler leur trône sous eux, qu'ils ne verront plus en leurs effrayantes apparitions ma main puissante prête à leur arracher le sceptre et la couronne, alors ils me laisseront libre.

« Voulez-vous que le gouvernement anglais pousse la folie jusqu'à dépenser huit millions tous les ans pour garder un fantôme de roi, surtout quand ce fantôme n'épouvantera plus personne. »

Alors il s'étendit longuement sur le plaisir qu'il éprouverait à vivre en simple particulier dans une province de l'Angleterre, sous la tutèle et sauve garde des lois anglaises, et sans aucun des embarras et des inconvénients de la puissance.

« J'aurais pris, disait-il, le nom du colonel Muiron, tué à mes côtés à Arcole, et j'aurais mené une vie retirée, sans vouloir en aucune façon me mêler au grand monde. Je n'aurais jamais été à Londres, car je suis las et ennuyé du bruit, du désordre et de l'isolement tumultueux qu'on trouve dans toutes les capitales. Je n'aurais jamais dîné hors de chez moi; je ne me serais lié avec personne, excepté avec quelques savants, et je serais revenu tout entier, de cœur et d'ame, à mes livres; c'est là en effet, même ici, ma meilleure et ma plus inaltérable consolation. Rien ne peut contre le bonheur et la suavité de l'étude. »

Cependant, lorsque je lui eus mandé et fait dire qu'il s'était fait beaucoup de mal par ses plaintes, par ses tracasseries et par les lettres qu'il avait adressées au ministère; lorsque je lui eus représenté que, s'il se fût conduit plus paisiblement pendant quelque temps, le ministère aurait pu croire à sa sincérité et lui permettre de retourner en Angleterre, il commença à entrevoir sa destinée, mais non sans revenir quelquefois à cette douce idée de retour en Europe.

Il savourait avec délices le bonheur qu'il eût goûté à vivre incognito en Angleterre; à entendre de ses propres oreilles les jugements et les opinions prononcés sur son compte, par ses ennemis eux-mêmes.

« Mon plus grand bonheur, disait-il alors, serait de pouvoir me promener incognito dans Londres ou dans les villes de provinces; d'aller dîner en public à une demi-guinée par tête, et d'entendre chez les restaurateurs ce que le peuple dirait de moi, et de ma puissance, et de ma politique, et des événements qui ont marqué mon règne. J'entendrais bien du mal, je le sais; mais enfin j'entendrais le peuple, j'entendrais sa voix, et non celle de quelques écrivassiers et libellistes qui se mêlent de me juger, et qui aujourd'hui, parce que je n'ai plus d'or à leur donner, m'injurient et me diffament.

« Le temps le plus heureux de ma vie a été depuis seize ans jusqu'à vingt; c'est le seul temps que je regrette. Quel charme que celui que j'éprouvais en ma vie de semestre, lorsque vivant économiquement, couchant dans une chambre à 15 fr. par mois, dînant tantôt chez un restaurateur, tantôt chez un autre, sans autre souci que celui de mes études et de mes livres, je jouissais de toutes les délices de l'indépendance. Non, jamais, sur le trône, je n'ai eu un jour de comparable à ces jours de tranquille bonheur.

« Et c'est ce temps-là que je voudrais voir renaître; car le passé ne me tourmenterait nullement, si j'étais en une pareille position. Le passé, je ne le regretterais pas; je ne le regarderais que comme un chapitre d'histoire fait et composé par moi-même; et si, de temps en temps, je m'amusais à le relire, ou à le réciter à l'un ou à l'autre, ce serait sans aucune secrète douleur, sans aucun désir de recommencer. »

D'autres fois, après avoir longuement énuméré les désagréments de Sainte-Hélène, de son climat, de ses pluies, de ses brouillards, de son affreux aspect, de son éloignement de l'Europe, Napoléon disait que, puisqu'il lui fallait absolument une prison, on aurait dû choisir l'île de Malte pour cet objet. « Malte m'aurait assez convenu, disait-il; je m'en serais satisfait pendant quelques années. Son climat m'eût rappelé l'Afrique et l'Italie, deux théâtres de mes victoires; la langue qu'on y parle m'eût fait croire que j'étais dans ma patrie, en Corse. Le gouvernement anglais aurait dû faire avec moi un accord, une convention, quelque espèce de traité par lequel je me serais engagé à ne pas quitter Malte pendant un certain temps, et c'eût été la seule manière honorable d'en agir avec moi. Maintenant même, si l'on avait quelque égard pour moi, pour ma vie, pour les saintes lois de l'hospitalité, on me transférerait à Malte. Et, d'ailleurs, il y aurait en cela pour l'Angleterre économie et honneur. »

Mais comme un jour il parlait de ces regrets, de ces projets et de ces désirs devant l'amiral Malcolm, celui-ci ne répliqua qu'en prononçant le nom de l'île d'Elbe, et Napoléon ne répondit plus rien.

CHAPITRE XL.

Vives discussions entre O'Méara et moi. — Étrange conversation que j'ai avec lui. — Le peu de ménagement qu'il garde envers ma personne. — Je le tiens aux arrêts pendant vingt-sept jours. — Je lui ordonne de quitter Sainte-Hélène. — Opinion de Napoléon à ce sujet.

Décidément M. O'Méara, depuis sa rentrée à Longwood, s'était joint aux Français pour entraver l'exercice de mes fonctions déjà trop pénibles. Outre les nombreux griefs que j'avais à lui reprocher, on m'informa secrètement qu'instruit par l'exemple de ce qui était arrivé à Las Cases, il avait trouvé le moyen de faire sortir de l'île les feuilles d'un journal qu'il écrivait sur la captivité de Napoléon. C'est en vain que je chargeai Reade, Hyster, et le major Gorrequer, de surveiller ses démarches, ils ne purent saisir le fil de cette trame; et, pleins de confiance dans la sévérité de leur enquête, ils m'assurèrent qu'on m'avait trompé. Cependant l'avenir prouva que j'avais quelque raison de me défier du docteur, puisque nous apprîmes après son départ, que, pour soustraire ce journal à mes actives recherches, et pour m'empêcher de m'en saisir, ainsi que j'avais cru devoir le faire à l'égard du comte Las Cases, il était parvenu, au moyen d'une boîte à double fond qu'il s'était procurée à James-Town, à en faire passer, au fur et à mesure, les feuilles manuscrites à bord d'un vaisseau de l'état, d'où l'on faisait parvenir ces papiers à un agent de Napoléon à Londres. Ce fut ce journal qu'il publia en Angleterre, sous le titre de *Napoléon en exil*, et dans lequel il m'épargna si peu.

J'étais presque convaincu par les rapports de mes agents, et je ne conservais plus que de vagues soupçons concernant cette correspondance extérieure d'O'Méara; mais j'étais certain du moins de ses mauvaises dispositions à notre égard. Il m'était impossible de lui pardonner le dévouement qu'il montrait sans cesse pour Napoléon, et *l'interférence* chaleureuse qu'il ne manquait jamais d'émettre, en faveur *des Français*, dont il s'était constitué l'avocat. Je l'avais obligé à venir presque chaque jour me faire un rapport sur la santé du général, et rarement une de ces visites se passait sans que nous eussions ensemble de violentes et terribles discussions qui se terminaient toujours par des menaces et des emportements de ma part, et par un ironique et désespérant sang-froid de la sienne. De ce genre fut la conversation suivante, un matin qu'il se rendit chez moi pour recevoir mes ordres:

« Eh bien! monsieur, quel est l'état de la santé

de Napoléon? — Assez mauvaise, excellence! l'exercice lui serait nécessaire, et... — L'exercice! toujours l'exercice! n'avez-vous que ce remède à prescrire?... Au fait, pourquoi ne se promène-t-il pas?... Pourquoi ne fait-il pas quelques courses dans l'île?... N'a-t-il pas des chevaux dans son écurie. — Mettez-vous à sa place, monsieur;... certes vous ne profiteriez pas de la permission de sortir à cheval, si elle était soumise à d'aussi ridicules sujétions. — Quand on est prisonnier, on n'a pas toutes ses aises. — Il en est persuadé lui-même plus que jamais. — Alors il me paraît, monsieur, d'après vos propres expressions, que vous n'avez pas jugé à propos de justifier ma conduite auprès du général, ainsi que vous, Anglais, vous auriez dû le faire... Mais cela ne m'étonne pas; vous vous êtes érigé en défenseur officieux de tout ce qui habite Long-Wood... — Excellence, l'opinion de Bonaparte est trop irrévocablement fixée à votre égard, pour que j'entreprenne votre justification; une semblable tentative serait un outrage sanglant fait à son malheur. — Son malheur! son malheur!... le général n'a-t-il pas tout ce qui peut être nécessaire à ses besoins? — Tout au plus, si cela est strictement vrai, monsieur le gouverneur; car le maître-d'hôtel de Napoléon dépense chaque jour en achat de provisions indispensables, et en sus de celles qui sont accordées aux Français par le gouvernement, huit ou neuf livres pour le compte de son maître. — Et cependant la somme employée pour le service de Long-Wood dépasse de huit ou neuf mille livres sterling celle qui est allouée par le budjet britannique. — C'est une preuve alors que la somme allouée est excessivement médiocre. — Le ministère doit compte au parlement de l'emploi de cet argent, et il est possible que moi-même je sois forcé de payer de ma bourse... — A une distance de deux mille lieues on ne peut juger de tous les détails, on n'a pu tout prévoir... On a donc dû laisser une grande latitude à votre sagesse, à votre circonspection... Permettez-moi donc de ne pas croire... — M. O'Méara, vous ne négligez aucune occasion, je vous l'ai déjà dit, de plaider la cause des habitants de Long-Wood. — C'est celle de l'humanité. — Vous devriez, je vous le répète, prendre à cœur avant tout celle de votre pays. — Les intérêts de pays ne doivent pas tenir à si peu de chose qu'ils se rattachent essentiellement aux démarches peu honorables que vous exigez de moi. — Vous faites erreur, monsieur. Il est important pour le gouvernement que je sois instruit de tout ce qui se passe dans l'intérieur de Bonaparte... Quant à mes motifs, j'espère que vous êtes persuadé que je ne vous en dois pas compte. — Vous êtes mon supérieur, excellence! — Il est fort heureux que vous daigniez en convenir... Songez-y, docteur, je veux être obéi, ou je vous intimerai la défense d'avoir la moindre conversation avec le général Bonaparte, à moins que ce ne soit sur des sujets qui regardent exclusivement votre profession... Je ne dois pas vous cacher qu'ici vous êtes *suspect*... On voit avec peine la confiance illimitée que Napoléon a mise en vous (1)... Vous n'avez qu'un moyen de rentrer dans les bonnes grâces du ministère,

---

(1) Telle était effectivement la confiance sans borne que Napoléon avait mise en l'estimable M. O'Méara, qu'il le chargea verbalement, lors de son départ pour l'Europe, de retirer des mains de son frère Joseph, un paquet contenant les lettres confidentielles qu'il avait reçues, pendant son règne, des empereurs et des autres souverains de l'Europe. « Vous les publierez, lui disait-il.... Je vous prie de prendre cette mesure; et si vous entendez parler de calomnies répandues contre moi par le ministère anglais et par les soins de cet horrible Lowe, mon odieux geolier et mon bourreau, sur ce qui a eu lieu pendant le temps que vous avez passé auprès de moi, et que vous puissiez dire, sans mentir à votre conscience : J'ai vu de mes propres yeux, et je puis dire *cela n'est pas vrai*. Dites-le, dites-le courageusement, par respect pour ma mémoire !... »

A son retour en Europe, O'Méara fit toutes les démarches nécessaires pour recouvrer les pièces importantes dont il est question. Le comte de Survilliers (Joseph Napoléon) lui fit savoir alors que, prêt à s'embarquer pour les États-Unis, et craignant d'être arrêté, il avait jugé prudent de remettre le dépôt précieux que lui avait confié son frère entre les mains d'un tiers sur la probité duquel il croyait pouvoir compter. Mais, quelque temps après, ces lettres furent apportées à Londres par une seconde personne, probablement un émissaire du dépositaire infidèle, et qui en demanda 750,000 fr. à lord Castlereagh. Ce prix parut probablement exorbitant à mylord, car il se contenta de faire seulement l'acquisition de celles qui concernaient son gouvernement. Les ministres des autres puissances s'arrangèrent, chacun de son côté, avec l'escroc qui s'était rendu maître de ce trésor, et l'on dit que

dont je ne dois pas vous cacher le mécontentement inspiré par votre conduite; c'est de vous prêter avec soumission à tout ce qu'on exige de vous; votre avenir en dépend. — C'est justement ce que pense Napoléon, à qui j'ai rapporté souvent les scènes désagréables qui se sont passées entre nous. — Eh! qu'a-t-il répondu? — Je crains que votre excellence ne se trouve blessée... — Parlez, parlez; je veux connaître l'opinion du général... Surtout ne changez pas un seul mot... — J'obéirai!... « C'est le comble de la bassesse, me disait Napoléon, de la part d'un officier supérieur, de profiter de sa position pour insulter un subalterne. Faites-y attention! si vous ne voulez pas perdre votre état, compromettre votre avenir, quittez-moi; car il n'y a plus de doute, qu'il cherche à vous exciter à lui manquer de respect, afin que vous lui fournissiez un motif pour vous expulser de l'île. D'ailleurs,

---

l'ambassadeur d'Alexandre paya 250,000 francs les seules lettres de son maître à Napoléon. Il fallait que ces fiers potentats eussent terriblement compromis leur dignité dans cette correspondance avec l'usurpateur français, pour payer ces lettres au poids de tant d'or. La négligence ou la trop fatale confiance de Joseph Napoléon est bien certainement blâmable; car c'est une perte immense pour la postérité, que la perte du recueil de ces lettres authentiques, et pour la plupart autographes, dans lesquelles ces puissances *légitimes,* qui plus tard se liguèrent pour abattre *l'ogre de Corse,* ne manquaient pas sans doute de lui prodiguer alors les noms les plus flatteurs, et ne craignaient pas de l'appeler: *Mon frère,* ou *Mon cousin!*

en agissant ainsi, il satisfait deux haines, celle qu'il a conçue contre vous et surtout celle qu'il nourrit depuis si long-temps contre l'empereur détrôné. Ses efforts inutiles pour faire de vous un espion redoubleront nécessairement sa rage... Vous êtes dans une position fâcheuse et cela pour moi, oui pour moi; car si vous aviez consenti à faire le métier d'espion vous seriez très-certainement des amis de sir Lowe. Vous n'auriez peut-être d'autre moyen de vous tirer d'affaire qu'en consentant à jouer le rôle de mouche. Mais, comme cela ne vous convient guère, si j'ai un bon conseil à vous donner, c'est celui d'écouter le gouverneur avec respect et de ne répondre strictement qu'aux questions qu'il vous fera concernant votre profession. Quoi qu'il en dise, il n'a pas le droit d'en faire d'autres; et, s'il vous presse, répondez : « *Je ne sais pas*, ou, *cela n'est pas de mon ressort.* »

J'écoutai cette étrange confidence avec une rage concentrée qui n'échappa point à O'Méara, et qui redoubla son impertinent sang-froid. « Ne pensez-vous pas, monsieur, lui répliquai-je, que Napoléon m'ait traité avec beaucoup de rigueur dans la conversation que vous venez de me rapporter ? — Si c'est le gouverneur qui m'interroge, je me tairai; si c'est l'homme privé, le simple particulier, je lui répondrai que l'opinion du général n'est, selon beaucoup de gens, que l'expression de la vérité. — Monsieur ! — Vous l'avez exigé, je ne dois plus rien vous cacher. Vous prétendez que Napoléon a tort de se plaindre, parce qu'il jouit, dites-vous, de toutes les aisances de la vie : ce fait est faux !.... Dernièrement la viande donnée par vos fournisseurs était d'une si mauvaise qualité que l'on fut obligé de la renvoyer. L'eau apportée à Long-Wood était si peu potable, qu'on fut presque obligé de s'en passer pendant plusieurs jours.... Je ne me permets pas de juger si Napoléon a tort ou raison d'attribuer à vous seul et à la haine qu'il prétend que vous lui portez tous ces désagréments, toutes ces tracasseries, et bien d'autres pitoyables avanies dont on le harcèle chaque jour. Enfin, je dois déclarer à votre excellence que Napoléon Bonaparte regarde le gouverneur de Sainte-Hélène comme son plus mortel ennemi ! — Eh ! que m'importent les déclamations du prisonnier... qui n'est au reste qu'un *usurpateur*. — Oui, en effet, un usurpateur, mais un usurpateur qui était à vingt-six ans le premier homme de l'univers, et à qui on pardonnerait tout, si ce n'était d'avoir usurpé cent victoires par lui-même, ou par ses lieutenants; il a usurpé à Millésimo, à Arcole, aux Pyramides, à Wagram, et même à Capri, n'est-ce pas? »

Je ne pus tenir contre une allusion aussi directe : j'entrai dans un accès de fureur inexprimable, et je m'oubliai jusqu'à pousser le docteur à la porte, en lui prodiguant force injures, et en lui ordonnant de ne plus reparaître devant moi, à moins que je ne lui en donnasse l'ordre précis. A la suite de cette conversation si outrageante pour ma personne et mon caractère, et malgré la position de Napoléon, je ne pus m'empêcher d'obéir à mon ressentiment en envoyant à O'Méara l'ordre de garder les arrêts illimités, ce qui excita une grande indignation à Long-Wood. Bonaparte ne voulut recevoir aucun des médecins que je lui envoyai. Enfin, au bout d'une détention de vingt-sept jours, je fis mettre O'Méara en liberté, mais en lui faisant tenir, par l'intermédiaire de M. Édouard Wyniard, l'ordre de quitter sur-le-champ Sainte-Hélène. Celui-ci lui écrivit à ce sujet la lettre suivante :

« Monsieur, le lieutenant-général sir Hudson-Lowe m'a chargé de vous informer que, d'après *une instruction du comte Bathurst,* en date du 14 mai 1818, on lui enjoint de vous retirer les fonctions que vous remplissez auprès du général Bonaparte, et de vous interdire toutes entrevues ultérieures avec les habitants de Long-Wood.

« Le contre-amiral Plampin a reçu des instructions des lords commissaires de l'amirauté, quant à votre destination, lorsque vous quitterez cette île.

« Vous voudrez donc bien, *immédiatement* après la réception de cette lettre, quitter Long-Wood, sans avoir aucune autre communication avec les personnes qui l'habitent. »

Sans doute il me fut pénible d'éloigner de Napoléon un médecin dans lequel il avait une grande confiance ; homme de talent du reste, mais qui alors avait à mes yeux un tort inexcusable : celui de s'être mis en état d'hostilité permanente avec moi et mes agents, en se proclamant le champion du prisonnier et de ses amis... Dans mes idées de ce temps-là c'était un crime, et d'ailleurs l'ordre du ministre, dont Wyniard avait cité la date dans sa lettre à O'Méara, était trop positif pour me permettre d'agir avec autant de bienveillance et d'urbanité que peut-être je l'aurais voulu. O'Méara partit donc, et ce ne fut que plus de treize mois après qu'il fut remplacé par le docteur F. Antomarchi.

On m'a rapporté que Napoléon, en apprenant d'O'Méara lui-même l'ordre qui éloignait ce dernier, s'écria : « Ce ministère anglais est *bien lâche et bien impudent !*... Quand Pie VII était en France, je me serais plutôt coupé le bras que de signer un ordre pour faire éloigner son chirurgien ! »

CHAPITRE XLI.

Présents venus de l'Inde. — Discussion pour une couronne gravée. — Correspondance. — Invectives de Napoléon.

La veille de la bataille de Waterloo, un capitaine de l'armée anglaise, nommé Elphinstone, fut blessé grièvement et fait prisonnier. Comme quelques chasseurs à cheval l'emmenaient, Napoléon vint à se trouver sur son passage. Le voyant affaibli par la perte de son sang, il eut pitié de son état, et sur-le-champ il donna ordre à un de ses chirurgiens de panser les blessures du capitaine, et un moment après il lui envoya un gobelet d'argent plein de vin tiré de sa propre cantine. Or ce capitaine avait un frère qui tenait un emploi supérieur dans l'Inde au service de la Compagnie, et un oncle, lequel s'appelait lord Keith. Toute cette famille fut pénétrée de la plus vive reconnaissance pour la généreuse compassion que Napoléon avait montrée envers le capitaine Elphinstone, et rechercha depuis avidement toutes les occasions de lui en donner des preuves. Lorsque le *Bellérophon* arriva sur la côte d'Angleterre, ayant Bonaparte à son bord, lord Keith n'eut rien de plus pressé que d'envoyer exprimer à l'empereur prisonnier les sentiments de sa reconnaissance, et il lui fit offrir tous ses services en récompense de celui qu'il avait rendu à son neveu sur le champ de bataille.

Plus tard, et lorsque Napoléon fut à Sainte-Hélène, M. Elphinstone, le frère du capitaine fit confectionner un superbe jeu d'échecs avec son échiquier, deux magnifiques corbeilles à ouvrage, en ivoire découpé, et un assortiment de jetons avec la boîte aussi en ivoire, le tout de manufacture chinoise.

Au commencement de juillet 1817, les objets arrivèrent à Sainte-Hélène. Ils étaient accompagnés d'une lettre de l'honorable M. Elphinstone, où il est dit qu'ils avaient été commandés par lui, pour être offerts au personnage distingué dont ils portaient le chiffre, comme un témoignage de la reconnaissance qu'il conserverait toute sa vie pour le prince qui, par un acte d'humanité peu ordinaire, avait sauvé la vie à un frère chéri.

Je fus d'abord peu embarrassé en recevant ces objets pour le général Bonaparte. Il fallait bien, d'après la stricte teneur de mes instructions, que tout ce qui était adressé à Bonaparte passât par l'entremise du ministère ; mais comme j'avais aussi un pouvoir discrétionnaire dont je pouvais user au besoin, je me décidai à envoyer les présents à leur destination, et j'écrivis dans ce sens au comte Bertrand pour le prévenir de leur arrivée et de leur prochain envoi.

Cependant l'affaire se compliqua pour moi lorsque

je fis ouvrir les caisses et les ballots qui contenaient ces objets; car sur tous était gravée un couronne impériale surmontant un N, chiffre de Napoléon Bonaparte. Cette allusion à une puissance maintenant passée et évanouie pour toujours, cette reconnaissance d'un droit qui n'existait plus me parurent dangereuses, ou tout au moins contraires à la manière dont Napoléon devait être considéré à Sainte-Hélène. Le dirai-je? cette couronne gravée sur des joujoux me fit peur; j'y voyais un démenti donné à toute ma conduite envers le noble prisonnier; j'y voyais un nouveau point d'appui donné à ses prétentions de pouvoir et d'empire. Je n'osais donc lui envoyer les terribles présents. Je donnai l'ordre au capitaine Heaviside, qui les avait apportés de l'Inde, de ne pas en parler à Long-Wood lorsqu'il y fut présenté, et je restai quelques jours dans l'indécision et dans une grande perplexité. C'était une affaire d'état pour moi, que l'envoi d'un jeu d'échecs et d'une caisse de jetons. On eût pu penser, comme me le dit en riant le major Gorrequer, que je croyais faire échec à tous les rois de la chrétienté, et proclamer un nouveau Vingt mars, en consentant à laisser Bonaparte jouer sur un échiquier aux armes impériales et marqué de son chiffre couronné. Enfin, je me décidai à envoyer ces présents; je l'avais promis. Je craignais un nouvel orage à Long-Wood; mais, tout en cherchant à l'éviter, je ne fis qu'aller au-devant de lui; car, comme j'écrivis au comte Bertrand, en lui faisant passer les présents destinés à Napoléon, que je voulais bien, en cette occasion, outre-passer mes instructions en deux points principaux, dans l'intention de faire quelque chose qui pût être agréable au général, j'en reçus la réponse suivante.

« Monsieur le gouverneur, j'ai reçu les cinq caisses que vous avez pris la peine de m'envoyer, contenant un jeu d'échecs, un boîte de jetons, et deux paniers à ouvrage en ivoire, envoyés de Canton par M. Elphinstone. L'empereur a été surpris de voir, dans votre lettre, que vous pensiez que votre devoir était de ne pas remettre ces objets. *Si j'agissais, dites-vous, en entière conformité aux réglements établis, je devrais en suspendre l'envoi*. En ce cas, monsieur le gouverneur, vous eussiez fait une chose gracieuse de les retenir.

« Mais à quoi cela s'applique-t-il ? Est-ce à ce que ces objets ne sont pas arrivés par le canal du ministre ? Dans les restrictions du ministre, il est bien dit que les *lettres* doivent venir par son canal; mais non les objets d'habillement, les bustes, les meubles, etc. Nous avons constamment reçu du Cap beaucoup d'objets qui nous ont été envoyés. D'ailleurs lord Bathurst, dans son discours, et vous-même, dans une de vos lettres, vous avez rejeté avec indignation que des lettres venues par la poste, ou par des occasions, eussent été envoyées à Londres pour revenir dans ce pays. Cela ne peut ni n'a pu vous autoriser à retenir des objets tels que des bustes, des meubles, des livres et tous autres effets qui n'ont aucun rapport avec la sûreté de la détention.

« Serait-ce parce que sur les jetons il y a une couronne? Mais il ne peut exister aucun réglement qui ne soit à notre connaissance. Or, il n'est pas à notre connaissance que nous ne puissions pas posséder un objet sur lequel se trouve une couronne. Il faudrait donc aussi faire de nouveaux jeux de cartes, parce qu'il y a des couronnes sur celles qu'on s'est procurées. Le linge et le peu d'argenterie qui restent vont souvent à la ville, ils sont marqués d'une couronne.

« Mais de qui serait émané ce réglement que vous dites en vigueur? de votre gouvernement, qui seul a, par le bill, le droit d'en faire. Votre ministère a déclaré en plein parlement qu'il n'avait été fait aucune restriction depuis celles qui avaient été imprimées et communiquées à l'Europe, qu'avait votre prédécesseur, et qu'il vous a remis. Il a ajouté que vous n'avez fait aucune restriction; mais seulement pris des mesures d'exécution. Effectivement vous n'en avez pas le droit.

« L'empereur ne veut de grâce de personne, et ne veut rien du caprice de qui que ce soit; mais il a le droit de connaître les restrictions qui lui sont imposées. Votre gouvernement, le parlement et toutes les nations ont le même droit. Je vous prie donc, monsieur, de nous communiquer ces nouvelles restrictions, et s'il en existait de pareilles, elles seraient en contradiction avec l'assertion de lord Bathurst qui dit qu'elles ne doivent avoir pour but que la sûreté de la détention. L'empereur me charge de protester contre l'existence de toute restriction ou réglement qui ne lui aurait pas été légalement notifié avant son exécution.

« J'ai l'honneur, etc. Comte BERTRAND. »

Je ne pouvais laisser cette lettre sans réponse, aussi m'empressai-je d'adresser au comte Bertrand celle qui suit.

« J'ai reçu votre lettre du 10 du courant : l'usage fréquent que vous y faites du titre d'empereur, et le ton avec lequel vous m'exprimez vos sentiments lorsque vous l'employez, m'autoriseraient suffisamment à garder le silence sur son contenu, comme m'étant adressée sous une forme inadmissible. Néanmoins, je ne me prévaudrai pas de ces motifs pour refuser d'y répondre.

« Le seul but que j'ai eu en vous écrivant le 8 de ce mois a été d'empêcher qu'on ne crût que je reconnaissais tacitement, ou approuvais qu'on reconnût le rang impérial dans la couronne placée partout au-dessus de la lettre initiale de Napoléon, qui se trouve sur des présents envoyés par un sujet anglais particulièrement, et venant d'une factorerie anglaise.

« Si je les eusse laissé parvenir sans observation, on en aurait nécessairement conclu que n'y voyais rien d'inconvenant ; et je ne sais que trop jusqu'à quel point ce précédent aurait pu être attaqué, et quelles plaintes se fussent élevées, lorsqu'on s'en serait écarté à l'avenir, si je n'eusse déclaré d'une manière explicite les motifs que j'ai eus dans ce cas pour permettre que les objets en question vous parvinssent.

« Celui qui a fait ces dons a sa manière de penser personnelle ; mais j'ai aussi le droit d'exercer mon jugement en ne souffrant pas qu'elle s'exprime par mon intermédiaire ; et en laissant parvenir les présents, sans autres observations que celles contenues dans ma lettre, j'ai été aux extrêmes limites de ce que pouvaient exiger de moi les égards que méritent les désirs ou l'attente du général Bonaparte.

« Vous me demandez, monsieur, « *est-ce à ce que ces objets ne sont pas arrivés par le canal du ministre ?* etc. »

« Je me serais considéré comme pleinement justifié à les retenir d'après la teneur générale de mes instructions, sans rapport à la décoration qui s'y trouve, jusqu'à ce que j'eusse obtenu de mon gouvernement l'ordre exprès de les livrer, à moins que je ne fisse usage de mon pouvoir discrétionnaire pour les examiner, et me convaincre qu'ils ne contenaient aucun moyen de communication qui pût servir à une correspondance clandestine. L'envoi que je vous ai fait de la lettre, avant même que les objets fussent débarqués, prouve suffisamment que la dernière voie a été le principe, d'après lequel j'étais toujours prêt à agir, au lieu d'attendre l'arrivée d'instructions d'Angleterre.

« Vous remarquez, monsieur, que j'ai repoussé avec

indignation l'accusation d'avoir renvoyé à Londres, pour être expédiés de nouveau à ce pays, des lettres venues par la poste ou par des occasions particulières. J'ai sans doute, monsieur, repoussé cette accusation avec indignation, ainsi que les réflexions qu'elle avait fait naître, parce qu'elles ne contenaient ni vérité ni justice ; parce que j'étais révolté de ce sentiment qui faisait voir une vexation, et des motifs de reproche dans des marques d'attention (car en envoyant leurs lettres de famille, j'avais usé, en faveur des personnes qui s'étaient adressées à moi, d'un pouvoir discrétionnaire que mes instructions n'autoriseraient pas); mais je ne suis pas convenu que je n'avais pas le droit, et n'y étais pas parfaitement autorisé, de renvoyer des lettres d'Angleterre, si je le jugeais à propos, lorsqu'elles venaient par des voies irrégulières. Des présents peuvent être aussi contraires qu'une lettre à la sûreté de la détention, et *pourraient être susceptibles d'un examen qui les empêcherait à jamais de servir à l'ornement ou à l'utilité. On peut cacher une lettre sous les cases d'un échiquier ou sous la couverture d'un livre*, aussi bien que dans la doublure d'un gilet ; et je ne suis pas obligé de me fier à la personne qui les envoie, quelle qu'elle soit. Si j'ai permis que des objets vous fussent transmis, ça été à cause que j'ai été persuadé qu'ils n'étaient pas d'une nature répréhensible, et vous n'avez certainement, monsieur, aucune raison de vous plaindre de la manière dont j'ai usé de mon autorité discrétionnaire, tant en consentant généralement à l'envoi de tout objet qui arrivait, qu'en en laissant parvenir plusieurs autres, arrivés sous mon couvert, et dont les personnes qui les envoyaient avaient entièrement laissé, par délicatesse, la transmission à mon choix.

« Vous observez, monsieur, « *serait-ce parce que sur les jetons il y a une couronne,* etc., etc., » et vous demandez s'il existe quelque réglement qui vous défende d'avoir une chose sur laquelle est une couronne.

« Il n'existe sans doute, monsieur, aucun réglement spécial et écrit qui défende l'arrivée à Long-Wood de tout objet surmonté d'une couronne, ou qui vous empêche d'en posséder aucun avec cette décoration; mais, dans le cas dont il s'agit, c'était la couronne impériale sur la lettre initiale de Napoléon, découpée, dorée ou gravée, et que présentent presque tous les objets. Son abdication, le traité de Paris, et les actes du parlement anglais, rendent inutile l'existence de tout réglement à ce sujet.

« Les objets surmontés de la couronne impériale, et actuellement à Long-Wood, portaient cette marque avant l'abdication. Je n'en ai jamais disputé la possession, ni la satisfaction qu'ils peuvent procurer.

« Quant au passage que vous citez des débats du parlement, permettez-moi de vous faire observer qu'il est inexact, selon tous les journaux que j'ai vus; les journaux eux-mêmes ne s'accordent pas; car l'un parle de réglement, l'autre d'instructions, non de restrictions, comme étant les mêmes, du moins sans aucun changement substantiel, que ceux antérieurement prescrits.

« Vous dites, monsieur, « *Vous n'avez pas le droit d'en faire.* »

« L'acte du parlement, la commission et les instructions dont je suis pourvu, sont, monsieur, mes guides les plus sûrs à cet égard; cependant il me sera permis d'ajouter que les instructions premières, que vous prétendez être mes seules règles, ont reçu une plus ample interprétation que ne semblerait le comporter leur sens strict et littéral, relativement au degré d'exemption de gêne personnelle duquel jouit maintenant le général Bonaparte.

« Vous ajoutez, « *l'empereur ne veut de grâce*, etc. »

« Je n'ai pas la prétention d'accorder une faveur au général Bonaparte, et encore moins l'arrogance de l'assujettir à aucun acte de mon caprice. Il n'est soumis à aucune restriction que mon gouvernement ne connaisse, et que le monde entier ne puisse connaître.

« Je saisirai cette occasion pour rappeler que le général Bonaparte lui-même, lors des deux entrevues que j'ai eues avec lui, m'a fait observer que, comme officier général, je devais agir suivant des instructions, et ne pas faire mon devoir comme un *consigne*; mais il semble à présent que c'est en *consigne* qu'on veut que je le remplisse; une autre fois il déclara ne reconnaître *aucune inspection directe en public.* Comment ces suggestions s'accordent-elles avec les limites étroites dans lesquelles on cherche maintenant à restreindre l'exercice de mes devoirs ? Les vues que vous avez présentées coïncident le plus avec les miennes (voyant que tout exercice de mon pouvoir discrétionnaire, même dans le cas où je cherche à agir le plus favorablement, n'entraîne que de nouvelles discussions); mais lorsqu'on me manifeste des sentiments si opposés, vous reconnaîtrez, monsieur, la difficulté de les concilier entre eux.

« Vous dites, monsieur : *l'empereur me charge de protester contre l'existence de toute restriction, etc., etc.* »

« Il est essentiellement de mon devoir, chaque fois que les circonstances le permettront, de considérer toute communication qui peut m'être faite, au nom même de la personne que vous désignez ainsi. Cependant on ne saurait notifier un réglement auquel donne lieu un cas soudain, avant la circonstance qui en fait naître la nécessité. La mesure dont vous parlez n'était pas de nature à être communiquée d'avance, mais elle n'a point, j'ose le dire, été mise à exécution avant qu'il en ait été donné connaissance. — J'ai l'honneur d'être, etc., H. Lowe, lieutenant-général. »

Cette correspondance et ces explications n'empêchèrent pas Napoléon de prendre texte de mon hésitation pour m'en faire un nouveau crime et pour m'écraser de ses invectives.

« Le gouverneur, dit-il, prétend qu'il n'était pas autorisé par les réglements à m'envoyer ces présents. Eh bien! que ne les gardait-il; je ne veux rien de son caprice. Mais où sont ces réglements, je ne les ai pas vus, je ne les connais pas, et s'ils existent ils ne peuvent être obligatoires qu'après que j'en aurai eu précédemment connaissance; et, dans tous les cas, voyez donc le ridicule! parce qu'il y a une couronne sur un échiquier, et un N couronné sur une corbeille, voilà que je vais reprendre le sceptre et la puissance. Il faut que les lâches d'Europe me craignent bien encore pour voir une proclamation et une reconnaissance dans la remise d'un joujou armorié.

« En vérité Lowe aurait dû dire qu'il protestait contre cette dangereuse et effrayante couronne, cela du moins nous aurait fait rire un moment ici; mais non, il veut me tuer à coups d'épingles, et certes il n'a pas de meilleurs moyens de torture que de me dire que je dois la possession de ces cadeaux à sa bonté. La bonté de Lowe pour moi! grand Dieu!

« Au reste, je le répète, je ne veux pas me soumettre à son caprice, j'aimerais mieux des chaînes et un cachot; car l'homme peut s'accoutumer à la dure monotonie du cachot, au lourd poids des fers, mais au caprice d'autrui, jamais, c'est impossible! *alla prigione et alle catene l'uomo s'accostuma, ma al capriccio d'altrui, mai, e impossibile.* Je ne lui demande aucune faveur, qu'il garde ses bontés : peut-être voudrait-il que je lui écrivisse une lettre de remercîments, comme un jour il se mit dans la tête de me demander une lettre d'excuses. Moi des remercîments, des excuses, moi à lui!... »

Et Napoléon se prit à rire, d'un rire de dédain, de mépris et de pitié.

CHAPITRE XLII.

Réponse de Napoléon au discours de lord Bathurst sur sa situation à Sainte-Hélène.

« *Il regno delle bugie non durera sempre,* » s'écria Napoléon en lisant un numéro du *Times* dans lequel était le discours prononcé par lord Bathurst, le 18 mars 1817, dans la chambre des pairs, en réponse à la motion de lord Holland, sur la situation du prisonnier de Ste.-Hélène. « Non, le règne du mensonge ne durera pas toujours. Bathurst en a menti impudemment à la face de l'Angleterre et de l'univers. Il a menti quand il a dit que les changements qui ont eu lieu ici dans la police de l'île et de Long-Wood ont été faits pour mon bien. Il a menti en disant que la raison pour laquelle on avait resserré les limites était que j'avais fréquenté et pratiqué les soldats et les habitants. Il a menti en disant que je n'avais reçu qu'une lettre, que je voyais librement les officiers et les habitants. Il a menti en disant que des personnes étaient venues me voir. Il a menti et toujours menti. Mais je suis content de voir que le ministre de l'Angleterre ait justifié sa conduite atroce envers moi, devant le parlement, la nation et l'Europe avec des mensonges. Je lui répondrai, je vais lui répondre. *No, il regno delle bugie non durera per sempre.* »

Quant à moi je vis bien, en recevant les journaux, que cette discussion parlementaire allait mettre le feu à Long-Wood, et que je serais moi-même un des premiers à en subir les terribles résultats. Je fus bien tenté de supprimer et de faire disparaître les journaux qui contenaient ces funestes documents, mais je pensai que tôt ou tard la fraude serait découverte et qu'alors ce serait bien pire. Je laissai donc les choses suivre leur cours. Je donnai l'ordre de dire à Bonaparte que la relation faite dans les papiers publics pouvait être incorrecte et dénaturée et qu'il ne fallait pas y ajouter foi, que je n'avais reçu encore aucune dépêche officielle à ce sujet; mais rien n'y fit; Napoléon était furieux, et pendant plusieurs jours il répétait à tout instant : « Ah! je les tiens maintenant, je les ai pris eux et leurs menteries. Mais qu'ils se tiennent prêts, car je vais leur donner un grand, un solennel démenti. Le règne du mensonge doit tomber; il ne peut pas durer éternellement. Tous ces ministres sont menteurs : *Talleyrand é il caporale degli bugiardi, poi viene Castlereagh, poi Metternich, poi Hardenberg, poi tutti.* Mais je vais leur répondre. »

Effectivement il se mit à l'œuvre et bientôt il eut terminé la réponse.

Napoléon dit en la relisant : « Nous verrons comment il s'en tirera. Je lui prouve qu'il a dit vingt faussetés et quatre infâmes calomnies. Quant à ses outrageantes plaisanteries, je n'y réponds pas, ce serait avilir ma dignité que de descendre dans l'arène politique, en présence du monde, avec un Pasquin diplomatique, qui ne rougit pas de prendre la plus grande infortune de l'époque pour texte à ses ignobles quolibets. »

Voici cette réponse qui me fut envoyée pour être expédiée en Angleterre.

Lord Bathurst dit : « *que le noble lord* (lord Holland, auteur de la motion) *ne pouvait discuter, avec un juste degré d'impartialité, les restrictions imposées à ce prisonnier, tant qu'il considérait toutes restrictions quelconques comme inhumaines et injustifiables.* »

« Le bill du parlement d'Angleterre du 11 avril 1816 n'est ni une loi, ni un jugement. Une loi ne statue que sur des objets généraux ; les caractères d'un jugement sont : la compétence du tribunal, l'instruction, l'audition, la confrontation et les débats. Ce bill est un acte de proscription, semblable à ceux de Sylla et de Marius, aussi *nécessaire*, aussi *juste*, mais plus *barbare !* mais Sylla et Marius, comme consuls et dictateurs de leur république, avaient une juridiction incontestable sur les hommes qu'ils proscrivaient. Le roi d'Angleterre, ni son peuple, n'en avaient, ni n'en ont aucune sur Napoléon : ce sont quinze millions d'hommes qui en oppriment un en temps de paix, parce qu'il a dirigé et commandé des armées contre eux en temps de guerre. Mais Sylla et Marius signèrent ces actes de proscription avec la pointe encore sanglante de leurs épées, au milieu du tumulte et de la violence des camps. Le bill du 11 avril a été signé en temps de paix avec le sceptre d'un grand peuple, dans le sanctuaire de la loi. De quel droit désormais les membres du parlement d'Angleterre oseraient-ils blâmer ceux qui ont proscrit Charles I et Louis XVI? ces princes périrent du moins d'une mort prompte et sans agonie !

« Il déclare 1° que Napoléon sera traité comme s'il était prisonnier de guerre; — 2° que le gouvernement anglais aura le droit de faire toutes les restrictions qu'il jugera nécessaires. Par la première stipulation on a mis ce prince sous la protection du droit des gens qui, étant fondé sur le principe de la réciprocité, n'est pas une garantie en temps de paix; la seconde stipulation détruit jusqu'à l'image de la garantie que l'on paraissait avoir voulu donner par la première. Le droit de restriction n'est assujetti à aucune censure; on ne lui a posé aucune limite; on n'a désigné ni accordé aucun recours. Le bill anglais, après avoir tout violé pour se saisir de la personne de ce prince, alors son illustre hôte, le livre aussitôt et avec précipitation à toute la fureur de ses ennemis personnels, qu'animent les passions les plus basses. Un sénat législatif, qui abandonne un individu, fût-ce le dernier de l'espèce humaine, à l'arbitraire, se manque à lui-même et méconnaît son saint caractère.

« On demande quel besoin avaient les ministres d'être investis du droit de faire des restrictions, puisque le droit des gens devait être leur règle. Un d'eux répondit, que c'était pour se trouver autorisés à un traitement plus libéral qu'il n'était en usage envers les prisonniers de guerre. Les observateurs ne prirent pas le change; ils pressentirent les vues secrètes du cabinet; ils en furent affligés pour l'honneur de leur nation; les événements ont justifié et justifient tous les jours leurs conjectures. Ce grand homme se meurt sur un rocher d'une mort assez lente pour qu'elle puisse paraître naturelle, excès de cruauté inconnu jusqu'à cette heure aux nations. Ce bill est plus barbare que si, comme celui de Sylla, il eût fait d'un seul coup tomber la tête de ce fier ennemi!

« Le droit de faire des restrictions a été accordé par le bill au gouvernement, et celui-ci ne le peut déléguer. Les restrictions doivent être revêtues des formes d'un acte du gouvernement, votées au conseil, et signées du prince. Un seul ministre ne peut donc l'exercer. C'est cependant ainsi qu'ont été adoptées et publiées les quatre restrictions qui furent imprimées dans un journal de Paris. Lord Bathurst s'empressa d'en faire hommage au petit nombre de Français qui ont vieilli dans la haine du droit des nations, de l'indépendance, et de la liberté de leur patrie. C'est par cette voie que l'Angleterre en a eu connaissance; elles n'ont été communiquées à Sainte-Hélène que partiellement, verbalement, quelques articles par écrits, extraits de la correspondance du ministre, et comme un simple acte de son administration.

« Ces restrictions sont :

« 1° La détention à Sainte-Hélène.

« 2° Nom imposé de *général Bonaparte*.

« 3° Prohibition de sortir sur le rocher de Sainte-Hélène autrement qu'accompagné d'un officier.

« 4° Obligation.—1° de n'écrire que des lettres ouvertes, et remises à l'officier préposé à la garde de Sainte-Hélène; 2° de ne recevoir que des lettres ouvertes qui aient passé sous les yeux du ministre.

« Ces quatre restrictions sont contraires au droit des gens. Ce n'est donc pas pour améliorer le sort des détenus que les ministres se sont fait investir du droit de faire des restrictions. On ne citera aucun exemple, dans l'histoire de la Grande-Bretagne ou de la France, où des prisonniers de guerre aient été envoyés pour être détenus dans un autre monde, et sur un rocher isolé au milieu des mers. Si l'on n'avait en vue que la sûreté de la détention, il ne manquerait pas en Angleterre de châteaux ou de maisons; mais c'est le climat dévorant du tropique dont on avait besoin !

« La seconde restriction n'a non plus aucun rapport avec la sûreté de la détention. Elle a l'effet d'aggraver la position de ce prince. Les prisonniers de guerre, lorsqu'ils tombent au pouvoir de l'ennemi, sont légitimés par le titre qu'ils portaient chez eux. Ainsi, sous ce point de vue, l'Angleterre n'avait pas le droit de changer le titre de celui qu'elle voulait considérer comme prisonnier de guerre. Mais les Bourbons n'ont pas cessé de régner en France! la république et la quatrième dynastie n'ont pas été des gouvernements légitimes! sur quoi se fondent ces nouveaux principes? Si le gouvernement anglais reconnaît que les Bourbons régnaient en France lors de la paix d'Amiens en 1802, il reconnaît que le cardinal d'Yorck régnait en Angleterre au traité de Paris en 1788; que Charles XIII ne règne pas en Suède. Consacrer ces principes, c'est porter le désordre sur tous les trônes; c'est propager les germes de révolution chez tous les peuples.

« On savait bien que l'Empereur ne devait, ne pourrait jamais profiter de la faculté contenue dans la troisième restriction. C'est donc le réduire à ne jamais sortir. Quel rapport cette restriction peut-elle avoir avec la sûreté de la détention sur un rocher escarpé, à six cents lieues de tout continent, autour duquel croisent plusieurs bricks, où il n'y a qu'un seul mouillage, et dont la circonférence peut, en outre, être gardée par dix ou douze postes d'infanterie?

« On savait également que, pour ne pas se soumettre à l'humiliation prescrite dans cette quatrième restriction, il ne recevrait, n'écrirait aucune lettre. La correspondance entre cette île éloignée et l'Europe peut avoir lieu au plus deux fois par an; il faut huit ou neuf mois pour avoir une réponse : comment une correspondance de cette nature peut-elle influer sur la sûreté de la détention et sur la tranquillité de l'Europe? Mais elle ôte toute consolation morale; elle est à l'ame ce que le climat de cet affreux pays est au corps. On marche au but que l'on se propose par deux chemins à la fois !

« L'officier commandant à Sainte-Hélène ne pouvait être chargé que de la garde et de l'exécution des restrictions; mais il n'en est pas ainsi; il fait, défait, refait lui seul les réglements et les restrictions, à sa fantaisie, avec précipitation, dans des formes illégales et obscures. Il n'a été posé aucune limite à l'arbitraire, aucun recours contre la passion, le caprice et la folie d'un seul homme. Il n'a aucun conseil, aucun magistrat, aucun homme de loi, aucune opinion publique sur ce rocher.

« Le ministre croit-il donc qu'il est impossible qu'un officier préposé à la garde de Sainte-Hélène abuse ? mais quand on le choisit *ad hoc*, et parmi les hommes d'un caractère connu par leurs missions précédentes, n'est-il pas probable qu'il abusera? et lorsqu'il lui dit : *si le détenu s'échappe, votre honneur et votre fortune sont perdus*; n'est-ce pas lui dire d'abuser? n'est-ce pas y intéresser tout ce que l'homme a de plus cher? Un geolier, en Europe, ne peut imposer, même aux criminels, des restrictions selon son degré d'alarme, son caprice, ou sa passion; il en réfère à des magistrats dans l'ordre administratif ou judiciaire, qui y statuent et mettent sa responsabilité à couvert : sans quoi il n'y aurait jamais de cachots assez sûrs aux yeux de l'homme responsable de la détention; car enfin des prisonniers enfermés dans des tours, les fers aux pieds et aux mains, sont parvenus à se sauver.

Dans quelque position que se trouvent des hommes vivants, ils ont toujours des chances plus ou moins nombreuses pour se restituer à la liberté. Cherchez-vous un lieu pour renfermer un homme où il n'ait aucune chance pour recouvrer la liberté, pas même une chance sur mille ? vous n'en trouverez qu'un...... un cercueil !

« Si on propose le problème : indiquer une formule d'instructions à donner à l'officier chargé de la garde de Sainte-Hélène, pour que les détenus soient en proie à toute espèce de vexations et de caprices, qui satisfassent à la haine la plus implacable, sans cependant qu'elle l'oblige de se démasquer et de mettre au jour son odieux visage; après avoir choisi un homme d'un caractère et d'une opinion bien connus, on lui dira : prenez toutes les mesures nécessaires pour assurer la détention; il n'y aura aucun magistrat sur les lieux pour recevoir les plaintes qui seraient faites contre vous; elles ne pourront arriver que par votre canal et dans des lettres ouvertes à un ministre éloigné de deux mille lieues; vous seul, juge et partie, ferez l'instruction; cette instruction sera secrète, mais aussi, si le détenu s'échappe, votre honneur et votre fortune sont perdus. On aura résolu le problème, mais en faisant abnégation de toute idée de justice, de tout sentiment humain; mais en déchirant le bill, ou du moins son sens littéral et public. Les sauvages qui croient avoir le droit de dévorer leurs prisonniers désavoueraient cet excès de cruauté.

Lorsqu'on a voulu couvrir le but qu'on se proposait

dans le choix de Sainte-Hélène, on a dit : *c'est pour que les prisonniers jouissent de plus de liberté;* mais par les restrictions que l'on a faites, les instructions que l'on a données, l'homme que l'on a choisi, il est démontré qu'on a voulu empêcher les cris de l'agonie d'arriver jusqu'au prince et au peuple anglais. On a craint l'indignation des cœurs généreux et des hommes de bien qui ont encore quelque influence sur l'opinion des nations européennes.

« Lord Bathurst, dans le discours, déclare deux choses : 1° que sir Hudson Lowe n'a pris que des mesures d'exécution; 2° que toutes les communications du gouvernement à Sainte-Hélène ont été à l'avantage des détenus. Ces deux assertions sont également fausses; voyez la pièce n° IV, page 26; elle renferme huit ou neuf nouvelles restrictions qui seraient considérées comme vexatoires et déshonorantes à Botany-Bay. On ne connaît que quelques pièces de la correspondance du ministre. Une lettre, communiquée en octobre par le colonel chef d'état-major du commandant, était pleine d'expressions impropres. On ordonnait de faire incontinent prendre trois des douze domestiques qui avaient suivi Napoléon à Sainte-Hélène, et de les envoyer au Cap de Bonne-Espérance. On ne peut pas joindre ici cette lettre, parce qu'on refusa de la laisser ou d'en donner même copie : on craignait qu'elle ne fût un jour publiée; mais, en conséquence, le chef d'escadron Piontkowsky et trois domestiques furent envoyés au Cap. On insinua que successivement tous les domestiques français auraient le même sort, et qu'on ne laisserait auprès de l'empereur que des domestiques du choix du commandant de Sainte-Hélène. On ne dira pas que ces domestiques avaient donné lieu à des plaintes, car ils ne furent pas désignés nominativement. On leur a fait faire douze cents lieues pour aller au Cap, et six cents pour revenir à Sainte-Hélène, c'est-à-dire une traversée égale à celle de Sainte-Hélène en Europe. Ils naviguèrent trente-cinq jours dans des mers orageuses pour se retrouver au même point d'où ils étaient partis cinquante jours avant, occasionant sans raison des embarras et des frais à l'administration de la marine. Si on ne voulait pas que ces domestiques débarquassent tout d'abord en Angleterre, ne pouvait-on pas leur faire attendre les ordres du ministère dans une rade ou à Gibraltar? le comte Las Cases a été soumis à cette cruauté. Tous les Français qui voudront retourner dans leur pays, devront préalablement courir ces dangers, et essuyer cette excessive fatigue; c'est un ordre général de service. Quel mépris de l'homme! enfin, la conduite toujours plus illibérale du commandant de ce pays, toutes les fois qu'il est arrivé des bâtiments d'Europe, ses déclamations réitérées que ses instructions ne sont pas les mêmes que celles de son prédécesseur, qu'elles sont plus noires encore que sa conduite; tout paraît démontrer que la seconde assertion de lord Bathurst, « que sa correspondance a été en faveur des détenus, » n'est pas plus exacte que la première, « que sir Hudson Lowe n'a pris que des mesures d'exécution. »

« *Ainsi donc, quand Napoléon Bonaparte représentait qu'il lui était impossible d'écrire à ceux auxquels il désirait écrire, cela n'était pas vrai.* » 2.

2. « L'honorable orateur se donne un démenti à lui-même. En effet, le comte de Montholon s'exprime ainsi dans la lettre qui suit ces observations : *C'est le même esprit de haine qui a ordonné que l'empereur Napoléon ne pût écrire ni recevoir aucune lettre, sans qu'elle soit ouverte et lue par les ministres anglais et les officiers de Sainte-Hélène. On lui a par là interdit la possibilité de recevoir des nouvelles de sa mère, de sa femme, de son fils, de ses frères.*

« *Qu'il n'avait pas reçu de lettres de ses parents et amis en Europe, et qu'il lui était impossible d'en recevoir ; cela n'était pas vrai.* » 3.

3. « A qui cela se rapporte-t-il ? Le comte de Montholon n'a pas et ne peut avoir porté plainte de ce que Napoléon ne recevait pas de lettres, puisque celui-ci a déclaré qu'il n'en voulait recevoir aucune ouverte.

« *Comme on pourrait le croire d'après une lettre que lui écrivit sir George Cockburn.* » 4.

4. « Il n'y a eu et n'a pu y avoir aucune correspondance entre Napoléon et les officiers du gouvernement anglais, puisqu'on n'est pas d'accord sur le titre.

« *Il ignorait comment il pourrait remplir son*

devoir, s'il ne prenait pas connaissance de la nature de pareilles communications. » 5.

5. « On a demandé, au commandant de ce pays, l'assurance qu'une lettre au souverain serait envoyée fermée en Angleterre. On savait bien qu'il ne pouvait pas répondre de ce que l'on en ferait à Londres. Si le roi d'Angleterre ne pouvait recevoir de lettres que les ministres ne les eussent vues, l'Angleterre ne serait pas une monarchie. A Venise, à Raguse, à Lucques, les doges ou les gonfaloniers n'ont jamais été soumis à une pareille humiliation. Il est probable que si un ministre ouvrait une lettre adressée au prince, sans être muni d'une autorisation générale ou spéciale, le prince lui ôterait sa confiance. La constitution anglaise n'a pas imprimé une pareille flétrissure sur la couronne d'Édouard et d'Élisabeth; la nation en eût été flétrie elle-même. Si les ministres sont responsables envers les tribunaux, les rois sont responsables envers Dieu et les peuples. Comment le monarque pourrait-il être instruit du manquement des ministres, les admonéter ou les renvoyer? Ils ne sont pas responsables de ce que le prince connaît, apprend ou lit, mais des ordres qu'il donne, des mesures qu'il prend; alors ils doivent tout connaître pour pouvoir conseiller le trône avec connaissance de cause.

« *Lorsqu'il fut connu qu'il avait été fait des tentatives pour entretenir une correspondance avec Napoléon, au moyen des journaux.* » 6.

6. « Napoléon n'a jamais rien demandé. Arrivé à la hauteur de Madère, le comte Bertrand s'informa si l'on pourrait y trouver des livres français ; on en avait fort peu. Il fit une liste de livres, et demanda à l'adresser à un libraire de Londres ou de Paris. L'amiral Cockburn déclara devoir s'en charger. Effectivement, en juin 1816 on a reçu des caisses de livres sans catalogue, sans explications. S'étant aperçu qu'il n'y avait aucun livre du temps, et qu'on avait même arrêté la collection des *Moniteurs* à 1808, et la circonstance s'étant présentée que le comte de Montholon écrivît la lettre du 23 août au gouverneur de cette île, il jugea convenable d'en faire l'observation, afin de connaître si c'était une nouvelle restriction. Ce qui prouve que cette nouvelle restriction n'avait rien d'étrange, c'est qu'on avoue que l'on ne doit pas envoyer à Long-Wood les journaux qu'on pourrait y désirer, parce que « *il avait été fait des tentatives pour entretenir une correspondance avec Napoléon, au moyen des journaux.* » Chimère ! Comment conçoit-on qu'à deux mille lieues de l'Europe, recevant les journaux si rarement, on puisse correspondre par ce moyen ? Mais s'imprime-t-il des journaux à Sainte-Hélène ? C'est sur de semblables prétextes que les geoliers de l'inquisition et du conseil des Dix de Venise ont interdit, non-seulement les journaux et les livres, mais même le papier, l'encre et la lumière.

« *Le second sujet de plainte était qu'il ne lui était*

pas permis d'ouvrir un compte avec un libraire; or cela n'était pas vrai. » 7.

7. « La correspondance avec un libraire pouvait être faite par des lettres ouvertes. Les officiers correspondent tous les jours de cette manière avec leurs familles; mais il est facile de concevoir que, si le *Morning Chronicle,* ou la *Revue d'Édimbourg* peuvent donner lieu à une correspondance extrêmement dangereuse pour la sûreté de l'Angleterre, le danger est bien autrement grand en entretenant une correspondance avec un libraire. En effet, ce libraire envoyant trois ou quatre cents volumes à la fois, il faudrait donc qu'on eût le temps de les parcourir tous; et encore n'y a-t-il pas des encres sympathiques et des alphabets secrets ? C'est pour cela que des livres envoyés par des auteurs connus de Londres ont été arrêtés à Sainte-Hélène. C'est par le même principe d'inquisition qu'un botaniste de Schœnbrüun, étant arrivé dans ce pays où il a résidé plusieurs mois, et pouvant donner à un père des nouvelles de son fils qu'il avait vu à Vienne, on a porté le plus grand soin à s'y opposer. En effet, on conçoit quel danger pouvait en résulter pour la Grande-Bretagne. Ce botaniste pouvait être chargé de conclure une ligue offensive et défensive. Le comte Las Cases, arraché violemment de Long-Wood en novembre 1816, fut un mois au secret avant d'être envoyé au Cap. Au moment de partir, l'empereur désira le voir; mais le comte Las Cases pouvait recevoir des communications capables de bouleverser l'Europe. Cependant il était

envoyé au Cap de Bonne-Espérance où il devait attendre plusieurs mois la permission d'aller en Europe. Il y est depuis six mois, et on ne parle pas encore de son retour.

« *Qui avait jamais entendu parler d'une tendre traite sur une maison de banque, ou d'un ordre passionné de vendre des billets de banque?* » 8.

8. « Où a-t-il été dit qu'on ne pouvait même pas correspondre avec son banquier ou son agent? Le comte de Montholon, dans la lettre qui est l'objet du discours, dit l'opposé, et répond victorieusement à l'aimable plaisanterie du noble lord. Il s'exprime ainsi : « J'ai eu l'honneur de vous dire que l'empereur n'avait pas de fonds; que depuis un an il n'avait reçu ni écrit aucune lettre, et qu'il ignorait complètement tout ce qui se passe, ou a pu se passer en Europe. Transporté violemment sur ce rocher, à deux mille lieues, sans pouvoir recevoir ou écrire aucune lettre, il se trouve aujourd'hui entièrement à la discrétion des agents anglais. L'empereur a toujours désiré et désire pourvoir lui-même à toutes ses dépenses quelconques, et il le fera aussitôt que vous le lui rendrez possible, en levant l'interdiction, faite aux négociants de l'île, de servir à sa correspondance, et qu'elle ne sera soumise à aucune inquisition de votre part, ni d'aucun de vos agents. Dès que l'on connaîtra en Europe les besoins de l'empereur, les personnes qui s'intéressent à lui enverront les fonds nécessaires pour y pourvoir. »

« *Que les lettres envoyées par le général Bonaparte ou les personnes de sa suite étaient lues par des officiers subalternes: cela n'est pas vrai.* » 9.

9. « On a manqué au respect dû à des correspondances privées. Le ministre lui-même viole ce secret, lorsqu'il dit à la face de l'Europe, que le prince Joseph seul a écrit à l'empereur, et cela même *was not true*; lorsqu'il s'est entretenu des lettres que reçoivent et écrivent les Français de Sainte-Hélène avec des personnes qui, à leur arrivée dans ce pays, ont causé avec les auteurs de ces lettres, et leur en ont rappelé le contenu. Le commandant de Sainte-Hélène a été plus loin. Non-seulement le contenu des lettres a été l'objet des conversations, mais il en a fait des reproches. Le comte Las-Cases ayant demeuré dix ans en Angleterre, était un chaud enthousiaste de la libéralité des lois anglaises. Il croyait avoir contribué au parti que prit l'empereur Napoléon de se rendre à bord du *Bellérophon*, et son ame en était déchirée. Il est presque aveugle, son fils est attaqué d'une maladie chronique. Sa consolation était d'épancher ses peines dans le sein de son amie lady Clavering, qui habite Londres. Trois ou quatre fois de suite, et à de longs intervalles, sir Hudson Lowe, après les avoir lues, lui a fait des reproches sur des expressions plus ou moins vives qu'elles pouvaient contenir. On reconnaît l'astuce ordinaire de cet officier à la tournure qu'il paraît avoir donnée à sa correspondance ministérielle. Des indiscrétions sur des choses contenues dans des lettres, ont

été l'objet des conversations de cette petite île. Il est vrai que quelques objets d'habillement ayant été offerts au comte Las Cases, il les refusa, non pour ne rien recevoir du gouvernement anglais, mais pour ne rien tenir de la main qui les offrait, et qui lui était devenue si odieuse.

« *C'était une fausseté positive qui n'avait pas le moindre fondement.* » 10.

10. « Le ministre rejette avec indignation l'idée que des lettres venues à Sainte-Hélène aient été renvoyées à Londres. Il a raison, mais il s'indigne de l'exécution de ses propres instructions : elles sont positives. « *Aucune lettre venue à Sainte-Hélène par un autre canal que celui du secrétaire d'état, ne doit être communiquée au général ou aux personnes de sa suite, si elle est écrite par quelqu'un qui ne réside pas dans l'île.* » Le commandant de ce pays a donc dû renvoyer les lettres qui ne lui arrivaient pas par cette voie, et s'il ne l'avait pas fait, il eût manqué à ses instructions. Il y a peu de jours encore, lorsqu'il a remis au comte Bertrand une caisse contenant des livres d'éducation et quelques objets d'enfants que lady Holland envoyait à la comtesse Bertrand, il a commencé par déclarer que cette caisse lui avait été adressée directement, qu'elle n'avait pas passé par la secrétairie d'état ; que cependant il la remettrait. S'il fallait citer le nombre des livres, des objets qui n'ont pas été remis, fondé sur cet article des instructions, on verrait

que cela a eu lieu fort souvent. Il est vrai aussi que, quelquefois, comme dans l'occasion ci-dessus, le commandant de ce pays a pris sur lui de s'en écarter; mais cela suivant son caprice, *ce qui est pire que tout.*

« *Il n'avait été fait aucune réponse, etc. Au reste, rien n'était plus pénible, plus dégoûtant que de voir une indifférence pour la vérité aussi complète que celle qui régnait dans les nombreux papiers transmis de Sainte-Hélène.* » 11.

11 « L'orateur dit ici *no answer had been returned*, à la lettre de sir Hudson Lowe. Le comte de Montholon a répondu; sa réponse est claire et positive : on pourrait donc, empruntant son langage, lui dire : *this was not true.*

« *La plainte qu'on empêchait toute communication avec les habitants, n'était pas fondée.* » 12.

12. « La communication avec les habitants a eu lieu pendant les neuf premiers mois; mais, depuis les restrictions ci-dessus, elle a cessé entièrement. Les habitants qui ont demandé des passes ont été soumis à deux interrogatoires fort longs; l'un pour savoir ce qu'ils avaient à faire à Long-Wood, l'autre, pour savoir ce qui y avait été dit et fait. Ces passes étaient données pour un jour déterminé. Les habitants de l'île et les Français de Long-Wood se sont également dégoûtés de cette inquisition, et ont cessé de se voir.

« *Mais ceux qu'on avait découverts dans la tentative qu'ils faisaient pour l'approcher sous un déguisement ou de fausses qualités.* » 13.

13 « Insinuation insidieuse ! Il n'y en a pas un.

« *Qu'on l'avait empêché d'avoir aucun rapport avec les officiers de la garnison : cela ne reposait sur aucun fondement.* » 14.

14. « Jusqu'au mois d'août, les officiers du 53me formaient journellement la société de madame la comtesse Bertrand, qui, élevée en Angleterre, parle anglais. Mais, depuis les nouvelles restrictions dont l'exécution a commencé en août, on n'en a plus vu, par les mêmes raisons qui ont empêché que l'on ne continuât à voir les habitants.

« *Quand il supposait que la défense, dont il se plaignait si fort, existait.* » 15.

15. « Les premières démarches de sir Hudson Lowe, dans ce pays, furent des insultes ; peu après son arrivée, il s'efforça à décider les officiers et les domestiques de la suite de Napoléon à l'abandonner. Il voulut changer le médecin de Long-Wood, et en donner un de son choix ; plus tard, il renvoya une partie des domestiques français, insinuant l'intention de les renvoyer successivement, et de ne souffrir, à Long-Wood, que des domestiques de son choix pris parmi les habitants de l'île, ou les soldats du bataillon colonial. Dès le mois d'août, il mit en exécution les res-

trictions, les faisant exécuter clandestinement, niant même qu'il eût fait aucun changement à l'ordre établi par son prédécesseur. Enfin, au mois d'octobre, il se trouva contraint de les communiquer; mais, persistant dans sa marche tortueuse, il n'en donna pas connaissance aux officiers anglais, rougissant d'avouer de semblables sentiments devant ses compatriotes, et craignant sans doute qu'eux-mêmes, à la vue de pareilles, de si folles restrictions, ne cherchassent à pressentir quel pouvait être son but secret. Le même mystère est observé dans le placement des sentinelles et le changement continuel des consignes : souvent les officiers ne les reçoivent pas directement, ne les apprennent que par les sergents ; et l'officier d'ordonnance à Long-Wood, n'en ayant pas toujours connaissance, ne peut prévenir les Français ; ce qui les expose à être insultés par les sentinelles. Une de ces étranges consignes était d'arrêter toute personne suspecte ; or, pour un soldat anglais, quoi de plus suspect qu'un Français ? aussi, plusieurs fois, quoique dans l'enceinte, le baron Gourgaud se trouva-t-il arrêté dans sa promenade. On cherchait à exalter l'esprit anglais parmi le corps d'officiers de la garnison, et à réveiller tout ce qui pouvait rester de haine contre cet ancien ennemi. On lui prêtait des propos méprisants à l'égard des soldats anglais ; on avançait que la vue d'un habit rouge excitait sa colère, et qu'il était convenable que les officiers du camp n'approchassent pas de Long-Wood. Il crut devoir faire appeler l'officier d'ordonnance qui se tient à Long-Wood, le sieur Poppleton. Comme premier capitaine du 53me, il le chargea de dire à ses camarades que ce qu'on leur avait dit était une calomnie ; qu'il aimait les braves soldats ; qu'il était content de la conduite des officiers et des soldats de ce régiment. Cet officier répondit ce que peut répondre, dans de telles circonstances, un homme d'honneur.

« On ne saurait donc, sous ce rapport, objecter que la gêne était portée à un degré déraisonnable. » 16.

16. « L'orateur dit ici : « *Cette enceinte ne fut réduite que lorsqu'on eut reconnu qu'il avait abusé de la confiance qui lui avait été accordée, en pratiquant les habitants.* » Comment cela serait-il possible, puisque, depuis le mois de mai, Napoléon n'est pas monté à cheval et n'est plus sorti ? Comment lord Bathurst accorde-t-il cette assertion avec la déclaration que fait le commandant de ce pays par le deuxième article des restrictions ci-dessus, qui prescrit la réduction de l'enceinte et qui la motive ainsi : « *La route à la gauche d'Hut's Gate, et retournant par Woody-Ridge à Long-Wood, n'ayant jamais été fréquentée par le général Bonaparte, depuis l'arrivée du gouverneur, les postes chargés de l'observer seront en grande partie retirés, etc.* » Comment l'accorde-t-il avec sa propre déclaration : « *Et si aucune tentative d'évasion n'avait eu lieu, il ne manquerait, sans doute, pas de gens que de faux motifs de compassion*

porteraient à lui reprocher ces restrictions qui, probablement, avaient empêché de faire ces tentatives. » Elle n'ont donc pas été faites ? Quelle contradiction !... Quelle calomnie pour justifier une conduite inhumaine et criminelle ! D'ailleurs l'enceinte a été tout annulée de fait par les articles suivants des restrictions : « *Long-Wood et la route le long de la montagne, par Hut's Gate jusqu'au canon de signal, près de la maison d'alarme, seront établis comme limites. — Des sentinelles indiqueront les limites extérieures, etc. — En conséquence, le général Bonaparte est invité à s'abstenir d'entrer dans aucune maison, ou d'avoir aucun entretien avec les personnes qu'il pourrait rencontrer, (au-delà de ce que les salutations ordinaires de la politesse avec laquelle chacun aura ordre de le traiter peuvent paraître demander), à moins que ce ne soit en présence d'un officier anglais.* » Il est évident que ces restrictions avaient pour but de flétrir et d'outrager le caractère des détenus, et de faire naître des querelles avec les sentinelles. Le ministre dit que l'enceinte n'a été réduite que d'un tiers : elle est restreinte à un chemin de douze pieds de large ; elle est moralement annulée, ou du moins pour le principal personnage, puisque, l'effet étant de l'outrager et de le compromettre avec les sentinelles, on l'a obligé de ne plus sortir, pour couper court et se mettre à l'abri de toutes ces insultes. On arrivera plus vite à la fin !!!

« *A lui reprocher ces restrictions qui, probablement, avaient empêché de faire ces tentatives, etc.* » 17.

17. « De l'aveu des militaires de terre et de mer, quand il n'y aurait à Sainte-Hélène aucune garde de terre, les seuls briks qui croisent autour de l'île suffiraient pour rendre toute évasion impossible, c'est-à-dire pour donner quatre-vingt-dix-neuf chances au gardien, et à peine une aux prisonniers; mais la chance augmente pour le gardien, s'il met huit ou dix postes d'infanterie, de neuf hommes chaque, sur les promontoires; ce qui, moyennant les batteries déjà existantes, place les sentinelles à portée de la vue. Toute garde dans l'intérieur de l'île est de nul effet. Quoique le premier établissement dans cette île fût lui-même inconvenable, cependant il conservait quelques égards; on n'en a fait aucune plainte; on s'est même contenté, pour les folles restrictions, d'y faire seulement quelques notes. On n'a répondu à toutes ces insultes qu'en s'isolant, se retirant, et se privant de tout.

« *Et les lieutenants-gouverneurs n'étaient pas dans l'usage de choisir les lieux les plus désagréables et les plus malsains.* » 18.

18. « Le lieutenant-gouverneur avait une grande et belle maison en ville, où il pouvait aller, surtout l'hiver. Le comte de Montholon s'exprime ainsi sur Long-Wood, dans la lettre du 23 août : « *On a établi l'empereur dans la position de Long-Wood exposée à tous les vents, terrain stérile, inhabité, sans eau, n'étant susceptible d'aucune culture, etc. La maison de Long-Wood a été construite pour servir de grange*

à la ferme de la compagnie; depuis, le sous-gouverneur de l'île y a fait établir quelques chambres; elle lui servait de maison de campagne; mais elle n'était en rien convenable pour une habitation. Depuis un an qu'on y est, on y a toujours travaillé, et l'empereur a constamment eu l'incommodité et l'insalubrité d'habiter une maison en construction. La chambre dans laquelle il couche est trop petite pour contenir un lit d'une dimension ordinaire; mais toute bâtisse à Long-Wood prolongerait l'incommodité des ouvriers, etc. »

« *Tant de changements avaient lieu à Long-Wood, que le général Bonaparte resta trois mois dans cette chambre.* » 19.

19. « C'est joindre l'ironie aux plus mauvais procédés. Napoléon n'a jamais eu le choix de son établissement à Sainte-Hélène; même aujourd'hui, il ne connaît pas l'île. Le *Northumberland* mouilla en rade de James-Town le 15 octobre 1815; on était impatient de toucher à terre, après trois mois de navigation; les femmes et les enfants en avaient un plus pressant besoin encore. Cependant l'amiral fit connaître que, d'après les instructions de lord Bathurst, les Français devaient rester à bord jusqu'à ce que leur établissement fût préparé. Cette nouvelle consterna l'équipage, qui devait être consigné pour ce temps. L'amiral débarqua : vingt-quatre heures après, il dit que l'île était *misérable*; que toutes les maisons qu'il avait vues étaient de petits *cottages* (huttes,

chaumières), n'ayant que deux chambres ; que, d'après les renseignements qu'il avait recueillis, il n'y avait dans l'île de convenable que les trois maisons dont le choix lui était interdit par ses instructions : le château, ou logement de ville du gouverneur, la maison de ville du lieutenant-gouverneur, et Plantation-House, maison de campagne du gouverneur; les deux premières, parce qu'elles étaient en ville. Pourquoi a-t-on exclu Plantation-House? C'est un mystère qui ne peut s'expliquer que par l'ensemble de toutes les mesures. L'amiral dit qu'étant ainsi lié par ses instructions, il avait choisi Long-Wood; qu'il y avait quatre chambres, et qu'en deux ou trois mois il pouvait, avec les charpentiers de ses vaisseaux, y établir en bois les additions nécessaires ; qu'il comprenait tout ce qu'avait de barbare l'exécution de ses instructions, de laisser les Français à bord pendant trois mois encore; qu'il allait donc les débarquer sous vingt-quatre heures, et avait, à cet effet, retenu un hôtel garni près du château. Ce logement était sans doute préférable au *Northumberland* ; mais il était insupportable pour l'empereur. Il y occupa une petite chambre au second; il y était exposé à toute l'incommodité de la curiosité publique. A la pointe du jour, il monta à cheval et se rendit à Long-Wood. L'aspect lui en parut affreux; mais tout était préférable à la ville. Il eût donc voulu pouvoir s'y établir de suite, même sous une tente. De retour, à la hauteur de Briars, la répugnance était invincible pour rentrer dans l'hôtel garni de la ville; il préféra occuper une chambre de quinze pieds carrés, prè u *cot-*

tage de Briars. Il eût préféré la cabane d'un *Paria*. Il eût été cependant facile de l'établir convenablement, en logeant tous les Français dans le château, maison de ville du gouverneur, celui-ci étant à Plantation-House. Cette maison ayant de grandes pièces, une cour, une terrasse, n'avait aucun des inconvénients de l'hôtel garni.

« *Qu'il ne voulait pas quitter la maison de M. Balcombe, à cause de la facilité des communications avec la ville.* » 20.

20. « Insinuation perfide ! On est resté cinquante-trois jours à Briars; on a habité Long-Wood un mois trop tôt; on y est arrivé le lendemain du jour où toute la maison avait été peinte à l'huile intérieurement et extérieurement. Pendant plus de trois mois, quatre-vingts ou cent ouvriers ont continué à encombrer tous les alentours de la maison, et à occasioner une grande incommodité.

« *Pendant le séjour qu'il y fit, il n'avait qu'un petit jardin où il pût se promener, et au-delà duquel il n'allait jamais sans garde; cependant il ne fit alors aucune plainte.* » 21.

21. « Il n'y avait aucune garde à Briars. Une plainte a été adressée le 24 octobre 1815, lors du départ du premier bâtiment pour l'Angleterre.

« *Des ordres furent donnés d'expédier des maté-*

riaux nécessaires à la construction d'une maison pour le général Bonaparte. » 22.

22. « Sept ou huit *stove-ships* sont arrivés en mai et juin 1816, en rade de James-Town, chargés d'environ 60,000 livres sterling de matériaux, bois, tuiles, etc., propres à construire une maison. Plus tard, le *stov-ship Adolphus* a apporté pour 16,000 à 20,000 livres sterling de grilles de fer. Le transport de ces matériaux, de la mer sur les montagnes, l'achat du terrain, et les frais de construction ont été évalués à 60,000 livres sterling, réparties en six ans de travaux. C'était donc une somme de 180,000 livres sterling qui était destinée par le gouvernement anglais pour procurer, dans six ans, une habitation aux détenus. Pour consentir à une dépense aussi considérable, le ministre était donc convaincu qu'il n'y avait pas d'autre maison convenable sur ce rocher que celle de Plantation-House; en ce cas, pourquoi l'excluait-il? car la raison qu'elle n'est pas propre à la garde est ridicule et ne peut être soutenue : la garde de Plantation-House est plus facile que celle de Long-Wood. La raison de cette singulière exclusion est donc un mystère. Mais n'était-on pas obligé de fournir un logement à Sainte-Hélène? Était-ce remplir cette obligation que d'exclure les trois seules maisons existantes dans cette île, propres à cette destination, et d'envoyer une maison au carmin et à l'encre de la Chine, et des matériaux avec l'assurance que l'on aurait une maison dans six ans? Sur le point le plus affreux du monde, on a pris toutes les mesures

pour empêcher que l'on s'aidât des ressources locales de ce pauvre pays ; on n'a pas épargné les souffrances; on a établi aussi mal que possible, et deux millions de matériaux se détériorent et se pourrissent dans le port : c'est autant d'argent jeté à la mer.

« *Sir Hudson Lowe écrivit au général pour lui demander s'il voudrait qu'on lui bâtît une nouvelle maison ou qu'on agrandît la vieille, il ne reçut aucune réponse.* »

« Le commandant de ce pays a écrit le 7 juillet 1816 au comte de Montholon. Celui-ci a répondu le lendemain 8 : il n'est pas possible de répondre plus promptement et d'une manière plus positive. Il dit : « *S'il est dans vos instructions de bâtir, il serait préférable que cela fût dans la partie cultivée de l'île, etc. L'idée d'ajouter des ailes au mauvais bâtiment de Long-Wood aurait toute espèce d'inconvénients, etc.* »

« *Tandis qu'il savait que dans deux ou trois ans, ou l'administration du pays serait renversée, ou qu'un changement aurait lieu dans le gouvernement de la France, et que, dans l'un ou l'autre cas, il recouvrerait sa liberté.* » — *Réponse attribuée à Napoléon.*

« Cette réponse serait probable dans la bouche d'un insensé ou d'un homme ivre. Est-ce là ce qu'on voudrait faire supposer? On a vu la lettre du comte de Montholon du 8 juillet 1816. Depuis cette lettre, il ne fut plus question de cet objet; avant la lettre il fut question de cette maison de bois; l'empereur dit *qu'il ne pouvait concevoir l'idée de cette construction que comme un moquerie; que, si l'on avait voulu le loger, on aurait pu le faire convenablement au moment même de son arrivée; que les calculs prouvaient à l'évidence qu'il faudrait six ans pour porter les matériaux sur la hauteur et construire la maison; que dans six ans il était bien évident qu'il n'en aurait plus besoin; qu'on le laissait manquer d'une habitation convenable, quoiqu'il y en eût dans l'île, quand il en avait besoin, pour lui en donner une à l'époque où il ne lui faudrait qu'un tombeau; que tout cela était un système de mauvais procédés!* Ce propos de l'empereur a précédé de quinze jours ou d'un mois la lettre du comte de Montholon; la lecture entière de cette lettre le prouve. Cela est important, et ce n'est pas sans dessein que l'on a dit que ce propos était après la lettre.

« *Avec tout ce qu'on pouvait regarder comme convenable pour une personne dans la situation où il était.* »

« La première instruction du ministre fut qu'on trouverait des trésors à bord du *Bellérophon*; que l'amiral Cockburn s'en saisirait; qu'ils seraient placés sur la banque de Londres, et que l'intérêt serait employé à payer tout ce que coûterait l'entretien à Sainte-Hélène. L'amiral ne trouva pas de trésor. Arrivé à Sainte-Hélène, il fut fort embarrassé pour la dépense; il témoigna de l'inquiétude par son défaut d'instructions. Cependant il alla outre; il ne lui fut rien demandé par les Français; il régla les choses comme il voulut; il évalua la dépense ordinaire à 18,000 livres sterling. Le nouveau commandant l'évalua en mai 1816 à 19,000 livres sterling. En juillet 1816, de nouveaux ordres furent reçus; il les communiqua, et, le 17 août, il écrivit au comte de Montholon, et il s'exprimait ainsi : « *Ayant fait tous mes efforts pour y effectuer une réduction, je suis maintenant à même de vous transmettre, pour l'information du général Bonaparte, deux états présentant des données assez exactes pour qu'on puisse calculer approximativement d'après elles la dépense annuelle, etc. Les instructions que j'ai reçues du gouvernement britannique m'ordonnent de borner les dépenses de la maison du général Bonaparte à 8,000 livres sterling par an; me laissant en même temps la liberté d'autoriser toute autre dépense qu'il pourra exiger pour sa table, etc., au-delà de la somme accordée, pourvu qu'il fournisse les fonds qui devront défrayer ce surplus. Je suis donc obligé de vous prier de l'informer de l'impossibilité où je me trouve de faire cadrer les dépenses de sa maison, dans sa composition actuelle, avec la somme prescrite, à moins de faire, sur plusieurs articles, une réduction qui diminuera naturellement les aisances dont jouissent maintenant les personnes qui l'entourent, etc. Je vous prie de vouloir bien me faire connaître, avant d'opérer aucune réduction considérable, et qui pourraient nuire à son aisance ou à celle des personnes de sa suite, s'il consent à ce que cette réduction s'effectue, ou s'il veut mettre à ma disposition les fonds nécessaires pour subvenir aux frais extraordinaires qui, sans cela, doivent inévitablement avoir lieu, etc.* » Par les états qu'il a joints à sa lettre, cet officier prouvait qu'il fallait 19,000 livres sterling pour pourvoir à toutes les dépenses ; que, sur cette somme, 5,500 livres sterling étaient une dépense fixe pour l'entretien des bâtiments, qui sont en fort mauvais état, pour les gages du fournisseur, pour les transports de la ville sur la montagne, pour la table des officiers de garde, et pour l'écurie ; qu'il lui restait donc 13,500 livres sterling, qui, réparties entre trente-neuf individus qui composaient la maison de Long-Wood, donnaient, par tête et par jour, 14 schellings qui, dans ce pays, vu les prix, qui sont quadruples de ceux de Londres, équivalent à 3 schellings et six pences (4 fr. 10 cent.) pour fournir à tous les besoins d'éclairage, de chauffage, de table, et autres d'une maison. La réponse rapportée dans le post-scriptum de la lettre du 23 août, et celle contenue dans la deuxième partie de la lettre du 9 septembre, étaient positives. De la somme de 8,000 livres sterling, fixée par le ministre, il faut ôter 5,500 livres sterling, qui sont une dépense fixe ; il restait donc 2,500 livres sterling pour les besoins de la maison, ou 10 pences (20 sous) par homme et par jour. C'est ce qui est alloué à un soldat. On ne continua même plus à fournir le pain nécessaire. Le maître d'hôtel fit briser de la vaisselle plate. Le 12 octobre il en vendit 952 onces; le 5 novembre, 1,227 et le 30 décembre, 2,048, et, moyennant cela, il fournit aux besoins. Le gouverneur désigna le banquier qui devait acheter cette argenterie, et en fixa le taux à 5 schellings (5 fr.) l'once. La ressource de l'argenterie est épuisée. On vit aujourd'hui, 1er juin, avec treize lettres de change, chacune de 300 livres sterling, payables par mois, que le comte Las Cases avait à Londres à sa disposition, qu'il a offertes et prêtées en janvier 1817. La question est ici fort simple : ou le gouvernement anglais est obligé de fournir aux besoins, et ces besoins ont été déterminés par ses officiers et sur le pied du plus strict nécessaire; ou, s'il ne s'y croit pas obligé, qu'il laisse correspondre avec l'Europe, comme il a été dit dans le post-scriptum de la lettre du 23 août. Mais ne vouloir pas souffrir ce qui est nécessaire, et ne pas permettre qu'on écrive pour se procurer ce dont on a besoin, c'est le comble de l'injustice et de la tyrannie! C'est se jouer de ses obligations et de tous ses devoirs!

« *Si un surcroît de luxe, au-delà de celui qu'on pourrait se procurer pour la somme fixée dans ce pays, lui paraissait nécessaire, les ministres de Sa Majesté étaient disposés à l'accorder.* »

«Voyez le paragraphe ci-dessus de la lettre du commandant de ce pays.

« *Et il assura à sir Hudson Lowe qu'il pouvait avan-*

cer l'argent en sûreté, car il ne doutait pas que sa traite ne fût acceptée. »

« Fable, pour masquer une conduite honteuse ! On n'a jamais pu offrir de tirer des lettres de change, puisqu'on n'a pas de banquier, et que l'on a positivement déclaré, dans la lettre du 23 août, que l'on ignorait complètement tout ce qui se passe en Europe. C'est ainsi que, sur de semblables croyances ou prétextes, on a violé le traité de Fontainebleau, en ne payant pas les deux millions de francs, au paiement desquels on s'était engagé pour fournir à toutes les dépenses de l'administration et de la garde de l'île d'Elbe ; manque de foi dont on se raillait d'abord, et que l'on désavoue depuis l'événement du 20 mars 1815. Mais puisque le ministère dit qu'il se croit obligé de fournir aux besoins de Long-Wood, quand même Napoléon aurait des trésors, à quoi sert cette discussion qui décèle une passion bien déplacée ?

« *En rapportant cela, ce n'est pas ce qu'il prétendait assurer, parce que le général Bonaparte possédait des fonds, et même de grands fonds.* »

« Oui, comme les trésors du *Bellérophon !*

« *A prendre sur les fonds et les fonds considérables qui étaient à sa disposition.* »

« Mais voulez-vous connaître les trésors, même très-considérables, de Napoléon ? Ils sont publics, ce sont : le beau bassin d'Anvers, celui de Flessingue, qui penvent contenir les plus nombreuses escadres de guerre, et les mettre à l'abri des glaces et de la mer ; ce sont les travaux hydrauliques de Dunkerque, du Hâvre et de Nice ; le bassin gigantesque de Cherbourg ; les travaux maritimes de Venise; les belles routes de Wezel à Hambourg, d'Anvers à Amsterdam, de Mayence à Metz, de Bordeaux à Bayonne; les chaussées du Simplon, du mont Cénis, du mont Genèvre, de la Corniche, qui ouvrent les Alpes dans quatre directions (là vous trouverez plus de quatre-vingt millons), chaussées qui surpassent en audace, en grandeur et en travaux d'art, tous les travaux des Romains ; les chemins des Pyrénées aux Alpes, de Parme à la Spezzia, de Savone dans le Piémont ; les ponts d'Iéna, d'Austerlitz, des Arts, de Sèvres, de Tours, de Rouanne, de Lyon, de Turin, de l'Isère, de la Durance, de Bordeaux, de Rouen, etc. ; les canaux qui joignent le Rhin au Rhône, ou les mers de Hollande à la Méditerranée; l'Escaut à la Somme, c'est-à-dire Amsterdam à Paris; qui joignent la Rance à la Vilaine; le canal d'Arles, celui de Pavie, celui du Rhin; le desséchement des marais de Bourgoing, du Cotentin, de Rochefort; la reconstruction de la plupart des églises démolies dans la révolution ; la construction d'un grand nombre de nouvelles; la construction d'un grand nombre de maisons de travail, pour extirper la mendicité; la construction du Louvre, des Greniers d'abondance, de la Bourse, du canal de l'Ourcq ; la distribution de ses eaux dans la ville de Paris ; les égouts, les quais, les embellissements et les monuments de cette grande capitale ; les travaux d'embellissements faits à Rome ; le rétablissement de Lyon, de ses manufactures ; la création de plusieurs centaines de manufactures de coton, soit pour la filature, soit pour le tissage, où sont employés plusieurs millions de bras. Les fonds placés pour créer plus de quatre cents manufactures de sucre de betteraves, pour la consommation d'une partie de la France, et qui, encouragées encore quatre ans, eussent suffi à toute la consommation de l'empire, et rendu le sucre au prix des Indes. Les encouragements donnés aux établissements, pour séparer la fécule du pastel, et en tirer un indigo aussi bon et aussi parfait que celui des Colonies ; le grand nombre de manufactures d'objets d'art, etc.; cinquante millions employés à réparer les palais de la couronne et à les embellir; soixante millions de meubles, mis dans les palais de la couronne de France, de Hollande, de Turin, de Rome ; seize millions de diamants de la couronne, tous achetés des deniers de Napoléon, le *Régent* seul existant de l'ancienne couronne de France, et celui-là même il l'avait dégagé des Juifs de Berlin, où il était engagé pour trois millions ; le musée Napopoléon, estimé à plus de quatre cents millions, et ne renfermant que des objets légitimement acquis par l'achat ou par des conditions de traités de paix publics, et qui avaient tenu lieu de cession de territoire ou de contributions; plusieurs millions placés pour l'encouragement de l'agriculture, ce premier intérêt de la France; la création des races de chevaux, de mérinos, etc... Tout cela forme un trésor de plusieurs milliards qui existera pendant des siècles, et sera là pour confondre la calomnie. L'histoire dira que c'est au milieu de grandes guerres, sans aucun emprunt, en diminuant, au contraire, la dette publique, et la réduisant à moins de cinquante millions de rente, que tout cela a été fait ! Des sommes considérables existaient encore dans son trésor particulier, et lui étaient garanties par le traité de Fontainebleau, comme économies faites sur la liste civile, et autres revenus particuliers. On se les est partagées, et tout n'est pas entré dans les trésors publics, ni tout dans celui de France !

« *A chaque plainte de leur part, leurs plaintes n'auraient pas de fin.* »

«On manque de tout à Sainte-Hélène. Les calculs de lord Bathurst, sur cet objet, sont faux de plus de moitié. L'orateur se complaît à agiter publiquement des matières qui, de leur nature, ont quelque chose de vil, et prêtent au ridicule. Que de mépris dans le ton, dans toutes les manières de l'honorable ministre ! C'est de même dans la partie de sa correspondance dont on a eu communication. Dans quinze ou vingt générations, en lisant le discours et les ordres de lord Bathurst, ses descendants se défendront d'être du même sang que celui, qui, par un mélange de haine sauvage et de ridicule pusillanimité, a flétri le caractère moral du peuple anglais, dans le temps que ses pavillons triomphants couvrent l'univers !

«Le discours du ministre contient donc vingt fausses assertions, à chacunes desquelles on pourrait appliquer la formule favorite : *Was not true* ; ce n'était pas vrai. Ce qui laisse présumer que l'orateur l'a rédigé sur de faux renseignements ; qu'il est trompé par un mandataire infidèle, et qu'il est tenu à l'obscur sur ce qui se passe sur ce rocher. Le comte de Montholon n'a pas porté de plaintes, savoir : 1° de ce qu'on ne pouvait pas envoyer de lettres ouvertes à ses parents ; 2° de ce qu'on ne pouvait pas recevoir de lettres ouvertes ; 3° de ce qu'on ne pouvait pas écrire à son banquier. On a prouvé, savoir : 4° que le ministre a donné des ordres pour empirer la position des détenus, et, à cet effet, on a cité le départ de trois domestiques français, renvoyés par ses ordres, et la lettre impropre dont on n'a voulu laisser aucune copie ; 5° que sir Hudson Lowe a des instructions toutes différentes de celles de son prédécesseur, ce qui est prouvé par sa propre assertion, publiquement réitérée ; 6° qu'il a fait des restrictions, et des restrictions les plus folles, si elles ne contiennent une pensée criminelle ! On a produit à l'appui la pièce contenant les restrictions qui paraissent inconnues au ministre ; 7° que le comte de Montholon a répondu à la demande d'explications qu'a faite sir Hudson Lowe, sur la partie de sa dépêche du 23 août, qui traite de lettres venues dans ce pays et renvoyées en Angleterre, parce qu'elles n'étaient pas arrivées par le canal de la secrétairerie d'état, et à l'appui on produit la réponse dont le ministre paraît n'avoir pas connaissance ; 8° que le comte de Montholon a répondu à l'offre de la maison de bois, vingt-quatre heures après avoir reçu la lettre de sir Hudson Lowe, et l'on a joint cette réponse dont le ministre paraît n'avoir pas connaissance ; depuis, il n'a plus été question de cette maison ; 9° que le respect dû à la correspondance privée n'avait pas été observé ; 10° que l'on empêche toute communication avec les habitants ; 11° que l'on a empêché toute communication avec les officiers ; 12° que l'on n'a pas proposé de tirer des lettres de change sur un banquier ; c'est une fable ; 13° qu'on n'a jamais varié d'opinion sur l'inconvenance de la maison de Long-Wood ; 14° que Plantation-House est plus facile à garder que tout autre lieu de l'île ; 15° qu'on n'a pas fourni aux besoins de l'établissement de Long-Wood ; les calculs qu'on voudrait établir sur cet objet sont erronés ; 16° qu'aucune correspondance n'a été essayée et ne peut-être établie par les journaux, dans un pays aussi éloigné que celui-ci, et où il ne s'imprime rien.

« On a prouvé que ce discours contient quatre calomnies insidieuses, savoir : 17° *que l'on a voulu prolonger le séjour de Briars à raison de la facilité des communications avec la ville ;* — 18° *que des hommes ont été découverts en essayant d'approcher, déguisés, et avec de faux caractères ;* — 19° *que l'on a resserré l'enceinte parce que des pratiques étaient faites pour séduire les habitants ou les soldats.* — 20° *qu'on a dit qu'on savait que, dans deux ou trois ans, l'administration anglaise serait renversée, ou que des changements auraient lieu dans le gouvernement de France, et que, dans l'un ou l'autre cas, on serait en liberté.* Un autre ministre, dans une réunion en Irlande (si on en croit les journaux), a rapporté que Napoléon a déclaré à Sainte-Hélène qu'il n'avait jamais fait la paix avec l'Angleterre que pour la tromper, la surprendre et la détruire. Ces calomnies contre un homme qu'ils oppriment avec tant de barbarie, qu'ils tiennent à la gorge pour l'empêcher de parler, seront réprouvées par tout homme bien né et dont le cœur bat !

« Le même ministre a dit, dans la chambre des communes, à la session de 1816, que, si l'armée française était attachée à l'empereur, c'est qu'il mariait les filles des plus riches familles avec ses soldats. Il serait en peine de citer un seul exemple. Mais l'on a droit de dire tout ce qu'on veut sur le temps où Napoléon était placé sur le premier trône du monde; toute sa conduite était publique; elle est du domaine de l'opinion, de l'histoire; des milliers de libelles ont paru et paraissent tous les jours; ils ne sont d'aucun effet. Soixante millions d'hommes des pays les plus policés de l'univers, élèvent la voix pour les confondre, et cinquante mille Anglais, qui font la navette sur le continent, rapporteront l'opinion et la vérité parmi les peuples des trois royaumes, qui rougiront d'avoir été si grossièrement trompées.

« On a prouvé que le bill du 11 avril 1816 est un acte de proscription, comme ceux de Sylla; qu'il met la main sur un prince illustre, hôte de l'Angleterre, pour le livrer à l'arbitraire du gouvernement, sans lui donner aucune garantie législative; qu'il ne peut y avoir de prisonniers de guerre en temps de paix; que le gouvernement a violé le bill même, en déléguant le choix de faire des restrictions à un de ses ministres, droit dont il est seul investi.; que ce ministre l'a violé en déléguant à un officier particulier un pouvoir que le bill n'a accordé qu'au gouvernement; que le choix de l'affreux rocher de Sainte-Hélène, celui de Long-Wood, la privation de tout ce qui est nécessaire à la vie, au moral et au physique; les restrictions de lord Bathurst; le caractère de l'homme préposé à la garde de Sainte-Hélène; les restrictions qu'il a faites et refaites; sa conduite ignoble et violente; que tout enfin est coordonné pour faire périr ce grand homme dans les tourments d'une agonie assez longue pour que sa mort puisse paraître naturelle : conduite sans exemple dans l'histoire des nations, qui viole tous les préceptes de la religion et les droits de l'homme, même dans l'état sauvage. Que le gouvernement anglais eût été plus franc en faisant publiquement tomber, et d'un seul coup, la tête de cet illustre ennemi ! une mort prompte et sanglante eût été plus humaine; le caractère anglais en serait moins entaché.

« Les Romains poursuivirent Annibal jusqu'au fond de la Bithynie; Flaminius obtint de Prusias la mort de ce grand homme; mais à Rome même Flaminius fut accusé d'avoir agi pour satisfaire sa haine propre. C'est en vain qu'il allégua qu'Annibal, encore dans la force de l'âge, pourrait être dangereux, que sa perte était utile ; mille voix lui répondirent que ce qui est injuste, ingénéreux, n'est jamais profitable à une grande nation ; que c'est ainsi qu'on justifie l'assassinat, le poison et tous les crimes ; que les sociétés sont fondées sur la morale. Les générations suivantes ont reproché cette lâcheté à leurs ancêtres ; elles eussent voulu effacer cette tache de leur histoire. Depuis la renaissance des lettres parmi les nations modernes, il n'est pas une génération qui ne se soit associée aux imprécations qu'Annibal, sur le point d'avaler la ciguë, prononça contre Rome qui, dans le temps que ses flottes et ses légions couvraient l'Europe, l'Asie, et l'Afrique, s'acharnait contre un seul homme désarmé, le redoutant ou feignant de le redouter ! Mais les Romains n'ont jamais violé l'hospitalité. Sylla trouva un refuge dans la maison de Marius ; avant de proscrire Annibal, Flaminius ne le reçut pas à son bord [1] ; il ne lui déclara

---

(1) Le capitaine Maitland, commandant le *Bellérophon*, et le contre-amiral Hotham, commandant la croisière sur les côtes de l'Océan, n'ont encouru aucun blâme : l'un et l'autre étaient de bonne foi. Le capitaine Maitland, en faisant connaître à l'empereur qu'il avait ordre de le recevoir, entendait le recevoir sous la protection des lois anglaises. L'empereur fut traité avec tous les honneurs dus à son rang ; la grande chambre du vaisseau fut à sa disposition ; il y tint sa table, et invita tous les jours le capitaine et quelques officiers. Quelques heures après son arrivée sur le *Bellérophon*, l'amiral Hotham mouilla en rade sur le *Superb*, il s'empressa de se

pas qu'il avait ordre de l'accueillir; la flotte romaine ne le transporta pas dans le port d'Ostie en lui rendant tous les honneurs dus à son rang. Loin de recourir à

---

faire présenter. L'empereur déjeûna, le lendemain, sur le *Superb*; il y fut reçu, l'équipage en grande tenue et sur les vergues. L'amiral lui présenta tous ses officiers, et lui donna toutes les assurances qui étaient au fond de son cœur. Il aurait ambitionné de le mener lui-même; mais il ne voulait pas priver de cet honneur le capitaine Maitland : on était déjà installé sur le *Bellérophon*. Arrivé en rade de Torbey, le capitaine Maitland et ses officiers s'attendaient à recevoir l'ordre pour se rendre dans la Tamise, et lorsque, mouillé dans la rade de Plymouth, le capitaine pressentit les instructions du cabinet, il en fut vivement affecté; on peut dire que ce fut, pour lui, un coup de poignard. Il reçut ordre, quelques jours après, de désarmer tous les Français; il n'en voulut rien faire, et tint cet ordre secret. Lorsque Napoléon quitta le *Bellérophon*, le 8 août, les officiers et l'équipage étaient consternés; ils s'associèrent à la honte et à l'injustice d'un pareil procédé. Napoléon traversa le pont pour descendre dans la chaloupe, avec l'air calme et le sourire sur les lèvres, ayant à ses côtés l'amiral Keith; il s'arrêta devant le capitaine Maitland, le chargea de témoigner sa satisfaction aux officiers et à l'équipage du *Bellérophon*; et, le voyant extrêmement peiné, il lui dit, pour le consoler : « La postérité ne pourra, en rien, vous accuser de ce qui se passe; vous avez été trompé comme moi. » — Napoléon jouit donc, pendant vingt-quatre heures, de la protection du pavillon britannique; il séjourna dans les rades intérieures de Torbay et de Plymouth, et ce ne fut qu'après ce laps de temps, le 7 août, au moment de passer sur le *Northumberland*, que l'amiral Keith désarma les Fran-

la protection des lois romaines, Annibal préféra se confier aux rois de l'Asie. Lorsqu'il fut proscrit, il ne reposait pas sous les étendards de Rome : il était sous les enseignes des rois ennemis du peuple romain !!! Quand, par les révolutions des siècles, un roi d'Angleterre sera traduit devant le tribunal redoutable de sa nation, ses défenseurs allégueront le caractère auguste de roi, le respect dû au trône, à toute tête couronnée, à l'oint du Seigneur; mais ses adversaires ne pourront-ils pas répondre : Un de ses ancêtres proscrivit son hôte en temps de paix : ne pouvant le faire mourir en présence d'un peuple qui avait des lois fixes et des forces publiques, il fit exposer sa victime sur le lieu le plus malsain d'un rocher situé au milieu de l'Océan, dans un autre hémisphère. Cet homme y périt après une pénible agonie, tourmenté par le climat, par le besoin, par les outrages de toute espèce : supplice sans exemple chez les nations chrétiennes ! Eh bien ! cet homme était aussi un grand souverain, élevé sur le pavois par trente six millions de citoyens; qui fut le maître de presque toutes les capitales de l'Europe; qui vit à sa cour les plus grands rois. Il fut

---

çais : la remise des armes étant un des caractères du prisonnier de guerre. En forme de procédés, on ne demanda pas les armes de l'empereur. Au reste, la manière dont Napoléon s'est remis au pavillon anglais est aujourd'hui une question oiseuse, parce que la fin de la guerre annule tout droit sur un prisonnier de guerre.

généreux pour tous, reconnu par tous; il fut vingt ans l'arbitre des nations; sa famille fut alliée avec toutes les familles souveraines, même avec celle de l'Angleterre. Il fut deux fois l'oint du Seigneur; deux fois sacré par la religion ! ! !

« Je désire que ces observations soient mises sous les yeux du souverain et des peuples d'Angleterre. NAPOLÉON. — Long-Wood, ce 5 octobre, 1817. »

CHAPITRE XLIII.

Les prêtres catholiques et les soldats irlandais. — Mot de Napoléon à propos d'hérétique. — Ses opinions religieuses.

Vers la fin de l'année 1820, il nous arriva à Sainte-Hélène une cargaison de prêtres italiens qui nous étaient expédiés de Rome. Il y avait des missionnaires, un aumônier pour Napoléon, une espèce de préfet apostolique qui venait là pour assister, je pense, au nom du pape, aux derniers moments de Bonaparte. Dès que ces prêtres furent dans la colonie ce fut un mouvement de dévotion extraordinaire dans l'esprit de tous mes soldats irlandais. A peine voyaient-ils un de ces prêtres qu'ils couraient du plus loin au-devant de lui, se jetant et se prosternant à ses pieds, lui baisant les mains, et demandant sa bénédiction. C'était entre les soldats et les missionnaires un échange perpétuel d'agnus et de chapelets, contre les génuflexions et les baisements de mains. Les moines de Rome payaient tous les hommages que leur rendaient mes stupides soldats en monnaie de leur pays, c'est-à-dire avec tous les colifichets de la superstition italienne. Indigné par ce continuel et dégoûtant spectacle de dégradation morale, je voulus y mettre un terme. Je menaçai, je reprimandai, je punis mes soldats. Tout fut inutile.

Cependant il y avait eu cet ascendant pris par les missionnaires italiens sur l'esprit de la troupe, non-seulement ridicule, mais encore puéril. Ces prêtres tout dévoués à Bonaparte pouvaient, au moyen de leur puissance spirituelle, influer sur des militaires ignorants et accoutumés à écouter la voix des prêtres comme la voix de Dieu. Ils pouvaient au nom de ce Dieu protester contre l'affreuse captivité de Napoléon, ordonner aux soldats de lui ouvrir leurs rangs, de baisser devant lui leurs baïonnettes, et de le laisser retourner à la liberté dont on ne le privait que par un crime. Je devais chercher à diminuer et neutraliser autant qu'il était en moi l'ascendant et l'influence de ces prêtres, qui, de religieuse qu'elle était d'abord, pouvait avoir de graves conséquences politiques. Je punis donc mes soldats avec plus d'opiniatreté et de sévérité que je ne l'avais fait d'abord. La bastonnade vint appuyer mes ordres du jour. Mais rien n'y fit. Les soldats se laissèrent punir et continuèrent leurs génuflexions. Les officiers me conjurèrent de me départir de ma sévérité qui, disaient-ils, ressemblait par trop à une inquisition religieuse; et moi, ne voulant pas parodier un inquisiteur espagnol ou italien, je laissai mon régiment irlandais se signer et s'agenouiller tout entier, s'il le voulait, à son plaisir et fantaisie, mais je fis retomber sur les abbés toute mon attention. Je les soumis à une surveillance d'autant plus sévère qu'ils avaient l'air de me narguer, et de se rire de cette surveillance. Tout cela ne pouvait pourtant se passer sans que Napoléon le sût. Il fut vivement blessé de ma manière d'agir envers les missionnaires. Il y vit une insulte faite à la religion catholique qu'il professait, et vers laquelle son esprit italien avait une tendance naturelle qui se manifestait d'autant plus que sa maladie affaiblissait son corps. « Je ne souffrirai jamais, dit-il un jour, que cet hérétique humilie la tiare. Le pape et le consistoire ne me pardonneraient pas si je tolérais ces insultes. » Le mot était plaisant de la part de Napoléon qui avait tenu ce même pape captif, et qui avait dispersé le consistoire, et les cardinaux, et les prélats, et les monsignori de Rome devant sa colère, fort peu religieuse à cette époque.

Mais, comme je l'ai dit, l'esprit de Napoléon revenait aux premières impressions, à ces ineffaçables impressions de l'enfance. Il avait été élevé en catholique italien, il devait mourir ainsi.

« Je ne suis pas athée, disait-il à ce propos, je suis loin d'être athée, je ne suis pas même déiste, je crois tout ce que croit l'église. *Credo tutto quel che crede la chiesa.* Malgré toutes les iniquités et les fraudes des professeurs de religion qui prêchent sans cesse que leur royaume n'est pas de monde, et qui pourtant s'emparent de tout ce qui tombe sous leurs mains, dès que je fus à la tête de l'état, je fis tout ce qui fut en mon pouvoir pour rétablir la religion ; mais je désirais en faire le fondement et la base de la morale, et non une souveraine et maîtresse indépendante des lois politiques. Je prêtai serment lors de mon sacre, de protéger tous les cultes, mais non d'exterminer les hérétiques, comme le dit la formule du sacre des rois de France.

« Quant aux moines, je les abhorrais et détestais; je fus en Italie et en Espagne le destructeur de leurs couvents, où régnait avec impunité le vice le plus dégoûtant. Ces moines étaient à mes yeux un ramas de scélérats, *di scelerati*, qui faisaient l'opprobre de l'espèce humaine. Si j'avais continué à régner, et que j'eusse arrangé mes affaires avec le pape, j'aurais toujours voulu un nombre suffisant de prêtres; mais je n'aurais jamais souffert ces barbes sales, ces *fratacci*; et c'était là-dessus que souvent le pape et mon évêque de Nantes se disputaient devant moi. Le pape voulait rétablir les couvents; et mon évêque lui disait qu'il était sans doute libre à chacun d'être moine au fond du cœur, mais que jamais je ne souffrirais qu'une société de telles gens existât publiquement dans mes états.

« Si j'avais réussi en Espagne, j'aurais détruit la superstition et le charlatanisme des prêtres; j'aurais aboli à tout jamais l'inquisition, ainsi que les monastères de ces fainéants et de ces *bestie di frati*.

« Au reste, je crois à la religion catholique, parce que c'est la mienne, parce que j'ai été élevé dans cette religion; il y a en effet tant de religions différentes ou de modifications dans les religions, que, s'il fallait choisir, on serait fort en peine. Ainsi, dans l'état où sont les choses, je tiens que chacun doit conserver la sienne, et toujours j'ai dirigé ma politique religieuse en ce sens. Il n'y a qu'une chose qui, après les moines, me répugne presque invinciblement dans la communion catholique, c'est la confession. Le pape, dans les entretiens que nous avions souvent ensemble, m'engageait toujours à me confesser, et je répondais invariablement à son sermon, en disant : *Santo padre, sono adesso troppo occupato, quando saro un poco piu vecchio, allora mi confessaro.* Quant au jeûne, je le trouve absurde. Se priver de chair pour se gorger de turbot est une singulière mortification, selon moi. Si je faisais tant que de jeûner, je jeûnerais comme les Musulmans; je ne mettrais une miette de pain en mon corps de tout le jour; je souffrirais, je ferais pénitence. Mais en ceci, comme en tout autre chose, les hommes sont niais, inconséquents et absurdes. *Gli uomini son bestie, poveri uomini!* Comme on leur fait de la religion et de la vertu à la portée de leur petite et sotte intelligence!

« Cependant, en fin de compte, il faut une religion, il faut à l'homme quelque chose de merveilleux; et il vaut mieux qu'il le cherche dans la religion que partout ailleurs. Puis la religion est pour ceux qui en ont une grande ressource et ineffable consolation. Enfin, le plus grand argument en sa faveur, c'est que personne ne peut dire ce qu'il fera dans ses derniers moments. »

Et Napoléon prouva lui-même la justesse et la vérité de ces dernières paroles; car, avant de mourir, il se confessa; il reçut la communion des mains d'un prêtre; Bref, il quitta le monde avec toutes les formes et cérémonies d'un bon croyant et d'un pieux et véritable catholique romain.

CHAPITRE XLIV.

Le docteur Antomarchi à Londres. — Intention évidente du cabinet anglais de l'y retenir. — Preuve que la politique de Sainte-Hélène était celle du cabinet de Saint-James.

S'il était une preuve entre dix mille qui pût convaincre enfin le plus incrédule que ma conduite dans mon gouvernement ne fut pas le résultat de mes passions, mais celui des passions et des haines de la politique européenne, certes, c'est ce qui est arrivé à Londres au docteur Antomarchi; et ce qu'il me rapporta lui-même, dans une de nos entrevues, en serait une irréfragable, si mes ennemis eux-mêmes voulaient pour un instant mettre toute partialité de côté, et me juger, non comme individu, mais comme subordonné de lord Bathurst. Au fait, quel mal m'avait fait Napoléon? Quand avait-il pu froisser, soit mes intérêts, soit mon amour-propre? Sans nul doute, j'ai dû plus d'une fois essuyer les dédains de mon prisonnier,.. me résigner à entendre des mots méprisants, outrageants même. Je m'y étais attendu, et, à dire vrai, je trouve tout aussi naturelle et tout aussi logique sa conduite que la mienne. Je ne vois pas trop pourquoi Napoléon aurait dit du bien de moi, qui étais forcé de prendre envers lui des mesures rigoureuses, et qui m'étais armé de la ferme résolution de ne pas écouter un seul moment ce que je regardais alors comme une pitié impolitique et anti-nationale. Si Napoléon avait été plus juste, il aurait facilement senti que je n'étais qu'un instrument, qu'un être absolument passif, et que ses plus cruels ennemis étaient plutôt dans le conseil de Sa Majesté Britannique qu'à James-Town.

M. Antomarchi, par un zèle que je puis trouver louable maintenant, donna sa démission de professeur d'anatomie à Florence et à Pise, pour aller porter ses soins à l'empereur déchu. On fut instruit de ses intentions, bien qu'il les cachât soigneusement ; la police italienne lui refusa des passe-ports, et alla même jusqu'à faire peser sur lui le soupçon de complicité dans quelque conspiration imaginaire. Enfin, grâce à l'intervention du cardinal Fesch, il partit, non sans avoir eu à essuyer toute la bordée d'avanies qu'on est en droit d'attendre du saint-office autrichien. Arrivé à Londres, il fut, en apparence, on ne peut mieux accueilli par lord Bathurst, qui le fit mettre en rapport avec les plus habiles praticiens de la capitale ; mais il avait beau lui renouveler ses instances pour qu'il lui fût permis de se rendre à sa destination, il recevait toujours des promesses qui n'avaient aucun résultat. Des bâtiments faisaient voile chaque semaine pour le Cap, pour Sainte-Hélène, et son excellence s'excusait, en disant qu'elle n'avait point été avertie à temps. Le docteur ne put même obtenir l'autorisation d'emporter d'Europe les livres qui lui étaient nécessaires pour la continuation d'un ouvrage de médecine (c'était, je crois, la publication et la révision des œuvres posthumes du célèbre Mascagni). On redoutait tout de ces rapports indirects de Napoléon avec la vieille Europe... On voulait l'isoler, l'ensevelir; on craignait que les miasmes qui s'échapperaient des volumes enlevés à nos bibliothèques ne lui portassent encore au cerveau quelque arome de liberté et de grandeur.

Son excellence entoura le savant Antommarchi d'égards, de complaisances; alla même jusqu'à le féliciter sur son dévouement, et finit par lui faire entendre qu'il ne concevait pas comment, à l'instant de s'illustrer par d'aussi vastes et aussi utiles travaux, il pouvait se décider à aller s'enterrer dans un misérable îlot de l'Océan atlantique. Le docteur fut en outre assailli d'offres et de menaces. Tout fut mis en jeu pour le détourner du dessein généreux qu'il avait formé. On promit places, honneurs, argent; on ne put le séduire. Alors on eut recours à un autre moyen, et ce fut le guet-apens qu'on regarda comme le plus convenable pour empêcher son départ. Un soir il fut attaqué par une demi-douzaine de vagabonds qui, après l'avoir gratifié du *french-dog,* et autres gentillesses populaires outragèrent gravement une dame à qui il donnait le bras. Heureusement pour lui, et dans l'intérêt de sa mission, M. Antomarchi conserva assez de prudence pour se retirer sans prendre une prompte vengeance de ces insultes; car autrement il eût couru grand risque d'être arrêté, et de rester plusieurs mois en prison, avant qu'une enquête du coroner l'eût fait mettre en liberté.

M. Antomarchi m'instruisit depuis de plusieurs obstacles qu'il rencontra pendant une traversée assez pénible, mais j'arrive sans plus de préliminaires à son débarquement à Sainte-Hélène. Beaucoup mieux que tout autre, il pourrait dire quel accueil je lui fis; beaucoup plus sûrement que qui que ce soit au monde, il pourrait affirmer qu'il a vu dans Hudson Lowe deux hommes bien distincts : l'homme compatissant peut-être, et n'oubliant pas les formes les plus indispensables de politesse et d'urbanité qu'on a été jusqu'à lui refuser, et l'homme de son gouvernement. Quand il se présenta à Plantation-House, je le reçus avec tous les égards dus à son talent, à son caractère, et à son noble dévouement. Pensait-on que je ne connaissais pas tout ce qu'il y avait de générosité et de vertu dans la conduite d'un tel homme, qui abandonnait tout pour venir prodiguer les secours de son art à un prisonnier qui languissait dans un coin de l'immense archipel d'Afrique? Non, sans doute! Aussi M. Antomarchi, et j'invoque sans crainte son témoignage, n'eut-il qu'à se féliciter de l'accueil obligeant que je lui fis. Et qu'on ne se récrie pas d'abord si je fais moi-même mon éloge, on m'a si souvent et si cruellement attaqué, que ce n'est pas ici le lieu de faire parade d'une modestie qui serait plus qu'absurde. M. Antomarchi dîna chez moi. Je profitai de cette circonstance pour le présenter à l'adjudant-général, au major, et à la plupart des fonctionnaires de la place. La conversation, je me le rappelle fort bien, roula, presque tout le temps du repas, sur la Corse, où j'avais séjourné. Cet entretien était d'autant plus intéressant pour le docteur que, Corse lui-même, il eut du plaisir, je crois, à m'entendre émettre une opinion très-favorable sur ses compatriotes. Pendant mon séjour dans cette île de la Méditerranée, j'appris à en estimer les habitants, dont le caractère hautain, fier, implacable et généreux, est empreint d'un certain grandiose moral qui m'a toujours séduit. Dans le cours de cette conversation, nous dûmes nécessairement dire quelques mots de Bonaparte; mais le docteur doit se souvenir que, si je me plaignis de la fierté, de la hauteur, et des manières dédaigneuses du général, ce fut pourtant avec une certaine modération, et non sans ajouter quelques mots de regret sur sa fâcheuse position, et me plaindre amèrement de la nécessité qui me forçait souvent à des mesures que, comme particulier, je réprouvais peut-être, mais que j'étais contraint à prendre, comme gardien de Napoléon. Quand M. Antomarchi et ses compagnons voulurent se rendre à Long-Wood, conformément aux ordres que j'avais reçus, ils furent obligés de soumettre à l'inspection de M. Gorrequer les manuscrits, les plans, les lettres et les gravures qu'ils voulaient y porter. M. Gorrequer crut que son devoir s'opposait à ce qu'il accordât cette autorisation, et refusa son *vu*. Grâce à mon intervention cependant, ces messieurs parvinrent jusque dans les appartements de Long-Wood avec leur bagage scientifique et épistolaire.

On le voit... Suis-je le seul qu'on puisse accuser d'une cruelle sévérité envers le prisonnier de Sainte-Hélène? Avais-je donc accaparé le monopole des rigueurs salutaires? Non; car les tentations de corruption, les vexations et les insultes auxquelles fut en but M. Antomarchi, avant son embarquement, ne peuvent en toute justice m'être attribuées. C'est assez de répondre aux accusations terribles qu'on a amassées sur ma tête pour des faits auxquels j'ai réellement pris part, sans que je fasse du donquichotisme pour essayer de disculper ceux de qui je tenais mes instructions.

CHAPITRE XLV.

La maladie de Napoléon empire. — Agent chargé de constater son existence. — Discussion violente avec MM. Montholon, Bertrand et Antomarchi. — Je les menace de pénétrer de vive force dans la chambre de Napoléon.

La maladie de Napoléon avait pris les caractères les plus alarmants; j'avais voulu lui envoyer mon médecin; mais, ainsi qu'on l'a vu, sa défiance pour tout ce qui venait de moi était telle que je ne crus pas devoir lui renouveler cette proposition, malgré l'état désespérant dans lequel il se trouvait. Napoléon m'avait dit lui-même, dans les premiers temps de mon arrivée à Sainte-Hélène, que son plus vif désir était de mourir de la main d'un Anglais. Et, malgré la sévérité qu'on m'avait forcé de déployer à son égard, j'avais pénétré les vues de ceux qui me haïssaient, et je ne voulais pas que la moindre démarche hasardée pût donner au général la satisfaction de penser que mon gouvernement avait tramé et exécuté contre lui un odieux forfait. Cependant le docteur Antomarchi obtint de lui la permission de s'adjoindre M. Arnolt, chirurgien attaché au 20° de ligne, alors en garnison à Sainte-Hélène, et il m'écrivit à cet égard ; or, comme la première demande venait de Long-Wood, et qu'on ne pouvait par conséquent me taxer d'avoir intrigué pour glisser un chirurgien anglais au milieu de l'habitation de Napoléon, je donnai promptement à M. Arnolt l'autorisation d'aller assister M. Antomarchi. Ce praticien s'y prêta avec le plus grand zèle et la plus touchante bienveillance. Napoléon, averti de la présence du médecin anglais, montra d'abord quelque éloignement pour se laisser approcher ; mais il se laissa pourtant, après une hésitation de quelques minutes, tâter le poulx et le bas-ventre où était le siége du mal. Puis le général, paraissant content du docteur Arnolt, l'engagea à retourner le lendemain.

Cependant je venais de recevoir de Londres un ordre exprès de m'assurer chaque jour de l'existence du général, et de constater l'état dans lequel il se trouvait journellement, sur un journal que je devais faire parvenir par triple copie, en profitant de toutes les occasions, qui me seraient offertes, quelque fréquentes qu'elles fussent. Comment faire ?... Napoléon ne sortait plus... Il était même toujours alité, et son excessive susceptibilité ne me permettait pas de me présenter moi-même devant lui. Il fallut donc charger un officier d'ordonnance de se transporter tous les jours à Long-Wood, afin de s'assurer de la présence du général dans sa demeure ; et d'attester qu'il l'avait vu. Cet officier remplit d'abord assez exactement sa mission qui, sans nul doute, était fort désagréable, mais qui était d'une indispensable nécessité. Il continuait ses rapports, à l'exactitude desquels j'ajoutai foi pendant quelque temps, lorsque j'appris que depuis quinze jours à peu près il ne lui avait pas été possible d'entrevoir même Napoléon, qui gardait le lit depuis cette époque. Mon mécontentement fut au comble; je fis appeler l'officier auquel j'adressai de vifs reproches. Il s'excusa sur la difficulté de l'exécution, en me disant que M. Bertrand et M. le comte de Montholon n'avaient pas permis qu'il arrivât jusqu'à Bonaparte, dans la crainte que sa présence n'irritât le général. « Tout ceci peut être juste, fort juste, dis-je à l'officier; mais la situation du général, toute fâcheuse qu'elle peut être, et la sollicitude de MM. Bertrand et Montholon pour la santé de leur maître, ne peuvent me dispenser d'exécuter les ordres que j'ai reçus : voyez-le vous-même, ils sont péremptoires. Dites à ces messieurs qu'il est sans doute pénible pour moi d'insister en pareille circonstance; que je comprends combien il faut de ménagements; mais que je vous ai montré ma correspondance, et que l'exécution de la mesure qu'on m'y prescrit m'y est ordonnée sans réplique. Rendez compte à ces officiers de mon entretien; dites-leur que je ferai tout ce qui dépendra de moi pour adoucir tout ce que mes fonctions ont d'acerbe, mais qu'il faut aujourd'hui que je sois obéi. »

L'officier, désespéré, alla trouver MM. Montholon

et Bertrand qui, touchés de sa position, le mirent en rapport avec le valet-de-chambre Marchand, afin qu'il pût remplir sa mission de surveillance sans que le général l'aperçût. Effectivement, il se plaça en dehors de l'habitation, devant la chambre de Napoléon, et, un jour que le général allait à la garde-robe, il put l'apercevoir et me faire son rapport. Mais une pareille occasion pouvait ne se représenter que rarement, et je devais ne pas douter un seul instant de l'existence du prisonnier. J'allai donc un jour, suivi de quelques officiers, à Long-Wood-House, dont, bien entendu, on me ferma la porte au nez... J'expliquai au général Montholon le motif de cette visite, dont il voulut me détourner, mais il ne put y parvenir, et je lui répondis que tel était le texte de mes instructions que, si le lendemain mon agent ne pouvait pas avoir la faculté de voir le général Bonaparte, je me verrais forcé de venir moi-même forcer son asyle, afin de m'assurer de sa présence à Long-Wood... M. le docteur Antomarchi, que j'avais fort bien reçu à son arrivée dans l'île, se joignit à M. Montholon; ces messieurs ne me permirent pas d'approcher, et ne m'épargnèrent même ni menaces, ni épithètes insultantes. « Il faut que vous soyez un tigre pour prendre plaisir à troubler les derniers moments de cet infortuné. — Je le respecte autant que vous; mais mon devoir a parlé, et je dois agir. — Appelez donc vos soldats, et arrachez un reste de vie à *l'empereur.* — L'empereur! quel empereur? je n'en connais pas ici.

— Vous n'en connaissez pas ! c'est celui qui vous fit trembler si long-temps ; et qui aurait fait de l'Angleterre une province française ; comme la Corse, s'il eût régné dix ans de plus. — Le général, messieurs, le général ! il faut que je le voie. — Vous ne le verrez pas ! dussiez-vous nous passer sur le corps ! il faut avoir l'ame pétrie du plus vil limon de la Tamise, pour venir épier le dernier soupir d'un moribond... Vous comptez les minutes de son agonie ; sa garde vous fatigue ; c'est une responsabilité terrible dont vous voudriez être débarrassé. Soyez tranquille ; malheureusement le dénouement du drame ne se fera pas attendre long-temps. Mais, en attendant, nous ne souffrirons pas que vous vous repaissiez de ses dernières douleurs. — Ces injures, messieurs, ne me détourneront pas de ma résolution. Je me retire ; mais je vous l'ai dit et vous le répète : si demain mon agent ne peut voir Napoléon, je serai forcé de venir ici moi-même avec tout mon état-major. Que votre prudence vous suggère donc les moyens d'éviter d'aussi déplorables violences ! »

Je partis, et laissai sir Thomas Reade avec le comte Montholon et le général Bertrand. Quand ces deux officiers eurent bien jeté feu et flamme contre moi, Reade leur persuada de ne pas continuer à faire une résistance tout à la fois déplacée et inutile ; il leur fit entendre que, puisque notre gouvernement exigeait que je constatasse chaque jour l'existence de Napoléon, je ne pouvais me refuser à exercer tous les actes qui dépendaient des fonctions dont j'avais été investi par S. M. Britannique ; qu'il se devait de leur faire observer que c'était par égard pour le prisonnier que je ne me présentais pas moi-même devant lui, ainsi que cela m'était même ordonné ; et que si j'envoyais un agent à Napoléon, c'était un pur acte de condescendance de ma part, et parce que je connaissais l'aversion de Napoléon pour moi.

On avisa donc au moyen d'arranger cette affaire, car j'avais montré la ferme résolution de ne faire aucune concession à cet égard qui pût me compromettre auprès du ministère. Après avoir beaucoup réfléchi pour conjurer l'orage, on trouva un terme conciliateur qu'on mit promptement en œuvre. Tout en évitant d'effrayer inutilement Napoléon, on lui parla de sa position qui exigeait des soins nombreux et continus. Le docteur Antomarchi lui dit qu'il était nécessaire maintenant que chaque jour il fût assisté par un confrère dont les lumières viendraient aider sa propre expérience ; qu'il fallait enfin se décider à prendre un médecin consultant qui viendrait chaque jour visiter le malade. Le général parut contrarié de cette ouverture, et frappé de l'espèce d'inquiétude que le docteur était malheureusement forcé de laisser entrevoir ; mais il se résigna et donna son adhésion. M. Antomarchi lui nomma alors M. Arnolt, qui avait déjà été appelé plusieurs fois à Long-Wood, ainsi que je l'ai dit plus haut, et dont Napoléon avait paru assez satisfait. Ce médecin se transporta tous les jours à l'habitation du général, et, sous le prétexte apparent de se consulter avec M. Antomarchi sur les mesures à prendre pour la santé de Bonaparte, ce fut lui qui demeura chargé de me transmettre, à Plantation-House, le rapport sur la santé de Napoléon et le certificat de vie quotidien, que je devais expédier le plus promptement et le plus souvent possible au ministère britannique.

CHAPITRE XLVI.

Progrès de la maladie de Napoléon. — Il se croit attaqué d'un squirre au pylore. — Consultation. — Napoléon reçoit les secours de la religion. — Il meurt.

Depuis l'arrivée du docteur Antomarchi, qui avait déjà trouvé Napoléon dans un état de santé fort précaire, la situation du général empirait chaque jour, et les soins précieux de l'habile médecin corse n'avaient pu obtenir d'heureux résultats. Une fois, un mieux sensible se fit sentir; mais Napoléon s'étant obstiné, en l'absence d'Antomarchi, à manger des fruits, qu'il dévora avec avidité, et à boire deux verres de vin de Champagne, qu'il aimait beaucoup, il éprouva une rechute qui eut les suites les plus terribles.

Napoléon était attaqué d'une hépatite ou maladie de foie, chronique, alors arrivée à son plus haut période d'intensité. Cette maladie, selon Beatson et M. Jennings, qui ont particulièrement étudié la température climatérique de Sainte-Hélène, est endémique sous cette latitude, et très-souvent elle y est mortelle. Probablement ce fut de ce genre de maladie que mourut le maître-d'hôtel Cipriani; presque toutes les personnes qui accompagnèrent Bonaparte en furent atteintes. Maintenant que le temps a amorti chez moi, comme chez tant d'autres, le feu des passions politiques, qu'il me soit permis de blâmer la barbarie ou la criminelle insouciance de ceux qui condamnèrent Napoléon à mourir lentement sous ce dévorant climat, à la meurtrière influence duquel je ne dus peut-être moi-même d'échapper, que grâce à un tempérament sec et extraordinairement vigoureux.

Napoléon se croyait attaqué d'un squirre au pylore, maladie qui conduisit son père au tombeau. Il recommanda fortement à Antomarchi d'examiner soigneusement son estomac, après sa mort, de faire sur cette étude un rapport détaillé. Il lui dit d'adresser ce travail à son fils, en lui indiquant les remèdes les plus efficaces à employer, dans le cas où il serait un jour attaqué de la cruelle maladie à laquelle lui, Napoléon, aurait succombé [1].

---

(1) Bien que l'hépatite chronique, dont le docteur Antomarchi signala les symptômes pendant la vie de Napoléon, ait été certainement la cause de sa mort, cependant l'autopsie prouva que son opinion, concernant une affection squirreuse héréditaire dans sa famille, n'était pas dénuée de fondement: « L'estomac parut d'abord dans un état des plus sains, dit Antomarchi; nulle trace d'irritation ou de phlogose. La membrane péritonéale se présentait sous les plus heureuses apparences. Mais en examinant cet organe avec soin, je

Je me serais trouvé heureux de pouvoir procurer quelque soulagement au malade; je fis donc faire à Napoléon l'offre de le faire transférer dans le nouveau bâtiment que l'on avait construit pour lui, et dont les appartements étaient beaucoup plus aérés, moins étouffants, et, par conséquent, moins incommodes que ceux de Long-Wood; mais le docteur Antomarchi s'y opposa, en disant que le transport du général d'une habitation à l'autre serait fatal. Je fis offrir du lait de chèvre, que je savais fort rare dans l'île : on me répondit avec ironie que du lait ne convenait guère à un mourant. Tout cela pouvait être juste; mais pourquoi cet acharnement à chercher toujours un mauvais côté, même à celles de mes démarches que je faisais dans l'intérêt du général expirant?

Quoi qu'il en soit, l'état de Bonaparte empirait chaque jour. Les fonctions hépatiques ne s'accomplissaient plus; l'estomac se refusait à la digestion. Le malade ne pouvait absorber que quelques gouttes de liquide, souvent rejetées aussitôt qu'elles étaient prises. Le chirurgien du 20e régiment, M. Arnolt, que Napoléon avait bien voulu admettre auprès de lui, était loin d'ê-

---

découvris sur la face intérieure, vers la petite courbure, et à trois travers de doigt du pylore, un léger engorgement *comme squirreux*, très-peu étendu et exactement circonscrit. L'estomac était percé de part en part, dans le centre de cette petite induration. L'adhérence de cette partie au lobe gauche du foie en bouchait l'ouverture.

tre d'accord avec Antomarchi sur le genre de la maladie ; il prétendait, lui, que le foie était demeuré intact, et tous les symptômes étaient pourtant ceux de la maladie désignée par le médecin corse. J'enjoignis donc aux docteurs Schort et Mitchell de tenir une consultation avec MM. Arnolt et Antomarchi. Ces praticiens demandèrent avec persistance à voir le malade, afin de s'assurer par eux-mêmes de son état; mais M. Antomarchi avait reçu des ordres, et il refusa obstinément de laisser pénétrer ses confrères jusque dans la chambre du mourant.

Les médecins anglais, et le docteur Arnolt surtout, qui avait donné des soins au malade, me déclarèrent que le terme était arrivé, et que Napoléon n'avait plus que quelques jours à vivre. Cette nouvelle terrible avait déjà été annoncée par le général Montholon à Bonaparte, qui l'entendit avec calme et résignation, en s'écriant seulement : « Ah ! puisque je devais périr sur ce misérable rocher d'une manière si cruelle, pourquoi les boulets m'ont-ils si souvent épargné ! » Puis il s'adjoignit Bertrand et Montholon pour l'aider à mettre ordre à ses affaires, et il s'occupa sans relâche à tracer ses dernières volontés.

Bientôt les symptômes s'aggravèrent et devinrent très-alarmants. La fièvre augmenta; une forte oppression à l'estomac lui succéda; la peau changea de couleur, puis un hoquet violent vint horriblement fatiguer le malade. Le 3 mai, il reçut des mains de l'abbé Vignali, son aumônier, le viatique et tous les secours spirituels que la religion catholique accorde aux mourants, et, presque immédiatement après, il perdit connaissance pour toujours !

Ce fut le 5 mai 1821 que se termina cette lente agonie. Bonaparte mourut en emportant dans la tombe une haine dont je commençai à comprendre toute la sévère justice, et à sentir l'horrible fardeau!... Ce fut à six heures du soir, au bruit du canon du fort annonçant le coucher du soleil, que le plus grand homme de guerre des temps modernes rendit le dernier soupir !..

. . . .

Napoléon en avait fini avec la nature, il commençait avec la postérité !

CHAPITRE XLVII.

Convoi.

Dès que j'appris officiellement la mort de Napoléon, je montai à cheval et courus à Long-Wood, à la tête de mon état-major. Je trouvai les officiers et les serviteurs du général plongés dans la plus vive douleur. Ce n'était point là cette froide et hypocrite tristesse qui se couvre de crêpes dans le palais des rois, et qui singe les larmes au chevet des souverains expirants. Ce n'étaient point les grandes momeries de deuil, les solennelles proclamations de douleur. On voyoit que l'affection et l'amour faisaient couler ici de véritables larmes, et que ces gémissements n'étaient point un hypocrite manége. En un mot, les officiers de la petite cour de Bonaparte ne pleuraient point le mort pour faire leur cour aux vivants.

Lorsque j'eus examiné et vérifié le corps du défunt pour m'assurer par moi-même que ce corps était bien celui de Napoléon Bonaparte, je demandai qu'on procédât immédiatement à l'autopsie. Sur cette demande, les Français et particulièrement le médecin Antomarchi se récrièrent vivement, disant entre eux que c'était une nouvelle atrocité et barbarie digne de moi, et que je voulais par là m'assurer sans *aucun doute* de la mort de Napoléon et me débarrasser de toute chance de vie.

Je n'avais rien à répondre à des gens exaltés par la douleur et par l'affection qu'ils portaient au défunt, et, comme ils me représentèrent, avec toute la vivacité de leur émotion, que Napoléon avait rendu le dernier soupir depuis trop peu de temps pour qu'on pût décemment et prudemment ouvrir son cadavre, je n'insistai pas; je respectai la douleur des Français, et surtout je ne voulus pas m'exposer à une accusation dont l'idée seule me faisait frissonner.

Je me joignis donc à eux pour déplorer la perte qu'ils avaient faite. Je leur dis qu'elle était d'autant plus cruelle pour eux, que le gouvernement anglais paraissait revenir à de plus douces et plus tolérantes dispositions à l'égard du malheureux captif. « Enfin, leur dis-je, avec émotion, j'étais chargé de faire connaître au général que l'instant approchait où la liberté aurait pu lui être rendue et où il lui aurait été permis de vivre comme il l'avait tant désiré, en Angleterre ou en Amérique. Sa majesté Georges IV ne demandait pas mieux que de mettre un terme à cette cruelle réclusion. Il souffrait de voir un grand homme, un prince qu'il estimait et admirait, soumis à un aussi dur et humiliant régime, et il voulait être un des premiers à accélérer le terme de sa captivité et de ses souffrances. Mais, hélas ! maintenant il est mort, il est libre pour l'éternité, son ame épurée par le malheur est dégagée de ses chaînes ; ainsi tout est fini ; demain nous lui rendrons les derniers devoirs. Les troupes ont ordre de prendre le deuil et les armes dès la pointe du jour. Il faut que tous les honneurs militaires, qu'il est en notre pouvoir de lui rendre ici, accompagnent jusque dans sa tombe un des plus grands capitaines et des plus illustres soldats de notre siècle. »

Tout ceci fut encore pris en mauvaise part à Long-Wood : c'était, selon les Français, une singerie de douleur, une compassion de commande que je venais affecter pour me donner à leurs yeux un air de sensibilité qui ne m'allait pas. C'était une caresse de tigre faite au cadavre de la victime qu'il a égorgée.

Le lendemain matin, tous les régiments prirent les armes, et, au bruit du canon des forts, nous accompagnâmes le corps de Napoléon au lieu qui était choisi pour sa sépulture [1].

---

(1) Les détails suivants sur le tombeau de Napoléon, sont empruntés à la préface d'un petit poëme plein d'intérêt, publié par M. Marius-Villers, sous le titre de *Pélérinage à Sainte-Hélène*. Cette peinture animée et brillante, tracée avec toute l'émotion du sentiment, en présence de la pierre qui recouvre l'illustre prisonnier, complète l'histoire de sa captivité. C'est l'épilogue du drame dont les scènes attachantes sont jetées en ce volume, par sir Hudson Lowe.

Il fallut, avant de sortir de la ville, en demander l'autorisa-

On le descendit silencieusement dans la tombe, et pas un mot d'adieu ne fut prononcé sur son cercueil. Le vainqueur de l'Europe, celui que tant de

---

tion, au major de place : cette formalité est de rigueur. On ne peut d'ailleurs se rendre au tombeau sans être accompagné d'un officier anglais, et si l'on désire cueillir une branche du saule pleureur il est nécessaire d'être muni d'une permission du gouverneur lui-même. Il a des imprimés à cet usage, et il ne fait jamais aucune difficulté pour en délivrer. Cette mesure est salutaire ; car l'avidité des étrangers à emporter quelque souvenir de Sainte-Hélène avait déjà compromis l'existence de cet arbre.

Enfin, toutes les formalités remplies, je pris le chemin de Long-Wood. En parcourant ces coteaux et ces ravins arides, j'éprouvais un sentiment de mélancolie que je ne pouvais surmonter : « C'est ici, disais-je, qu'il a vécu sept années ! lui !... Que dis-je ! il n'avait qu'une partie de cette île sauvage, et la plus affreuse encore ! »

Nous arrivâmes. Notre guide nous montra la demeure de proscrit de Sainte-Hélène. Il nous eût été difficile sans cela de reconnaître le dernier asyle de Napoléon. Rien n'est comparable en effet à la mesquinerie de cette masure. Nous entrâmes dans une première pièce qui lui servait de salon de compagnie. Plus loin était une petite chambre où se trouvaient entassés de la paille et du foin : « C'est ici qu'il est mort, nous dit tranquillement notre guide ; son corps fut exposé pendant trois jours à la curiosité publique ; le premier jour fut réservé aux gentlemens et aux ladyes de Sainte-Hélène, qui vinrent lui toucher la main ou la baiser en signe d'adieux ; le second fut pour la population anglaise ; le troisième pour les Chinois qui sont en grand nombre dans cette île, et qui ont toujours été enthousiastes de Napoléon. »

L'Anglais nous donnait tous ces détails avec un calme vrai-

bouches mercenaires avaient loué et panégyrisé lorsqu'il était sur le trône, ne trouva pas un orateur pour venir dire sur sa tombe, en une oraison

---

ment britannique; et moi, tout occupé des derniers moments du grand homme, je maudissais les barbares qui avaient osé profaner ce lieu consacré par une grande infortune, quand je fus distrait de ma rêverie par la voix du guide qui nous montrait sa chambre à coucher : c'était une écurie !....

Je sortis..... Nous traversâmes une partie du bois où il allait chasser quelquefois : il pouvait s'y promener seul. Hors de là, il ne pouvait marcher qu'accompagné d'un officier anglais attaché auprès de lui pour ce service.

Se promenant un jour à cheval ainsi escorté, il voulut gravir un coteau fort escarpé. Son compagnon lui observa qu'il ne pouvait pas l'y suivre. « Tant pis pour vous, lui dit le prisonnier, votre devoir est de le faire. » Aussitôt il lança son cheval et alla se promener en liberté.

Mais il était trop bien gardé pour en profiter : outre les nombreux soldats et l'artillerie formidable qui entourait l'île, un canon d'alarme était placé sur le sommet le plus élevé, et dès qu'il manquait quelqu'un de sa suite, le signal retentissait dans toute l'étendue de Sainte-Hélène.

Nous nous rendîmes ensuite à la demeure de Bertrand. C'était une petite maison d'une apparence très-simple, dont le maréchal avait lui-même donné le plan. La vue s'étendait de là sur la mer. Napoléon y allait souvent passer l'après-midi, et s'amusait à reconnaître, avec sa longue vue, les navires qui arrivaient à Sainte-Hélène. On nous fit voir trois trous ronds qu'il avait de ses propres mains creusés pour cet usage dans les persiennes. De cette manière, il pouvait satisfaire sa curiosité sans être fatigué de celle des autres.

Nous vîmes près de là la seconde maison qu'on lui avait élevée. Dès que vous arrivez dans l'île, les Anglais ne manquent

funèbre, les hauts faits et la gloire qui illustrèrent sa vie, pour raconter la merveilleuse et attachante histoire de ses combats, de sa fortune, de sa chute,

---

pas de vous la vanter comme un palais; mais, hélas! elle était bien loin encore d'être digne du prisonnier de Sainte-Hélène.

Un dernier devoir nous restait à remplir; nous prîmes le chemin du tombeau. Il est au fond d'un vallon très-étroit, où nous fûmes étonnés de rencontrer quelques traces de végétation. C'était le seul endroit où Napoléon pût trouver un peu de verdure et d'ombrage. Il venait souvent s'y reposer avec madame Bertrand, dont l'habitation était située au haut du ravin. Il s'asseyait près d'elle sous le saule pleureur, et sa compagne lui faisait la lecture. Près de là était une source d'une eau très-fraîche et très-limpide dont il aimait à s'abreuver. Il y envoyait même chercher, de Long-Wood, toute celle qu'il buvait. Quelques fleurs croissaient près du ruisseau, et un gazon assez frais en tapissait les bords. Ce lieu plaisait à Napoléon, et un jour il exprima le désir d'y être inhumé, s'il venait à mourir à Sainte-Hélène. Sa volonté a été accomplie.

Sa cendre repose sous le saule pleureur qui l'a si souvent ombragé pendant sa vie. Trois larges pierres sans ornements, sans inscription, recouvrent sa modeste tombe : pas une lettre n'indique quel est celui qui dort sous cet humble mausolée. Une grille en fer l'entoure : une autre en bois forme autour de celle-ci une enceinte de douze à quinze pieds de diamètre. Nous y fûmes introduits; on nous permit même, en soulevant un des barreaux de la balustrade en fer, de fouler aux pieds la pierre du tombeau. Je cueillis quelques branches du saule, que je garde encore comme un souvenir précieux de Sainte-Hélène : des rejetons vivants ont même été apportés et plantés en France par mes amis et moi.

Après avoir bu à la source qui avait si long-temps désaltéré Napoléon, nous sortîmes de l'enceinte funéraire. Près de là,

de ses malheurs et de ses souffrances ; et s'il était mort aux Tuileries, les flatteurs n'eussent pas manqué de faire retentir de leurs phrases brillantes et sonores les chaires de Saint-Denis et de Notre-Dame.

Les Français avaient commandé à un artiste de l'île une plaque d'argent destinée à être placée sur le cercueil de Napoléon. L'inscription suivante avait été gravée sur cette plaque : « Napoléon, né à Ajaccio, le 15 août 1769, mort à Sainte-Hélène le 5 mai 1821. » Comme je fus instruit de cela, je déclarai au comte Montholon que je m'opposais à ce que la plaque fût placée sur le cercueil, mes instructions me faisant un devoir de ne pas le permettre. Tout au plus, dis-je à M. Montholon, pourrait-on mettre, *le général Bonaparte*. M. de Montholon se récria sur une une aussi horrible vexation ; il me dit que c'était infâme de poursuivre ainsi Napoléon jusqu'au-delà de la mort ; mais rien n'y fit, je fus inébranlable.

La pierre qui fut posée sur son corps ne reçut donc aucune épitaphe. Le gouvernement anglais, prévoyant d'avance le cas de sa mort, m'avait défendu

---

dans une guérite à cet usage, est un registre où ceux qui veulent laisser un témoignage de leur passage à Sainte-Hélène, signent leur nom, et écrivent même des vers que leur inspire le lieu. Il y en avait beaucoup, tant anglais que français. Je fis comme les autres. J'y en laissai quelques-uns, et, après avoir dit un dernier adieu à la tombe et à tous les objets qu'on avait signalés à notre religieuse curiosité, je repris le chemin de James-Town.

de laisser rien inscrire sur son tombeau qui rappelât le sceptre ou la couronne. Il fallait que la puissance de Bonaparte fût comme si elle n'avait pas été, il fallait que la tombe elle-même refusât de dire sur son compte la vérité aux vivants. Certainement, pareille obstination était ridicule et pitoyable; car, pour mieux faire, il eût fallu arracher les pages de l'histoire, effacer les souvenirs de cent millions d'hommes, renverser les monuments et les arcs de triomphe; alors seulement on eût pu faire oublier la puissance miraculeuse d'un homme qui en avait laissé les traces depuis les Pyramides jusqu'au Kremlin. L'épitaphe de Napoléon était partout.

CHAPITRE XLVIII.

Le tombeau de Napoléon.

Un des codicilles du testament de Napoléon Bonaparte était ainsi conçu : « Je désire que mes cendres reposent sur les bords de la Seine, au milieu de ce peuple que j'ai tant aimé. »

De ce peuple qu'il a tant aimé !... Ceci avait pour moi tout l'air d'une plaisanterie ! Lui, Bonaparte, qui fit le dix-huit brumaire !... qui en bonne justice aurait été fusillé lors de son arrivée d'Égypte, si Barras et ses collègues avaient eu le courage de dire un seul mot à Dubois-Crancé ! lui qui gaspilla à coups de sénatus-consultes et les trésors et la population du beau pays qui avait eu la faiblesse de remettre son sort entre les mains d'un homme qui ne connut jamais d'autres lois que les lois du sabre, et n'en voulut pas faire connaître d'autres ! lui qui faisait jeter dans un cul de basse fosse les écrivains qui, même sous le voile de l'allusion, osaient lui envoyer quelques parcelles de vérité ! lui qui se plaça hors la loi en s'armant contre les institutions de son pays qu'il brisa et anéantit ; qui créa une police modèle plus absurde et plus inique que celle de Metternich, et à la tête de laquelle on vit successivement le stupide Dubois ou le fabricant de conspirations Fouché! lui qui attira, par ses erreurs politiques et son ambition, deux invasions sur son malheureux empire!...

Du reste, il ne m'appartient pas d'établir ici le plus ou le moins de foi qu'on peut ou qu'on doit ajouter à cette parade de sentiments chevaleresques... Je respecte les dernières volontés d'un homme aussi grand que Bonaparte, d'un homme dont la renommée fut si excentrique. Mais que ces volontés, exprimées au moment suprême, fussent exécutables, je le nie ; car il n'y a pas de loi qui, dans aucun pays, puisse forcer un légataire à accepter les dispositions inexécutables qu'il aura plu à un moribond de consigner dans son testament ; et c'est précisément le cas dans lequel se trouvaient les exécuteurs testamentaires de Napoléon, qui me firent signifier ce codicille. Comme eux j'étais plein de vénération pour les dernières volontés du grand capitaine dont j'avais plaint souvent la malheureuse destinée ; comme eux j'aurais voulu tout faire pour que le soupçon d'iniquité qui pesait sur l'Angleterre et sur moi cessât au moins après la mort de mon prisonnier ; mais pouvais-je prendre sur moi une détermination qui devait avoir d'aussi importants résultats ?... Il faut toujours observer les hommes d'après leurs passions ou leur intérêt, si l'on veut les juger sainement. Or, que m'importait à moi que le corps de Napoléon fût transporté en Europe ou qu'il fût enseveli dans l'île. J'avais pu haïr Bonaparte vivant, parce que je le regardais comme un ennemi terrible de l'Angleterre, comme un puissant génie qui pouvait, même au sein de la captivité, soulever contre elle des tempêtes ; mais pourquoi n'aurais-je pas respecté le dernier désir qu'il avait formé ? pourquoi aurais-je, au-delà même du trépas, déployé contre lui une sévérité puérile et inutile en même temps.

Je fus obligé de notifier à ces messieurs qu'il m'était impossible d'avoir égard à cette prétention, que je n'admettrais certainement pas sans de nouveaux ordres, ceux que j'avais reçus jusqu'alors ne me permettant pas d'agir autrement. Et qu'on ne pense pas que je me sois arrêté de mon chef à cette détermination. Quelques mois avant le décès du général, et quand depuis long-temps tout faisait présumer que sa maladie était mortelle, sa grâce lord Bathurst me dicta ma conduite pour l'avenir présumé ; et je puis encore retrouver dans mes cartons ma correspondance officielle à cette époque. Les exécuteurs testamentaires ne manquèrent pas de crier à l'infamie, au scandale, comme je l'ai dit dans le précédent chapitre ; ils m'accusaient d'une haine qui se prolongeait au-delà du tombeau... On me pria, on m'obséda, on m'injuria même ; mais tout fut inutile, parce que j'avais la conscience ferme et inébranlable de mon devoir. Je répondis que le corps de Napoléon resterait à Sainte-Hélène, et que je pouvais seulement consentir à ce que ces messieurs eussent la faculté de choisir le lieu de la sépulture ; ce qui fut fait, comme on l'a déjà vu.

Au fait, si l'on prend la peine de raisonner un instant, on verra combien cette prétention des amis de Napoléon était inadmissible. On voulait que le corps de Napoléon fût transporté en France et inhumé dans la capitale, à une époque ou ce pays, se ressentant des violentes commotions politiques qui l'avaient tourmenté, contenait encore des germes de troubles civils? l'Angleterre avait-elle donc seule intérêt à ce que les dépouilles mortelles de Napoléon ne quittassent pas l'île où elle l'avait tenu captif? la dynastie régnante alors en France n'avait-elle pas le droit de donner aussi sa voix, de faire prévaloir son opinion dans cette décision si importante pour elle. Rendre à la France les restes de son ancien souverain, d'un souverain qu'une auréole lumineuse de gloire militaire plaça fort au-dessus de ses contemporains couronnés, et qui même après sa mort avait de si nombreux partisans !..... n'était-ce pas évidemment, de la part de l'Angleterre, un acte de démence, ou un acte du plus ridicule égoïsme, en même temps qu'une insulte sanglante faite aux Bourbons. Et quand même j'eusse consenti, en dépit des ordres du cabinet de Saint-James, à me dessaisir du corps de Bonaparte, pouvait-on penser un seul moment que la police française, si méticuleuse alors, aurait permis l'introduction, dans ce pays, de ces illustres mais dangereuses reliques? Quand Napoléon était à l'apogée de sa gloire et de sa puissance aurait-il souffert, si Louis XVIII fût mort à Mittau ou à Hartwell, aurait-il souffert qu'on rendît un culte funèbre à ce prince en transportant ses restes à Saint-Denis, pour qu'il pût y reposer dans le tombeau de ses ancêtres? Non sans doute! la sensibilité politique de Napoléon ne descendait pas jusqu'à ces sortes de complaisances.

D'ailleurs, le fait est jugé maintenant : il était facile aux gouvernements anglais et français de s'entendre plus tard sur l'opportunité de la translation du corps de Napoléon Bonaparte, si je me fusse opposé seul à l'exécution de sa dernière volonté. Mais Napoléon est mort depuis près de neuf ans, je ne suis plus à Sainte-Hélène et cependant les cendres de l'ancien empereur des Français reposent toujours solitaires et abandonnées dans cette île.

CHAPITRE XLIX.

Jugements et expressions de Napoléon sur moi.

Aigri par le malheur, tourmenté par le souvenir d'un passé qu'il ne pouvait oublier, tracassé par de continuelles vexations qui résultaient tant de la nature des choses et de sa position à Sainte-Hélène que de notre haine et antipathie mutuelle, Napoléon devait me juger avec toute la cruauté d'un ennemi. C'était un prisonnier qui parlait de son gardien; c'était, du moins en son esprit, un patient, une victime, qui parlait de son bourreau; pouvait-on s'attendre de trouver, en ces jugements et expressions, du calme, de la bienveillance, de l'indulgence et de la douceur?

Ces jugements de Napoléon, je les donne tels qu'il les a prononcés, sans commentaire ni réponse; je veux laisser à ceux qui les liront et les méditeront le soin d'en examiner les motifs, de les modifier ou de les casser, selon qu'ils leur paraîtront dictés par la justice ou par la passion et l'esprit de vengeance. Je pourrais les invoquer pour justifier mes rigueurs, mais c'est inutile.

Mon physique n'est pas plus ménagé que mon moral, dans ces violentes éjaculations de haine. Quand il faut rendre quelqu'un horrible, odieux, il est naturel qu'on représente le corps aussi affreux, aussi épouvantable que l'ame : ainsi le portrait est complet.

Voici comment Napoléon s'exprimait sur mon physique :

« Quelle ignoble et sinistre figure que celle de ce gouverneur ; dans ma vie je ne rencontrai jamais rien de pareil. En vérité je crois qu'on pourrait m'avoir envoyé pis qu'un geolier. »

— « J'ai vu des Prussiens, des Cosaques, des Tartares, des Calmouks, et bien d'autres; mais je n'ai jamais vu de ma vie une figure aussi sinistre et aussi repoussante. Il porte le crime empreint sur son visage. »

— « Je ne vois jamais ce gouverneur sans penser que je vois l'homme chauffant la barre de fer pour Édouard II, au château de Berkley. La nature m'a prévenu contre lui, et m'a donné un avis amical le premier jour où je l'ai vu. Comme Caïn, la nature l'a bien cacheté. Si j'étais à Londres, qu'on me présentât sir Hudson Lowe vêtu en bourgeois, et qu'on me dît : « Qui est cet homme ? » je répondrais : « C'est le bour-
« reau de la ville. »

— « La nature a bien cacheté ce Calabrois. Ce Calabrois m'inspire du dégoût. Hudson est le Paria de Sainte-Hélène. Il corrompt tout ce qu'il voit, tout ce qu'il touche. »

— « Cet Hudson est un homme de mauvaise lymphe ; il devrait se faire appliquer plusieurs larges vésicatoires pour se faire tirer une partie de cette lymphe. C'est une vraie mine patibulaire. »

— « Ce qui m'a prévenu contre lui, c'est d'abord sa mauvaise mine : *e la sua cattiva faccia;* puis son système de lettres doucereuses et de vexations par derrière. J'ai vu qu'il voulait, en nous montrant qu'il dépendait de lui de rendre notre position désagréable, nous forcer à ployer; à lui demander pardon, et à aller lui faire notre cour à Plantation-House. »

— « Ce Lowe,... c'est un homme qui a les manières ignobles, l'esprit astucieux, et le cœur méchant : la nature l'a fait pour être un mauvais bourreau. »

Voilà pour mon physique; maintenant voici pour mes qualités et mes facultés morales : le portrait n'est pas plus flatté.

— « Ce gouverneur est un homme incapable de remplir la place qu'il occupe. Il a beaucoup de ruse, mais il n'a ni talent ni fermeté. C'est un homme soupçonneux, astucieux, menteur, double et plein d'insinuations, comme les Italiens des quinzième et seizième siècles. C'est un excellent familier d'inquisition. Il mettrait de l'astuce à vous dire bon jour. Je crois qu'il en met à manger son dîner. Il faudrait l'envoyer à Goa. »

— « C'est un hypocrite. Je le regarde comme un homme sans parole et sans foi : *senza parola e senza fede.* »

— « Il n'a rien d'anglais, ni en dedans ni en dehors. C'est un imbécile qui sait écrire, et pas plus : *un imbecille che sa scrivere.* Un homme, quelque imbécile qu'il soit, a toujours un genre de talent; le talent de cet imbécile est l'écriture : *lo scrivere.* »

— « *E un uomo composto d'imbecillita, di bugie e d'un poco di scaltrezza* : c'est un composé d'imbécillité, de mensonge, et d'un peu d'astuce. »

— « *Vostro governatore e veramente una bestia che non a senso commune* : c'est un homme borné, un pauvre sujet. *Veramente fa pieta.* »

— « *E un uomo incapace che non a nessuna fede* : C'est un homme sans capacité et sans foi. »

— « Qu'Hudson-Lowe sorte donc de son rôle de geôlier, et qu'il prenne celui de galant homme : *che esca del suo ruolo di carceriere e che si metta nel ruolo di galant uomo.* Mais c'est un homme sans foi, *un uomo senza fede.* Lorsque les ministres veulent faire exécuter un mauvais coup, ils nomment gouverneur un polisson comme Hudson-Lowe. »

— « Il est à la fois geolier, gouverneur, accu ateur, juge, et quelquefois exécuteur, comme, par exemple, lorsqu'il arrêta notre domestique indien. Il vint ici et il l'arrêta lui-même sous mes fenêtres. Certainement il s'est rendu justice; car le métier d'un sbire lui convient mieux que celui de représentant d'une grande nation. »

— C'est un homme dont la méchanceté naturelle est encore augmentée par le soupçon et par la crainte que lui inspire la responsabilité du poste qu'il occupe. C'est un homme retors, abject, et tout-à-fait au-dessous de son emploi, ce qui n'est pas peu dire. Enfin, c'est un homme ignoble; il dégrade son espèce.

« Il prend tout en mauvaise part; et lorsqu'il est possible de donner un sens faux à quelque expression qui est également susceptible d'en recevoir une favorable, il est sûr de choisir le premier. *E un uomo che a la malizia, ma non l'anima:* C'est un homme qui a de la malice, mais point d'ame. »

— « C'est un *scrivano* de Blucher; un scribe d'état-major, accoutumé à vivre avec des déserteurs, des vagabonds corses et piémontais; *un sbirro siciliano* et non un anglais; un bourreau. »

— « On n'aurait pas pu envoyer un homme pire que

lui, bien que l'emploi ne fût pas de nature à être accepté par un *galant uomo*. »

— « Lord Bathurst est un méchant homme; mais lui est pire que tout le reste. Cet homme nous traite comme si nous étions des déserteurs. »

— « *Pare che questo governatore e stato sempre spia*. Il paraît que ce gouverneur a toujours été espion. »

— « *Non dice altro che bugie*. Il ne dit que des mensonges. Ce scélérat a tous les vices des petits états d'Italie. »

— « Je méprise le gouverneur; ce geolier ôte à la vie tout ce qui pourrait me la faire supporter. Il me ferait avoir recours à mes pistolets, si ce n'était, selon moi, un acte de lâcheté, que le suicide. »

— « Je réponds que ce scélérat écrira toutes sortes de faussetés en Angleterre sur mon compte: le mensonge est son élément, sa nature. »

— « Avec ce *sbirro siciliano*, il n'y a ni garantie ni sûreté. Il viole toutes les lois; il foule aux pieds la décence, la politesse et les formes les plus communes de la société. »

— « Cet homme est insensible à tout sentiment moral : c'est un mélange d'imbécillité et d'astuce. »

— « *Questo governatore e un vero boia*: il est comme

les harpies de Virgile, il souille et rend odieux tout ce qui passe par ses mains. »

— « Le bourreau trouve mon agonie trop longue ; il la hâte, il la presse. Il appelle ma mort de tous ses vœux : il n'y a pas jusqu'à l'air que je respire qui ne blesse cette ame de boue. »

— « Cet homme paraît n'avoir d'autre but que de tuer à coups d'épingle, soit au moral, soit au physique. Un bourreau plus humain me tuerait d'un seul coup. Sa conduite est tortueuse et enveloppée de mystère. Le crime seul marche dans les ténèbres. Un jour sa méchante conduite sera connue; et, s'il échappe à la justice de la loi qu'il viole, il n'échappera pas à la justice de l'opinion de tous les hommes éclairés et sensibles. »

— « Quelquefois je m'imagine que c'est un bourreau qui est venu pour m'assassiner ; mais, au fond, je finis par croire que c'est plutôt un homme incapable et sans cœur, qui n'entend rien à son emploi : *Qualche volta lo credo un boia che e venuto per assassinarmi; ma credo poi che e piutosto un uomo incapace, et senza cuore, che non capisce il suo impiego.* »

C'étaient là les aménités ordinaires qui se débitaient à Long-Wood, sur mon compte ; on ne m'en faisait pas d'ailleurs un mystère, et chaque fois que Napoléon trouvait le moyen de me faire connaître son opinion, il ne manquait pas d'en profiter.

Quant à moi, toute la réponse que je faisais à ces violents outrages était un silence imperturbable. Seulement il m'échappa une fois de dire que le général Bonaparte était *bien malhonnête*. Le mot fut répété à Long-Wood, et pendant long-temps il y fut une intarissable source de plaisanteries.

Cependant ce sont ces jugements de Napoléon, maintenant répétés dans toute l'Europe, qui ont marqué ma place dans l'histoire. A Sainte-Hélène, je n'en comprenais pas toute la portée, quand on me disait que je faisais de l'histoire, que mon nom serait immortel, mais de l'immortalité de l'infamie, je ne pouvais le croire. Il me semblait que le retentissement de ces violentes paroles et de ces âcres jugements ne pouvait traverser l'immensité de l'Océan. Combien je suis cruellement détrompé. Aujourd'hui l'histoire est faite, mon chapitre est écrit en caractères éternels, et rien, rien au monde ne peut en effacer une seule ligne.

CHAPITRE L.

Conséquences. — Je retourne en Europe. — Londres. — La cour.— Le roi. — Le club des officiers. — Paris. — Passy. — Je pars pour Ceylan. — Avanies. — Bombay. — Ile Maurice. — Conclusion.

Tout était fini pour moi à Sainte-Hélène. Napoléon, renfermé dans la prison du tombeau, n'avait plus besoin de gardien; les vers et la pourriture étaient chargés de sa garde, et la pierre qui recouvrait son cercueil était assez pesante et assez bien scellée pour qu'il fût inutile de veiller en armes auprès d'elle. Enfin, ma fatale mission était terminée; je songeai donc à retourner en Europe.

Avant de partir, il me fallut avoir une dernière explication avec M. Bertrand, et il ne tint qu'à moi qu'elle eût lieu le sabre à la main. Le comte se prétendait longuement et cruellement offensé par toute ma conduite envers les prisonniers de Long-Wood. Il avait, disait-il, souffert patiemment mes insultes pendant tout le temps que Napoléon avait vécu, pour ne pas l'affliger par le spectacle d'un duel; « mais aujourd'hui, ajoutait le comte, le temps est venu de régler nos comptes et nous allons y procéder. » Je n'étais pas disposé à partager cette belliqueuse ardeur, et je refusai positivement le coup d'épée que me proposait M. Bertrand. Il cria bien haut que j'étais un lâche; les Français, les serviteurs de Napoléon, le répétèrent en chœur; ce fut leur dernière injure et leur plaisanterie finale sur mon compte. Je les laissai dire : j'avais une grande obligation à remplir avant de répondre aux provocations particulières; c'était de rendre compte à mon gouvernement de toute ma gestion, et de ses intéressants détails et de ses importants résultats. Je partis donc pour Londres.

Ici commencèrent à se faire sentir pour moi les terribles conséquences de ma mission, et les effets de cette haine universelle qu'avaient appelée sur ma tête les malédictions de Bonaparte.

A peine arrivé à Londres, je me présentai à la cour; mais, sitôt que je parus à Brighton, ce fut dans les salles du palais un murmure d'étonnement et d'horreur. A mesure que j'entrais, il se faisait un vide autour de moi; on eût dit qu'un cercle magique était tracé partout où je portais mes pas, et que nul n'osait y entrer pour ne pas partager les terribles effets de mon voisinage.

Lorsque je demandai à un grand dignitaire d'être admis en la présence du roi, il me reçut avec un dédain et un mépris qu'il ne se donna pas la peine de déguiser; puis, quelques jours après, il me fit répondre que

Sa Majesté refusait de me voir. Je savais bien que Georges IV avait été bien loin d'approuver toutes les mesures de rigueur qui avaient été prises à Sainte-Hélène, et que le ministère m'avait enjoint de prendre. Il ne cachait pas le peu d'estime qu'il avait de moi, disant que jamais il ne voudrait avoir en sa présence un aussi ignoble et dégoûtant geolier; et qu'en sa conscience il détestait trop ma conduite pour me recevoir.

Au reste, ce n'était pas seulement à la cour que les outrages et les humiliations pleuvaient sur ma tête; partout, dans tous les rangs, dans toutes les classes, c'était un cri général, une manifestation unanime de haine contre moi; pour tous les citoyens de l'Angleterre, mon nom était un nom maudit et exécré. Et moi, hélas! qui croyais avoir dignement et noblement servi ma patrie dans mes fonctions à Sainte-Hélène; qui pensais avoir mérité une couronne civique et qui espérais la recevoir à mon retour en Angleterre, combien je m'étais cruellement abusé! combien était affreux le moment où je voyais mon illusion s'évanouir pour me laisser voir toute une vie d'ignominie, tout un avenir d'anathême! C'était au fait une chose étonnante que de voir ce peuple britannique, naguères tant ennemi de Napoléon, revenir maintenant à des sentiments d'admiration pour ce grand homme et de commisération pour sa déplorable destinée. Les mêmes qui maudissaient de tout leur cœur six ans plus tôt le conquérant de l'Europe et le terrible antagoniste de la Grande Bretagne, aujourd'hui compatissaient à ses infortunes, et versaient des larmes sur sa captivité et sur sa mort. Ainsi, moi, qui croyais avoir servi la vengeance de l'Angleterre, qui avais souvent agi par esprit national et par l'impulsion d'une antipathie et d'une haine toute anglaise contre Napoléon, je me trouve maintenant désavoué par ma nation, et, de plus, exposé à ses malédictions et à ses mépris.

Je reçus une éclatante preuve de ces dispositions de la nation à mon égard, lorsque je me présentai au club militaire pour m'y faire recevoir. Tous les membres se recrièrent spontanément et unanimement sur l'inconvenance de cette admission; tous déclarèrent qu'ils sortiraient plutôt que de se voir à côté d'un homme comme moi; bref, je fus refusé d'emblée, je fus repoussé avec une humiliante unanimité.

Je vis dès-lors que le sol de l'Angleterre ne me convenait plus; qu'il me fallait aller chercher, dans les pays lointains, un asyle contre cet universel déchaînement de mépris et de haine; je sollicitai les fonctions de gouverneur de l'île de Ceylan; on me les accorda et je partis pour ma destination. Mais auparavant je voulus revoir cette France dont j'avais tant ouï parler à Sainte-Hélène, que j'avais tant entendu regretter; puis je voulais voir quel effet ferait sur les Français, sur les anciens sujets de Napoléon, la présence de celui qui avait été préposé à sa garde, qui avait assisté à ses derniers moments.

Je dois le dire, ma présence à Paris ne fit pas tout

l'effet auquel je m'attendais : les journaux se livrèrent, il est vrai, contre moi à de virulentes diatribes; mais ils furent les seuls; le peuple resta calme ; je fus pour lui comme si je n'étais pas Hudson-Lowe, le geolier de Napoléon; pas une querelle, pas une insulte, pas un cartel ne vint troubler mon repos; un seul événement remarquable rompit la monotone uniformité de la vie que je menais dans un hôtel de la rue de Rivoli.

Le jeune Las Cases, le même qui m'avait si violemment insulté à Londres (1), fut assassiné un soir comme il revenait de Passy, petit village aux portes de Paris; il reçut un coup de poignard dans la poitrine; et, sans le porte-feuille qu'il avait dans la poche de son habit, nul doute qu'il n'eût expiré sur le coup. Aussitôt la voix publique, j'entends dire la voix des journaux, m'accusa de cet horrible assassinat; c'était, disait-on, un Italien que j'avais à mon service, habile à manier le stylet, comme tous mes anciens bandits corses et calabrois, qui avait porté le coup. Me disculper était inutile ; on était trop disposé à croire de moi les plus horribles et atroces actions; je laissai donc dire encore, et je partis pour les Indes.

Il y aurait un livre plus curieux que celui-ci à faire

---

(1) M. Las Cases fils donna publiquement des coups de cravache à sir Hudson Lowe, qui ne trouva d'autre moyen de vengeance qu'un ordre de l'alien-office, pour faire bannir M. Las Cases du sol britannique. On conçoit que sir Hudson ne s'étende pas sur cette aventure.

sur mes voyages à travers la Turquie, la Perse et les Indes ; mais ce n'est pas ici mon but ; quelque jour peut-être je raconterai mes aventures au milieu de ces peuples, et mes observations sur ces intéressantes contrées ; aujourd'hui je ne veux dire de ma vie, et de mes courses, que ce qui a un rapport immédiat à la funeste histoire de mes fonctions à Sainte-Hélène.

Ma renommée m'avait précédé à Ceylan ; on savait quel gouverneur était destiné à la colonie ; et j'y trouvai en débarquant une répétition des outrages qu'on m'avait prodigués en Angleterre, et de l'ignominieux accueil que j'y avais reçu ; bref, après un court séjour, je me vis forcé de quitter encore Ceylan. Je m'embarquai pour Bombay : là je ne pus obtenir l'entrée d'aucune maison respectable ; partout j'y trouvai les portes fermées et le froid mépris sur tous les visages ; je me hâtai donc encore d'en partir.

Mais un plus éclatant accueil m'attendait à l'île Maurice : le peuple de cette colonie, tout Français de cœur et de sentiment, m'y préparait de sanglantes insultes. J'arrivai à Maurice en mai 1828, à bord du vaisseau l'Alexandre ; je descendis à terre au bruit du canon. Quand je vis le silence des habitants, habitué que j'étais à entendre sur mon passage les bruyantes exclamations de la haine, je crus avoir trouvé enfin un refuge contre cette haine, une terre de repos au milieu de l'univers qui me maudissait. Je fis même part de mon observation à un des hauts fonctionnaires de l'île, je lui dis que le peuple de Maurice me paraissait bien doux, et que j'aurais plaisir à en être nommé gouverneur. Bientôt je devais éprouver un terrible désenchantement. Dans la matinée, comme j'allais visiter la librairie anglaise, la foule se pressait devant la porte, et je fus si troublé en voyant cette affluence, que je fis prevenir le gouverneur de la position dans laquelle je me trouvais. Celui-ci envoya un de ses aides de camp pour engager le peuple à se retirer; mais ce fut inutile. Alors le gouverneur lui-même, sir Lowry-Cale, se résolut à venir me tirer d'embarras, et je parvins à sortir sain et sauf du milieu de cette cohue.

J'avais annoncé devoir aller au spectacle dans la soirée : douze à quinze dames seulement s'y rendirent; le reste de l'assemblée était composé d'hommes, qui, à ce que j'appris, devaient sortir tous ensemble de la salle au moment où j'y serais entré. Comme on pense bien, dès que je fus averti du projet, je me décidai bien vite à ne pas aller au théâtre.

Le lendemain, quand ce fut le moment de m'embarquer, et que je me dirigeai vers la mer, je trouvai près de cinq cents personnes réunies sur la place du gouvernement. Aussitôt qu'on me vit paraître, ce fut une explosion effrayante de cris et de huées; on disait : Voilà l'assassin, le geolier, le bourreau de Sainte-Hélène! A la potence! à l'eau! le scélérat, le brigand! Ce fut au milieu de ce concert que je m'embarquai. Au moment d'entrer dans la chaloupe, un homme sortit de la foule, et, plus furieux que les autres, il me jeta des ordures au visage en criant : «Va, brigand! va, que la malédiction de Dieu t'accompagne! » Alors les pierres commencèrent à pleuvoir sur moi ; j'en reçus un coup au bras, et un coup à la tête. Enfin les vingt rameurs de la chaloupe de *l'Alexandre* parvinrent à me soustraire à cette grêle de pierres, d'injures et de malédictions.

Arrivé à bord, une nouvelle humiliation m'attendait : le capitaine Delancey, mon aide de camp, affecté d'une aussi affreuse scène, brisa publiquement sur le pont son épée, disant qu'il maudissait le moment où il avait été attaché à un homme repoussé et abhorré par le monde entier.

Ce fut là pourtant la dernière manifestation publique de haine que je dus essuyer. A peine arrivé en Angleterre, je me sauvai sur le continent, dans un asyle ignoré ; je quittai le nom de Lowe ; et, sous celui de Hudson, je vis caché dans une petite ville, éloigné de ce tourbillon du monde et de la politique, où plût au ciel que je ne fusse jamais entré.

C'est de cet asyle obscur et inconnu que je jette au monde ces mémoires : ils sont incomplets sans doute ; peut-être n'ai-je pas dit tout ce que j'aurais pu dire sur le captif dont la garde me fut confié ; mais au moins, dans ce que j'ai dit, on ne m'accusera pas de partialité. Certes je n'ai pas fait ici une justification : j'ai tout simplement conté des faits ; et si j'ai cherché quelquefois à écarter de moi un peu de cet opprobre dont le monde m'a couvert, ce n'a été que pour en faire une juste et légitime part à ceux que la méritaient. Car, ainsi que je l'ai dit, si j'ai été l'acteur principal de ce drame odieux, d'autres en étaient les auteurs. Si les derniers instants du grand capitaine ont été remplis par les chagrins, les tourments et les peines de la plus dure captivité, c'est au ministre anglais, c'est aux puissances du continent, c'est à bien d'autres encore que je pourrais nommer, qu'il faut attribuer ces vexations. Enfin, comme l'a dit Napoléon lui-même en parlant de moi, j'ai voulu dans ces notes, tracées précipitamment, rejeter sur mon gouvernement l'odieux de ma propre conduite. Y ai-je réussi? je le pense, moi : au reste que le lecteur en décide.

FIN.

TABLE

DES CHAPITRES.

Avis de l'Éditeur. 1

Chapitre i. — Fatalité. — Accusations et anathême. — Ordres et instructions du cabinet anglais. 7

Chapitre ii. — Première vie. — Avancement. — Plaisanteries de Napoléon. 17

Chapitre iii. — Le quatrain anglais et le distique latin. — Mon expédition sur les frontières de la Navarre et du Rousillon. 23

Chapitre iv. — Affaire de Capri. — Espion. — Je suis joué par un Corse. — Nouvelles plaisanteries de Napoléon. 27

Chapitre v. — 1814. — Blucher. — 1815. — Ma nomination au gouvernement de Sainte-Hélène. 35

Chapitre vi. — L'empereur et l'homme. 39

Chapitre vii. — Arrivée à Sainte-Hélène. — Premier désappointement. — Présentation à Napoléon. 43

Chapitre viii. — L'amiral Cockburn. — Principes de division. 49

Chapitre IX. — Wellington a désigné Sainte-Hélène pour le lieu de détention de Napoléon. 59

Chapitre x. — Ma physionomie. — Principal motif d'aversion et de haine de la part de Napoléon. 63

Chapitre xii. — Description de Long-Wood. — Les rats. — Chambre à coucher de Napoléon. 69

Chapitre xiii. — Interrogatoire des domestiques de Napoléon. — Conversations avec MM. Montholon et Las Cases. 77

Chapitre xiv. — Long-Wood choisi par Napoléon pour sa résidence. 83

Chapitre xv. — Un arbre coupé. — Ridicule. 89

Chapitre xvi. — Arrivée des commissaires à Sainte-Hélène. 93

Chapitre xvii. — Mesures de sûreté. — Réglements de l'île. — Proclamations. 99

Chapitre xviii. — Promenades. — Plaintes de Napoléon. — Baraque. — Crainte du halte-là. — Détermination de ne plus sortir. 119

Chapitre xix. — Dépenses. — Diplomatie à propos de légumes et de vin. — Macaroni. — Plaintes de Napoléon. 125

Chapitre xx. Entretien avec Napoléon. 141

Chapitre xxi. — Les visites. — Étiquette rigoureusement

observée à Long-Wood, présentations. — Lord Amherst. 157

Chapitre XXII. — Dévouement fanatique des serviteurs de Napoléon. — Leur culte pour lui. 163

Chapitre XXIII. — Habitudes de Napoléon à Long-Wood. — Lectures. — Admiration pour Corneille. — Son costume. — Il fut obligé de faire retourner son habit. 167

Chapitre XXIV. — Argenterie brisée. — Livre venant d'Europe saisi. — Domestique mis aux arrêts. 173

Chapitre XXV. — Obstination de Napoléon à conserver le titre d'empereur. 177

Chapitre XXVI. — Projet d'assassinat contre moi. — Fanatisme du Corse Santini pour son maître. — Napoléon le détourne difficilement de son projet. 185

Chapitre XXVII. — Résumé des plaintes et protestations de Napoléon contre l'Angleterre et contre moi. 191

Chapitre XXVIII. — Emportements de Napoléon. — Ses injures. — Sa susceptibilité. — Il prend mes officiers pour des assassins. — L'empereur d'Autriche et Santini. — Le général veut imiter Charles XII à Bender. 203

Chapitre XXIX. — Nouvelles mesures de sûreté. — Promulgation d'un réglement concernant le général et toute sa maison. — Conduite peu modérée des amis de Bonaparte. 215

Chapitre XXX. — Précautions que je prends pour empêcher de prévenir l'évasion de mon prisonnier. — Le domestique du comte de Las Cases. — Long-Wood entouré de fortifications. 221

Chapitre xxxi. — Correspondance clandestine. — Arrestation de Las Cases et saisie de ses papiers. — Mon étonnement et ma colère en voyant la manière dont j'étais traité, par M. Las Cases, dans le Mémorial de Sainte-Hélène. — Je fais transporter le comte et son fils dans ma propre maison, à James-Town. 227

Chapitre xxxii. — M. Las Cases prend le parti de s'embarquer. — Ma décision à ce sujet. — Départ du comte. — On m'attribue à tort les persécutions que M. Las Cases éprouve au cap de Bonne-Espérance. 233

Chapitre xxxiii. — Défense faite aux officiers anglais de rien écrire sur Bonaparte. — Terreur panique des cabinets des puissances alliées. — Multiplicité des notes secrètes au sujet de Bonaparte. 239

Chapitre xxxiv. — Affaire du buste du fils de Napoléon. — Grande négociation. — Imprécations contre moi. — Lady Lowe. 245

Chapitre xxxv. — Commencement de la maladie de Napoléon. — Mort de Cipriani. — Je veux éloigner le docteur O'Méara. — Scrupules des commissaires de Russie et d'Autriche. — Je renvoie O'Méara à Long-Wood. 253

Chapitre xxxvi. — Livres envoyés à Napoléon. — Quel était mon but en lui faisant parvenir les brochures et les pamphlets dirigés contre lui. 257

Chapitre xxxvii. — Mes emportements. — Mot du baron Sturmer à cet égard. — Cartel de M. Hyster. — Le comte Bertrand me provoque en duel. 261

Chapitre XXXVIII. — La femme de chambre de lady Lowe. — Les amours à Sainte-Hélène. — Les palpitations. 265

Chapitre XXXIX. — Napoléon croit pouvoir retourner en Europe. — Comment il aurait vécu en Angleterre. — Il voudrait être transféré à Malte. — L'île d'Elbe. 271

Chapitre XL. — Vives discussions entre O'Meara et moi. — Étrange conversation que j'ai avec lui. — Le peu de ménagement qu'il garde envers ma personne. — Je le tiens aux arrêts pendant vingt-sept jours. — Je lui ordonne de quitter Sainte-Hélène. — Opinion de Napoléon à ce sujet. 277

Chapitre XLI. — Présents venus de l'Inde. — Discussion pour une couronne gravée. — Correspondance. — Invectives de Napoléon. 287

Chapitre XLII. — Réponse de Napoléon au discours de lord Bathurst sur sa situation à Sainte-Hélène. 301

Chapitre XLIII. — Les prêtres catholiques et les soldats irlandais. — Mot de Napoléon à propos d'hérétiques. — Ses opinions religieuses. 347

Chapitre XLIV. — Le docteur Antomarchi à Londres. — Intention évidente du cabinet anglais de l'y retenir. — Preuve que la politique de Sainte-Hélène était celle du cabinet de Saint-James. 353

Chapitre XLV. — La maladie de Napoléon empire. — Agent chargé de constater son existence. — Discussion violente avec MM. Montholon, Bertrand et Antomarchi. — Je les menace de pénétrer de vive force dans la chambre de Napoléon. 359

Chapitre XLVI. — Progrès de la maladie de Napoléon. — Il se croit attaqué d'un squirre au pylore. — Consultation. — Napoléon reçoit les secours de la religion. — Il meurt. 367

Chapitre XLVII. — Convoi. 373

Chapitre XLVIII. — Le tombeau de Napoléon. 381

Chapitre XLIX. — Jugements et expressions de Napoléon sur moi. 387

Chapitre L. — Conséquences. — Je retourne en Europe. — Londres. — La cour. — Le roi. — Le club des officiers. — Paris. — Passy. — Je pars pour Ceylan. — Avanies. — Bombay. — Ile Maurice. — Conclusion. 395

FIN DE LA TABLE.

www.ingramcontent.com/pod-product-compliance
Lightning Source LLC
Chambersburg PA
CBHW052120230426
43671CB00009B/1065